农耕社会整治：
明代官员吕坤构建的
社会环境建设方案

温震军　著

西北大学出版社
·西安·

图书在版编目(CIP)数据

农耕社会整治：明代官员吕坤构建的社会环境建设方案／温震军著. —西安：西北大学出版社,2022.12
ISBN 978-7-5604-5073-5

Ⅰ.①农… Ⅱ.①温… Ⅲ.①社会环境—研究—中国—明代 Ⅳ.①D691

中国版本图书馆 CIP 数据核字(2022)第 239544 号

农耕社会整治：明代官员吕坤构建的社会环境建设方案
NONGGENG SHEHUI ZHENGZHI MINGDAI GUANYUAN LUKUN GOUJIAN DE SHEHUI HUANJING JIANSHE FANGAN
温震军　著

出版发行	西北大学出版社
地　　址	西安市太白北路 229 号　邮　编　710069
网　　址	http://nwupress.nwu.edu.cn　E - mail　xdpress@nwu.edu.cn
电　　话	029-88303843
经　　销	全国新华书店
印　　装	陕西隆昌印刷有限公司
开　　本	787 毫米×1092 毫米　1/16
印　　张	13.75
字　　数	195 千字
版　　次	2022 年 12 月第 1 版　2022 年 12 月第 1 次印刷
书　　号	ISBN 978-7-5604-5073-5
定　　价	56.00 元

如有印装质量问题，请与本社联系调换，电话 029-88302966。

作者简介

温震军,1967年11月生,山西省河曲县人,忻州师范学院地理系教师,忻州师院"地表过程与资源环境"研究团队成员。分别于1990年、2007年、2018年毕业于山西师范大学、陕西师范大学、陕西师范大学,获得理学(地理学)学士、历史学硕士、理学(环境学)博士学位。主要从事历史地理研究,重点研究方向:历史环境变迁。在《社会科学》《学术研究》《学术界》《地质论评》等刊物上发表论文10余篇。论文《"丁戊奇荒"背景下的陕晋地区狼群大聚集与社会影响》全文转载于人大报刊复印资料《中国近代史》2017年第9期,并编排为该期的第一篇文章。

主持并完成2个项目:(1)"二千年来陕西地区季风活动与气象灾害研究"(S2011YB01),属陕西师范大学优秀博士论文资助项目。(2)"明清时期特大干旱导致的生态效应和社会效应——以山西地区为中心"(ZT20149),属忻州师范学院院级项目。参与了三个国家项目:(1)国家自然科学基金会"中国西部环境和生态科学重大研究计划"——"历代制度和政策因素对西部环境的影响:途径、方式和力度"项目(90302002)。(2)中国科学院黄土与第四纪地质国家重点实验室项目(SKLLQG1428)。(3)国家社会科学基金重大项目"鄂尔多斯高原历史地理研究"(11&ZD097)。

自序　跨越时空的奇梦见闻及灵感触动

　　夜宿秀容古城，入住古色古香的客栈，心情激动，久久不能入睡。突然天崩地裂，一道白光闪过，空中驶来一艘小型飞船，轻轻飘落在客栈门前。船舱开了，两位驾驶者彬彬有礼出了舱门，口中齐声曰："知天文，懂地理，探历史，究现实，今日邀先生太空游。"我被眼前的场景感动了，带着愉悦的心情入座飞船。

　　飞船升空，俯视大地，别样的景色。大地翠绿，颜色深浅不一。前方地势平坦，村庄与田地交错。飞船近地面时，让我惊呆：这么多古建筑，疑是明代建筑风格。麦子长势好，人们手持农具在较为狭窄的道路上行走。为何穿着古装？难道要拍戏去？

　　　　大地轮廓，似曾相识。
　　　　中微景观，细察难辨。
　　　　村庄田地，交错复杂。
　　　　建筑古老，道路狭窄。

　　平坦地域两侧的东山和西山为高大山脉，参差起伏的山洼处，生长着高大的树木。众多不知名的野生动物在穿行，不时地传出嘈杂的叫声。山顶多为碧绿的草坪，规模不等的牛、羊群分布其中。成群的飞鸟在空中飞来飞去，让寂静的山脉动了起来。

　　　　飞船近山，领略奇观。
　　　　动物成群，林间行穿。
　　　　牛羊结伴，碧绿草滩。
　　　　静中有动，声出寂山。

　　飞船向前驶，突然地面出现了一条波光粼粼的"长龙"，"龙"身宽阔，

"龙"体健硕,由西向东移动,不停地扭动着身躯,展示着自己的曲线美。

今日空中有奇见,
久盼"中华长龙"现。
风调雨顺滋万家,
东方崛起大中华。

飞船继续向南行驶,突然眼前出现了广阔无垠的小麦区。前后左右一片翠绿,中间闪现着一些聚落和小海子,在万绿丛中出现了蓝色、灰白色的点缀。飞船驾驶者同我说:"先生,本次飞船航行即将结束,今日请您在河南宁陵停宿。我们先前得到朝中密旨,特邀先生参加一次葬礼,原因我们不多过问,我们只负责您的安全和快乐的行程。"接着飞船缓缓着陆。

我谢过驾驶者,走出飞船。前面是一广场,人山人海,大家穿着白色衣服。前有官府一座,上有字样"河南宁陵"。我接近人群,披麻戴孝的人们举着多个花圈,绣着"吕坤千古",人们高喊"吕坤不能走,百姓需要您,大明需要您""愿吕坤重回人间整顿秩序"……喊声不断。吕坤的灵堂设在广场,这里已经集结了数万名来吊唁的百姓。

突然,前面鸣锣开道,一队装饰别致的黑衣人马到。领头者呼:"奉天承运,皇帝诏曰:'朝中赐刑部右侍郎吕坤祭葬。'宁陵县令接旨。"宁陵县令跪地接旨。紧接着,北边又来了一队人马,身着百姓服装,领头的为一绅士。大家齐声呐喊:"山西襄垣百姓前来悼念父母官吕坤!"这队人马列入灵堂的一侧。

随后,又来数队人马。来自山西大同的百姓高呼:"大同百姓需要吕坤重返阳世!"从潼关方向到来的百姓呼喊:"吕坤不能走,陕西需要您!"从东北方向到来的百姓齐声喊:"山东百姓等待吕坤前来整顿社会,吕坤您回来!"宁陵的百姓自发地接待前来吊孝的人们,送茶、送饭,场面气氛感人。

正当人们的哭声惊天动地之时,突然西部天空一声霹雳,一大片白云从华山方向朝宁陵驶来。驾云的是一位老者,满脸白须,身着道士服装。他在宁陵上空离开白云,轻轻地飘落在吕坤棺木前。他朝着人群呼道:"吕坤生前为民鞠躬尽瘁,感动天帝。天下百姓再需吕坤,吾奉天帝之旨,前来宁陵,带吕坤重返人间。"话毕,在棺木前转了三圈,口里不停地念叨着。然后轻轻一叩棺盖,棺盖自动起,吕坤坐了起来。"吕坤回来了！吕坤回来了！"这喊声此起彼伏,震动了宁陵的上空,震动了大明王土的上空。

朝中天子又得到了上天指令,突然一大队锦衣人马到来。到达广场后,领头的宣读圣旨:"神宗下旨,吕坤回朝,整顿大明秩序！吕坤回朝,整顿大明秩序！……"

我被不断呼喊的声音惊醒,原来做了一个穿越时空的梦。梦初醒,赶紧离床。我为何做这样的梦？是谁给我托梦？为何托梦于我？思前想后梦中的内容,一系列问题引发我深思。

多日心中敬佩吕坤孕育的梦境。日有所思,夜有所梦。在研究吕坤的过程中,常常被吕坤的事迹所感动。大明官员吕坤处处为百姓着想,时时为朝廷效力。以身作则,深入基层,帮扶弱势,铲除恶霸。重农强军,稳固边关。重德重教,执法公平。奸臣陷害,挺身应对,英勇回击。

襄垣做官压恶霸,
大同执法服民心;
山东持政扶孤茕,
陕西任职业绩精。
巡抚山西强边关,
刑部强力稳舆情。
血诚敬上《忧危疏》,
呼天叩地祈大明。

从事吕坤研究以来,我饭前琢磨吕坤的行为,饭后总结吕坤的思想,平日空闲回忆吕坤的政绩。最感人的是吕坤助民的一系列小事,常常一幕一幕地出现在脑海。那么以上梦境的出现,应该是自然而然的事了。

梦境之后是思维的交织和灵感的触动。秀容古城奇梦之后,几日内仍在思考梦境的内容。与此相随的是不断地回忆过去的我,于是,历史的、现实的、未来可能的东西在思维中混杂,我、吕坤、明代社会在思维中融为一体。白日的思维交织导致夜晚又酝酿新的梦境,梦境的启发又助力白日的思维。于是,我的童年、少年的感性认知,地理学、历史学、环境学几个专业的融合体,我的工作经历和社会阅历,这些事物一同汇聚并且相互撞击,形成美妙的旋律。这旋律首先飘荡在目前中国北方的上空,然后穿越时空进入明嘉靖、万历年间。这旋律环绕在童年、少年吕坤居住的家园,同时给好学、敬孝长辈的他伴奏。而后,飘入青年时代吕坤求学的学堂,给他的学业进取不断地助力。然后进入吕坤执政的山西、陕西、山东、直隶,成为他重农、强军、强吏治、严执法、备荒、除恶的战斗进行曲。接下来,这旋律进入河南宁陵吕坤家乡讲学的学府,同吕坤讲学的声音以及弟子们的讨论声融合在一起。之后,穿越时空的旋律又回到当今的现实社会,而后发生升华。它变得浑厚、悠扬、高雅,同时又变得通俗化、大众化。最后,这旋律凝聚在一起,形成了实实在在的东西,这便是吕坤构建的社会环境建设方案。

梦境是多年学术积淀迸发的表现。地理的空间思维和历史的时间思维常常相互交错、相互融合,这是我的思维习惯。多年的教学实践锻炼了我给人传授知识的热情,努力的科学研究养成了我多角度进行探索思维。那么,在梦中穿越时空,回到大明王朝,游览了山西多地之后来到河南宁陵县,这也许是我白日思维的延续。梦境提醒我,我多年的学术积淀开始迸发了,开始熠熠生辉了。这能够督促我充分利用地理的基础、历史的积淀、环境的理论、社会的阅历,把吕坤构建的社会环境方案以文本的形式展现出来,最终服务于当今社会建设。

目 录

绪论 ……………………………………………………… / 1
  一、吕坤上疏内容的变化显示社会环境建设方案
    日趋成熟 ………………………………………… / 1
  二、研究时段与空间的界定与说明 ……………… / 2
  三、学界对吕坤的研究 …………………………… / 4
  四、研究意义及方法 ……………………………… / 6

第一章 社会环境建设方案构建的条件 …………… / 10
  第一节 吕坤严谨治学是方案构建的文化基础
    ……………………………………………………… / 10
    一、吕坤终身严谨治学 ………………………… / 10
    二、吕坤的治学方法及主要治学思想 ………… / 12
  第二节 吕坤的思想、修养、人生态度是方案构建
        的基本条件 ……………………………… / 15
    一、吕坤的尊君、爱民思想是方案构建的思想
       基础 …………………………………………… / 15
    二、吕坤的个人修养及人生态度是方案构建的
       前提条件 ……………………………………… / 22
  第三节 社会环境建设方案在实践中酝酿、成熟
    ……………………………………………………… / 27
    一、吕坤"基层做官"经历及活动空间是方案
       构建的基层社会基础 ………………………… / 27

二、吕坤"朝中做官"及"归乡著书讲学"是
　　　　方案成熟的重要经历 …………………… / 29

第二章　社会环境建设方案构建的历史背景 ……… / 32
　第一节　吏治败坏 ……………………………… / 32
　第二节　财政危机 ……………………………… / 33
　　一、税收漏洞多 ……………………………… / 33
　　二、财政吃紧 ………………………………… / 34
　第三节　边防危机 ……………………………… / 36
　　一、东北边防潜伏危机 ……………………… / 36
　　二、西北边疆鞑靼挑衅频繁 ………………… / 37
　第四节　地方叛乱 ……………………………… / 39

第三章　重农资商调赋税 ……………………………… / 41
　第一节　农桑业是各行各业之首 ……………… / 41
　　一、因地制宜、因时制宜 …………………… / 41
　　二、备耕奖励、植木有赏 …………………… / 42
　第二节　调整行业之间的比例 ………………… / 45
　　一、扩大农桑业规模 ………………………… / 45
　　二、减少不实用物品的生产 ………………… / 46
　　三、物资供应要有计划 ……………………… / 47
　　四、饥荒年间扩大矿业的规模 ……………… / 49
　第三节　商道通,商家兴 ……………………… / 51
　　一、商道要畅通 ……………………………… / 51
　　二、引导官店、皇店正常营业 ……………… / 52
　　三、整顿食盐市场 …………………………… / 54
　第四节　土地、房屋及赋税合理分配的建议 … / 57
　　一、合理分配房屋 …………………………… / 58

二、谨慎免粮免税 …………………………………… /59
　　三、分封土地的数量要适中 …………………………… /60

第四章　强军抚军练乡兵 ……………………………………… /64
　第一节　整顿军纪军风 ………………………………………… /64
　　一、制止上层军官的特权 ……………………………… /64
　　二、杀一杀军人的傲气 ………………………………… /66
　　三、朝廷纪法，重于臣身 ……………………………… /66
　　四、预防军队内乱 ……………………………………… /68
　　五、用众之道，择长为先 ……………………………… /69
　第二节　精器械以求实用 ……………………………………… /71
　　一、多制造实用的器械 ………………………………… /72
　　二、少制造或不制造实用性差的器械 ………………… /72
　　三、杜绝器械制造中的牟利行为 ……………………… /74
　第三节　兴武教以养将才 ……………………………………… /75
　　一、将才具备的条件 …………………………………… /75
　　二、组织军人学兵法，练武术 ………………………… /77
　　三、制定严格的渐进选将法则 ………………………… /78
　第四节　练乡兵以备缓急 ……………………………………… /81
　　一、"保甲制"的设立利于民间的安定 ……………… /81
　　二、组织城乡居民习武 ………………………………… /82
　　三、练乡兵中忧虑之事分析 …………………………… /85
　　四、练乡兵利朝廷利民众 ……………………………… /87
　第五节　恤贫军、培军医、减劳役 …………………………… /89
　　一、普通军人生活拮据 ………………………………… /89
　　二、抚恤贫军的具体措施 ……………………………… /91
　　三、保障军力提升的辅助措施 ………………………… /92
　第六节　灵活应对具体边务 …………………………………… /94

一、抗倭援朝——夺取东北边防的主动权
　　　　……………………………………… / 94
　　二、北部边关加强防御 ……………… / 96

第五章　禁山、护林、植木 …………… / 98
第一节　晋北边关伐木严重 ………… / 99
　　一、明初晋北边关森林广布 ………… / 99
　　二、土地垦殖对森林的破坏 ………… / 100
　　三、官方伐木 ………………………… / 102
　　四、私自伐木 ………………………… / 104

第二节　伐木纠纷一直延续 ………… / 105
　　一、伐木纠纷的历史背景 …………… / 106
　　二、一些伐木纠纷的事实 …………… / 106
　　三、伐木纠纷的原因探析 …………… / 109
　　四、伐木纠纷显现的社会问题 ……… / 110
　　五、吕坤提出的解决伐木纠纷的措施 …… / 111

第三节　吕坤禁山护林新措施 ……… / 111
　　一、禁山护林的必要性 ……………… / 112
　　二、植木具有可行性 ………………… / 112
　　三、禁山护林植木的具体建议 ……… / 114
　　四、商人承包山林及历史借鉴 ……… / 116

第六章　强吏治　严执法 ……………… / 124
第一节　吏治主张及实践 …………… / 124
　　一、强化吏治的必要性 ……………… / 124
　　二、忧世万千，百姓为首 …………… / 126
　　三、遇事杂乱，正事优先 …………… / 128
　　四、吏治实践讲求"灵活""效率" ……… / 129

五、后世官员对吕坤吏治主张的重视 …… / 132
　第二节　公平执法,维护正义 …………… / 133
　　　一、强力执法与道德教化相结合 …… / 134
　　　二、执法要公平 ……………………… / 135
　　　三、慎抄没之举 ……………………… / 137

第七章　备荒防乱稳秩序 …………… / 139
　第一节　贮粮备荒 ………………………… / 139
　　　一、京师的物资供应不能间断 ……… / 139
　　　二、"三仓"是"贮粮备荒"的基础 ……… / 140
　　　三、关于"贮粮备荒"应多做些具体事宜
　　　　…………………………………… / 142
　　　四、备荒、赈灾的宣传与制度化 …… / 145
　　　五、"贮粮备荒"真的有必要吗 …… / 148
　第二节　预防动乱 ………………………… / 150
　　　一、动乱的根源 ……………………… / 150
　　　二、预防动乱的办法 ………………… / 152

第八章　立德育人扶弱 ……………… / 156
　第一节　立德为先,办学育人 …………… / 156
　　　一、德育为先 ………………………… / 156
　　　二、吕坤重视办学 …………………… / 157
　　　三、吕坤的女德教育思想 …………… / 159
　第二节　关爱社会的弱势群体 …………… / 161
　　　一、关照弱势群体的具体措施 ……… / 161
　　　二、关爱弱者的道德化、制度化 …… / 165

第九章　社会环境建设方案的实施及相关评价 … / 168
　　第一节　社会环境建设方案的总结分析 …… / 168
　　　　一、吕坤构建的社会环境建设方案的主要
　　　　　　内容 ……………………………………… / 168
　　　　二、方案的多角度分析 ……………………… / 174
　　　　三、方案内容的举例分析——吕坤的开矿
　　　　　　建议合理吗 …………………………… / 175
　　第二节　社会环境建设方案的实施情况 …… / 177
　　　　一、根据实施程度分类举例 ……………… / 177
　　　　二、吕坤利用职务之便落实自己的主张
　　　　　　………………………………………… / 180
　　　　三、吕坤职务的接替者落实吕坤的建议 ………
　　　　　　………………………………………… / 182
　　第三节　评价吕坤即评价"他构建的社会环境
　　　　　　建设方案" …………………………… / 184
　　　　一、吕坤的自我评价 ……………………… / 184
　　　　二、同时代人对吕坤的评价 ……………… / 186
　　　　三、后人对吕坤的评价 …………………… / 189
　　　　四、"陷害风波"侧面看吕坤 ……………… / 192
　　　　五、笔者总结及评述 ……………………… / 194

后记　情感、责任、使命：写吕坤的缘由 …………… / 199

绪　论

中国古代农耕社会经历了漫长的时期,其原因是多方面的。优越的农耕条件使一代又一代的人们衣食丰足,使局部地域或局部人群生活富裕。东亚农耕大国的人们自古一直有着稳定的自信感。明代国土平原广布,川地甚多,可耕土地绰绰有余。草原广袤,水草丰盛,可养活足够的牛羊牲畜。人丁兴旺,有充足的农耕者和投军吃粮之士。田间禾苗旺,草地牛羊多,边关壮士足。山脉纵横,关口险要,海岸线漫长,足可阻挡来自不同方向的劲敌。于是,一代又一代的人们排除了生存的危机意识,过度漫长的自信导致怠慢的行为,也产生了不求进取求稳的心理。

生活条件优越导致人们对社会变革兴趣甚微,也使富贵阶层找到了贪图享受的多种办法。当生活过度享乐之时,本来应该为民的官吏似乎忘记了广大民众的生活,于是社会问题渐渐出现。每当社会问题凸显,或国家危难之时,一些有远见、有志识的人物往往会提出一些富国强兵的策略。他们挺身而出,极力主张社会变革,甚至冒险上谏皇上。

明末官员吕坤就是其中的一位。

一、吕坤上疏内容的变化显示社会环境建设方案日趋成熟

明隆庆年间(1567—1573)和万历初年,张居正实行全面的改革,挽救了出现危机的明王朝,社会各业的发展加快。万历十年(1582)张居正去世,王朝内部政局很快发生了大的变动。张居正起用的改革派官员很多被罢免,原来的保守派官员有的被重新起用,一些积极的改革措施被取消。从此,官场秩序开始紊乱,农、商等行业发展缓慢,军队战斗力减弱,社会多个领域重新出现了新的危机。随着时间的推移,危机不断加深。

看到明王朝的危机,吕坤利用职务之便,实施自己的主张。吕坤在任山西按察使时上《停止砂锅潞绸疏》①,建议停止向山西潞安府坐派砂器、潞绸等物品,减轻百姓的负担。该奏折是社会环境建设部分方案确立的标志。

万历二十年(1592),他以山西巡抚的身份上《摘陈边计民艰疏》,设计了一个较为全面的社会环境建设方案,明神宗对此持认可的态度。因此,吕坤利用自己职务之便积极地落实自己的主张。二十一年(1593),他被提升到刑部做官。在朝中做官期间,他对自己设计的社会环境建设方案在理论上进一步完善,在实践中继续落实。在他的官场生涯中,他利用多方面的条件积极落实自己的主张。做官期间,他还上了别的奏折,这些奏折大多为具体的改革建议,这些建议的提出使他的社会环境建设方案趋于完善。

万历二十五年(1597),他上《忧危疏》,其内容叙述了万历十年以来灾荒连年,但朝廷催科数额不减,土木大役不断,织造耗费巨资,皇店、官店扰民,内库耗费巨大,而百姓饥冻交加。他直言劝万历皇帝励精图治、革除诸弊。这个奏折同《摘陈边计民艰疏》相比较,其忧国爱民思想进一步升华。题目中的"忧"和"危"二字,总结得恰到好处。该奏折是社会环境建设方案进一步完善和成熟的标志。

本书主要从分析吕坤的一些奏折入手,结合他的其他著述及吏治事实,对社会环境建设方案做深入详细的研究,对他的多种建议分类整理,然后概括总结,并引用相关文献进一步证实其主要观点。在研究的开始,对相关内容做一些简单的说明。

二、研究时段与空间的界定与说明

(一)研究时段

在历史学界,很多学者认为,在明朝后期,皇帝昏庸,官场腐败程度深,社会弊端众多。在这种社会背景下,一些有眼界的人物会针对弊端,提出一些具有建设性的有价值的改革举措。因此,笔者把主要研究时段选择在明

---

① 光绪《山西通志》卷187,北京:中华书局,1990年。

万历年间(1573—1620),研究意义重大。

本书的研究时段,严格地说是从吕坤的出生至去世,即从1536年至1618年。主要研究从嘉靖三十九年(1560)至万历二十五年(1597)这一时段。其原因是1560年他中秀才,1597年辞官回乡。中秀才之前的经历更多的是求学和应对家事,辞官以后的经历主要是著书。吕坤的求学、处理家事及著书与他构建的社会环境建设方案有一定的关系,吕坤一生经历的时段都是本书的研究时段。

研究的重要时段是万历的前期和中期。确切地说,相关的历史事实主要发生在万历二年(1574)至万历二十五年(1597)间。其原因做以下的说明。万历二年,吕坤中进士,被授襄垣知县,这一年吕坤开始步入政坛。之后在大同任职。后任山东右参政,又升山西按察使,后去陕任职为陕西右布政使,万历十九年(1591)升山西巡抚,之后在刑部做官。这一时期也是明王朝的社会环境的转折时期。正是在这种社会背景下,吕坤设计了一个复杂的社会环境建设方案。以下对此进行简述。

张居正的改革确实挽救了明王朝,万历十年(1582)张居正去世以后,王朝内出现了新的危机。面对不断加深的王朝危机,万历二十年(1592),吕坤上《摘陈边计民艰疏》,此奏折明神宗认可,当时作为山西巡抚的吕坤,利用职务之便积极落实自己的主张。与此同时,朝中一些正义的官员也积极响应,他的社会重建方案不断地得以落实。

由于吕坤执政有功、执政有方,万历二十一年(1593),他被提升到刑部做官。在朝中做官期间,他同正直的官员为友,积极倡导多方面改革,他不断地提出一些可行的、合理的措施为治理国家献计献策。万历二十五年,在他被提升为刑部右侍郎不久,上了《忧危疏》,其中的内容涉及社会的多个方面,一些内容有着具体的阐述。该奏折是他设计的社会环境建设方案完善的表现。不过,此次上疏使他的官场命运有了大的转折。虽然奏折中的多种主张是积极的、合理的,但由于语言很尖锐,不加隐讳地指出了社会的多个黑暗面,使明神宗大为不满,因而对他的奏折不予理会。此事之后,吕坤提出辞官回乡,皇上便答应了他的请求,从此,他退出了官场。而本书列举的多个历史事实,基本上截止于万历二十五年(1597)。

此后的二十多年,他一直在著书立说,在他的一些著作中,对部分社会环境建设方案进行着阐述,使方案得到进一步完善。

(二)研究空间

关于本书的研究空间,确切地说,每一方面的内容涉及明王朝的全部范围。但研究的内容不同,相关的主要空间也不同。比如,"禁山护林植木"建议,所涉及的空间是北部边关一带,主要地域是晋北三关一带。再比如,"整顿食盐市场"建议,其相关的空间是从山西河东到北方沿海一带。军队建设的相关建议所涉及的空间主要是北部边关地区和东部海防线。有关吏治、执法、备荒防乱、办学,以及扶持弱势群体涉及明王朝各地。

从总体来看,本书涉及的历史事实所发生的空间主要在山西、陕西、直隶、河南、山东等黄河中下游地区,其原因是,吕坤的出生地、生长地、做官的地方就在这个区域。

关于本书的题目,笔者也进行了仔细的思考。之所以定为《农耕社会整治:明代官员吕坤构建的社会环境建设方案》,是因为这样表达可以把书中的主要内容直接展现给读者,并说明本书是直接服务于当今社会,以达到"学以致用"的目的。

三、学界对吕坤的研究

学界对吕坤有较多的研究,不同学科背景的学者们以不同的视角进行着多方面的研究。

关于对吕坤著作的整理,郑涵、王国轩等学者做了大量的工作。郑涵编撰了《吕坤年谱》[①],该书以时间为线索,对吕坤一生经历的家事、政事做了翔实考证,内容博丰,书中重点对吕坤著述的背景和内容做了评述,同时对主要事迹做了详述和评论。香港中文大学教授王国轩编纂了《吕坤全集》(三卷本)[②],对吕坤的各类著述做了较为系统、全面的整理。学者王秀梅也参与

---

① 郑涵:《吕坤年谱》,郑州:中州古籍出版社,1985年。
② 王国轩:《吕坤全集》,北京:中华书局,2008年。

了编纂工作。两位学者既是吕坤著述的整理者,又是吕坤著作的研究者。

研究吕坤哲学思想的学者偏多。1962 年,中华书局出版了侯外庐等编的《吕坤哲学选集》,这是研究吕坤哲学思想的著作。复旦大学马涛教授先后出版《吕坤思想研究》和《吕坤评传》两部专著,①并入选"中国思想家评传丛书"。《吕坤评传》着重从思想史的角度研究吕坤,是目前国内全面评价吕坤生平思想的第一部专著。学者们以哲学、伦理等视角撰写的论文较多。马涛论述了吕坤理学思想的特点以及他在前人研究基础上的进步。郑颖贞对吕坤的哲学思想进行了概述,评述了吕坤在哲学界的学术地位。韩作珍从吕坤的著述中探寻关于人生智慧的内容。仇苏家具体论述了吕坤的家庭伦理思想,以及对现代社会的借鉴价值。②

王国轩等学者对吕坤的民本思想重点研究,学者们的视角有差异。王国轩运用了大量的文献对吕坤的重民思想做了详细的陈述和总结。岳天雷主要就吕坤重民思想对现代社会的价值做了分析。张民复对《呻吟语》做了专题分析,对其中蕴含的民本思想做了总结。王勃和颜炳罡则是从哲学视角对吕坤的民本思想进行探析。③

马涛等学者对吕坤的吏治主张及实践进行了研究。具体来讲,马涛对吕坤的《实政录》做了详述,对经济思想做了总结。冯雅颂对吕坤的经世思

---

① 马涛:《吕坤思想研究》,北京:当代中国出版社,1993 年。马涛:《吕坤评传》,南京:南京大学出版社,2000 年。

② 马涛:《论吕坤理学思想的特点》,《史学月刊》,1989 年第 2 期。郑颖贞:《试评吕坤的哲学思想》,《学术交流》,2005 年第 8 期。韩作珍:《吕坤人生智慧》,西北师范大学硕士学位论文,2004 年。仇苏家,郑根成:《吕坤家庭伦理思想探析》,浙江财经大学硕士学位论文,2015 年。

③ 王国轩:《论吕坤的重民思想》,《文史哲》,1989 年第 5 期。岳天雷:《吕坤的民本思想及现代价值》,《河南社会科学》2001 年第 2 期。张民复:《〈呻吟语〉:吕坤人生感悟及其民本思想的集中体现》,《郑州大学学报(哲学社会科学版)》2006 年第 2 期。王勃,颜炳罡:《吕坤民本思想的哲学探微》,山东大学硕士学位论文,2010 年。

想进行了系统的分析。①

王卫平等学者对吕坤的荒政及社会保障思想进行了研究,主要对官员吕坤的救灾实践做了分析,对吕坤留给后世的社会保障措施进行了总结。②

吕坤上奏的《摘陈边计民艰疏》《忧危疏》等是明代有名的奏折,一部分学者引用其中的一些内容,作为某些问题论述的论据。例如,台湾学者邱仲麟在他的论文《明代长城沿线的植木造林》③等论文中,几次引用文中的内容。不过,他从中寻找的主要是与生态变迁相关的内容,关于社会环境整治的内容较少。学者们对吕坤上的经典奏折做细致剖析的较多,缘于他的奏折内容丰富、内涵深刻,这里不再一一详述。

上述学者对吕坤的研究虽然视角差异明显,但多侧重于对某一方面进行深入探讨。学界关于综合研究吕坤社会环境建设的文章等成果较少。基于此,本书的视角是对吕坤多年构建的社会环境建设方案做详细的挖掘、总结,对吕坤提出的关于社会环境建设的主张及思想进行综合分析,探寻农耕时代社会环境建设的策略、方法等内容,为目前的社会建设献计献策。

四、研究意义及方法

(一)研究意义

本书陈述的内容是明代官员吕坤多年思考设计的社会环境建设方案。通过相关的研究,可以较多地了解明万历年间中国北方地区的政治、经济、军事等社会环境的多方面情况。书中的几部分对社会环境中的多方面的变化情况做了细致的分析,并且对吕坤提出的相关的建设性的意见进行了归纳和总结,由此可以了解当时的社会环境变化的一些情况。在此基础上,通

---

① 马涛:《论吕坤的〈实政录〉及其影响》,《三晋文化研究论丛》,1994年。马涛:《吕坤经济思想述评》,《同济大学学报(社会科学版)》,1994年第4期。冯雅颂、吴漫:《吕坤的经世思想及实践研究》,郑州大学硕士学位论文,2018年。

② 王卫平:《明代吕坤的社会保障思想》,《学习与探索》,2012年第7期。黄晓燕、王卫平:《吕坤社会救济思想研究》,苏州大学硕士学位论文,2012年。

③ 邱仲麟:《明代长城沿线的植木造林》,《南开大学学报(哲学社会科学版)》,2007年第3期。

过挖掘更多的历史文献,对吕坤提出的社会环境建设方案的实施情况有了一定的了解。总之,通过研究,可以进一步探讨社会环境建设的一些规律。

中华人民共和国成立七十多年来,各种制度、政策渐渐趋于完善。实实在在地讲,宏观政策已制定了很多,但很多领域的微观政策有待补充和完善。而吕坤的社会环境建设方案涉及经济建设的内容较多,对这方面内容的每一部分,本文都详细地展开叙述。

比如,经济方面,包括农业、林业、商业、房屋、土地、赋税等方面的内容,而林业方面,诸如植木造林、禁山护林、林权改革等,每一部分又有一些具体建议。详细分析吕坤社会环境建设方案的内容,可以挖掘很多具体而翔实的内容,为目前的社会经济发展提供历史借鉴。

社会环境建设方案中关于军队建设方面的建议占有较大的篇幅,原因是吕坤在山西任职的时间较长。特别是他巡抚山西期间,还专管一方的军队,山西北方的三关地带是当时北部边关九边重镇的其中之一,他亲临边关多次,对军中的详细情况了解较多。关于这一方面的内容有些是很具体的。比如,军队的管理方法、练兵方式列得很详细。细致地研究这些内容,可为目前的军队建设提供历史借鉴。

吕坤构建的社会环境建设方案的多处流露出他忧国、爱民、爱军的思想,这是中华民族传统美德的显现。从吕坤的事迹得知,他经常深入基层关注百姓。他身居政坛,从知县到刑部右侍郎,在每个岗位上都坦诚履行自己的职责,诸如严惩豪强、惩治贪官、打击罪犯、维护社会治安等。他提出的一些建设性的意见如果被实施,可达到以下效果:百姓相互团结,军民友好相处,百姓与官府关系协调,社会各个领域协调有序,等等。如果认真分析吕坤构建方案的内容,领会其实质,可为目前和谐社会的建设提供历史借鉴。

(二)研究方法

1.利用历史文献是最基本的研究方法

撰写本书所利用的主体文献,除了吕坤的一些经典奏折外,还有北方地区的一些明、清、民国的地方志。比如,《襄垣县志》《大同府志》等。明清时期的历史文献资料种类多、内容杂,在研究中参阅了不少相关的文献。

万历年间,吕坤上的几部奏折是主要研究对象,以《摘陈边计民艰疏》和《忧危疏》为代表。从吕坤的从政履历和奏折中的内容得知,吕坤的社会阅历很深,他的执政经验也很丰富,因而奏折中的大部分观点趋于成熟。他的几部奏折涉及社会多个领域,笔者把这些奏折作为研究的重点。

原因是:其一,上这些奏折有特殊的历史背景,即经改革、整顿以后的社会又重新陷入危急时期。其二,吕坤上疏这些奏折时,他的社会阅历已经很深,执政经验已经很丰富了,因此,他的很多建议较为合理。其三,他上的《摘陈边计民艰疏》和《忧危疏》这两道奏折涉及经济、政治、军事等很多领域的内容,关注社会的方方面面,因此,它们都是综合的疏文。文中内容主要指责当时的一些社会弊端,并且提出了很多具体的改革方案,其中涉及关于制度和政策方面的很多内容,因此有必要细细地挖掘。

笔者仔细分析,认为《忧危疏》里渗透的思想是《摘陈边计民艰疏》里很多思想的进一步升华,其具体内容同《盐法议》《福府庄田议》《答毕东郊按台》等内容一样,成为社会环境建设方案的重要组成部分。书中涉及吕坤的多种著述的内容,如《呻吟语》《实政录》《去伪斋文集》等。只有把它们融为一体,才构成了吕坤的社会环境建设方案中多种主张的综合。

吕坤在明万历年间是一位有一定影响力的官员。他当过知县,因此了解民情,他先后在山东、山西、陕西做官,眼界开阔。他对中国北方地区,特别是华北一带的社会经济情况更为了解。他多次上疏,要求对社会制度进行改革。他忧国忧民,一心想报效国家。他高瞻远瞩,很多见解有新意,能够提出很多有效的改革举措。他不畏邪恶,为正义而斗争,表现出英勇顽强的品格。在保守派势力很强的情况下,他仍然坚持正义,为了明王朝农、商的复兴,为了军队的重整,为了社会各业正常有序,他单刀直入,把自己的建议直接上疏皇上。他的一系列建设性的主张,在当时的历史背景中,形成了一道亮丽的风景。当时被认为是三大贤臣之一。朝中吏部尚书孙丕扬,屡次向皇上推荐,曾言:"臣以八十老臣保坤,冀臣得亲见用坤之效。不效,甘坐失举之罪,死且无憾。"① 吕坤这位历史人物,至少称得上是当时的改革思想家,他的所作所为、著述以及影响值得研究。

研究过程中,笔者还查阅了明代以及明以后的学者们所著的关于明万历年间(1573—1620)的一些文献,得到不少相关的历史背景资料,对本内容研究助力较多。

2、田野调查是又一主要研究方法

在研究过程中涉及一些具体地域,为了追溯历史事件发生的背景,需要了解事件发生地域的地理特征,也需要了解当地的一些社会特征。

于是,笔者多次走向田野,取得大量第一手材料。为了理解古人的所思所想,笔者走到一些地方,把自己当作古人,试图体会一下当身临其境的时候会出现什么想法。

比如,为了更好地理解吕坤"禁山护林植木建议",2017年8月上旬,笔者带着一个班的学生沿着晋北内长城一线进行了一周的田野调查。这次对偏头关、宁武关、雁门关一带的地貌、植被、水系,以及长城沿线附近的人文景观进行了详细的实地考察,为分析吕坤的社会环境建设方案获得众多的感性材料。

2018年9月,笔者带两位学生前往河南宁陵县寻访吕坤故里。首先到访的是大吕集,这是当年"吕坤庄园"所在地。然后到访"新世纪学校"院内的吕氏"八祖坟",在宁陵城北参观了吕坤之父吕得胜所立的"天官坊",在吕坟村瞻仰了"吕坤墓"。在此期间,我们访谈了多名长者,了解了吕坤的更多事迹,得知吕坤留在家乡人心中的记忆以及对他的情感,等等。田野调查为本书的撰写得到了很多感性认知,同时又搜集了一些文献资料。还有多方面的收获,这里很难用言语陈述。

---

① (清)张廷玉等:《明史》卷225,北京:中华书局,1998年,第5943页。

第一章 社会环境建设方案构建的条件

第一节 吕坤严谨治学是方案构建的文化基础

吕坤严谨治学的态度和实践,为社会环境建设方案的提出奠定了文化基础。以下为吕坤严谨治学的具体表现。

一、吕坤终身严谨治学

成就学业既需要物质条件,也需要自我专注学业的意识和行为,吕坤的家庭条件是物质基础的保障,吕坤的天资及性格也具备成就学业的条件。

吕坤做官之前以读书为主,也有一些著作问世。他年幼时"离襁褓即不苟言笑,不与群儿嬉戏。年十五,五经皆通,读性理诸书,欣然有会。作《夜气钞》《拓良心诗》"①。吕坤在婴幼儿时不随便说话,与普通的孩子性格差异较大。他从小好学,读书态度端正。他天资聪明,年幼时便能读懂一些理性的书,并能领会其中的内涵。他的著作不断问世,足以说明他治学的成就。

嘉靖三十九年(1560),吕坤25岁,中秀才。嘉靖四十年(1561)26岁,中举。万历二年(1574)38岁,中进士,同年被授予山西襄垣知县。他靠求学终于步入官场,实现了人生的第一次飞跃。历经多年磨炼,学业终于成功。

---

① 《河南通志》卷六十一,雍正十三年刻本。

吕坤一直不断地上进,受父母影响颇深。吕坤的家境富裕,祖辈代代为军人,其父吕得胜开始从文。他的父亲正直、善良且乐于助人,是一位文人,其言传身教一直影响着吕坤。吕坤著述是跟着父亲起步的,父亲特别注重培养天资聪明的吕坤。在吕坤的儿童阶段,他是父亲创作的得力协助者。12岁时,协助父亲完成了《小儿语》。之后,助力父亲完成了《女小儿语》。在协助父亲的创作中,吕坤进步很快。受父亲的引导和启发,他后来创作了《续小儿语》《演小儿语》《好人歌》《训子词》等。

吕坤在学业推进过程中,失明母亲的嘱托成为学业成功的一种动力。

隆庆五年(1571),他科考赴京前"母病卧床,坤日夜侍侧,衣不解带,尝药尝粪,忧勤毕集。一日,母谓坤曰:'昔当会试,汝父卒,误汝一次。今我病,自忖无事,汝速行。'坤阳应行,隐别处料理汤药。母忽闻坤声,大怒不食。召坤责曰:'何欺我?'坤泣告母曰:'功名事小,母病未愈,儿焉忍去。'母抚坤背慰曰:'我欲见汝成进士,死且瞑目。汝行,勿负我望。'母更日进餐,不得已辞母行"。①这则故事叙述了吕坤的至孝品格,母亲的言行"汝速行""大怒不食""何欺我""汝成进士,死且瞑目""汝行,勿负我望"是不同寻常的,显现出对吕坤学业的督促、期望,对他的成功是迫不及待的。重病母亲的嘱托成为他努力学业的一种推动力。

吕坤通过治学步入官场,他的官场生涯又是治学极佳的场所。吕坤在地方做官期间,主要著述是《实政录》内的一些单行本。万历十七年至二十年(1589至1592),吕坤先后任山西按察使、陕西右布政使、山西巡抚。在此期间,他作了《风宪约》《狱政》《明职》《民务》《乡甲约》《安民实务》《督抚约》等。这些著述同他的行政事宜完全吻合,或者说,是实政经验的总结和提升。万历二十六年(1598),由吕坤的门生湖广监察御史赵文炳汇集这类单行本,并校刻为《吕公实政录》,后人称为《实政录》。

吕坤做官期间,治学的具体表现还有起草、上疏了一些奏折。《停止砂锅潞绸疏》《摘陈边计民艰疏》《忧危疏》为三个主要奏折,同时还有《宗藩要

---

① 河南旧志整理丛书:宣统《宁陵县志》,卷九《人物志》,郑州:中州古籍出版社,1989年,第298页。

疏》《盐法议》《福府庄田议》《答毕东郊按台》等。

《呻吟语》是吕坤最著名的著作,开始撰写的时间是嘉靖四十二年(1563),成书时间是万历二十一年(1593),历时30年思考的人生哲理巨著。吕坤以丰富的社会阅历、从政经历,以及深厚的治学功底,对自然、人、社会进行洞察和思考,提出很多具有独特见解且符合客观实际的观点。

归乡后的吕坤治学步入更高层次。万历二十五年(1597),吕坤"致仕家居讲学,学者咸宗之称为'沙随夫子'"。①他辞官归乡之后,著书二十年有余,同时培养出众多弟子。归乡之后的著述主要有《去伪斋文集》《续小儿语》《家礼疑》《家礼翼》《宗约歌》《纲目是正》《省心记》《身箴》《交泰韵》《阴符经注》等。

吕坤的著述种类多,内容多有新意。《吕新吾全集》收集了吕坤大部分著述。他去世前还焚毁了一些著述,这些著述的内容可能是抨击明朝廷或当时的时政,这种做法是为了不连累家人而采取的明智举措。

以上是吕坤一生治学的具体事实,从治学的态度、治学的方式、治学的内容、治学的高度,以及治学对当时社会及后世的影响等等得知,吕坤终身严谨治学,而且达到了高层次。

二、吕坤的治学方法及主要治学思想

吕坤在治学上自成一体,不受门派限制。他谈道:"我不是道学,不是仙学,不是释学,不是老、庄、申、韩学,我就是我。"②从吕坤的言语得知,他反对门派之间的相互独立,主张多个门派融为一体,互相取长补短,他在这方面进行了尝试。他继续阐释:"道者,天下古今公共之理,人人都有分底。"③"道无津涯,非圣人之言所能限。事有时事,非圣人之制所能尽。后世苟有明者出,发圣人所未发,而嘿圣人欲言之心,为圣人所未为。而吻合圣人必为之事,此固圣人之深幸,而拘儒之所大骇也。"④"道"是万事万物的运行轨

---

① 《河南通志》卷六十一,雍正十三年刻本。
② 吕坤:《呻吟语》卷一《谈道》,《吕坤全集》,北京:中华书局,2008年。
③④ 吕坤:《呻吟语》《道体》,《吕坤全集》,北京:中华书局,2008年。

道、轨迹,事物变化、运行的场所,可引申为"宇宙万物运行的规律"。"道"的内涵是无穷无尽的,圣人们所探索、总结的内容是有限的。时代在变化,万事万物在发展。由于受时代的限制,古代的圣人们对当时社会了解多,他们的言论对当时的社会规律总结得相对到位。但是社会发展快,需要更多的明智者探索圣人未探索的事物,总结圣人未归纳的内容。若一味地迷信古代圣人,不敢突破他们的思维,不敢在原有的基础上向前推进,事实上是禁锢古代圣人的思想。

吕坤主张"学以致用",书本知识和实际应用相结合。吕坤言:"儒者之急务,不专在谈性天,讲理气",更需要"明习世故,练达朝章"。①

选择何种治学方式对社会最有益?应少空谈一些道理,多总结一些处理事务的办法,对当朝的规章制度要细致探究,对其进行完善。助君王治天下,为民众做益事。如果读书人"闭户十年,破卷五车",这种读书方法对社会的贡献是较少的,应该把所学的东西投入社会实践。通过读书,可检点自己的为人处世、言行举止,读书可感化、影响自己周围的人和能够接触的人,通过读书可了解掌握一些实用的知识投身于社会实践。若能用所学的知识直接指导生产、生活,这些知识对社会来说,是最有价值的。

吕坤认为"读书要有选择性"是治学的基本准则。他的读书箴言是,"道理书尽读,事务书多读,文章书少读,闲杂书休读,邪妄书焚之"②。他建议人们选择读书的方法是,具有哲理性的书要尽量细细地品味以了解其中的内涵;要多读一些指导生产、生活等实用性的书;一些文字优美内容空虚的书要少读,对于读者收益较少;对于一些娱乐性强而无实用性的书不读,这是虚度光阴的做法;一些有损于道德秩序和社会秩序的书要坚决禁读,甚至烧掉。总而言之,读书有选择是很有必要的,因为人的精力、时间是有限的,这就限制了读书的量。人的思想具有可塑性,不同的书籍其内容差异大。如果人们不加选择地读书,轻者让人思维混乱,重者可引导人们进入不轨之道。任何人的思想都能被侵蚀,只不过影响程度有差异而已。可取的做法

---

① 吕坤:《呻吟语》卷一《谈道》,《吕坤全集》,北京:中华书局,2008年。
② 吕坤:《呻吟语》卷二《问学》,《吕坤全集》,北京:中华书局,2008年。

是,有选择地读一些健康、向上、实用的书籍。

吕坤建议做学问要"扬长补短"。他谈道:"学问之道无他,只是培养那自家好处,救正那自家不好处便了。"①他劝告人们,做学问要把自己的长处最大限度地发挥出来,同时不断地弥补自己的不足。属于自己的长处,以此为基础继续发展,取得的效益更多。弥补自己的不足可避免畸形发展,短板在一定的时候会影响自己整体的发展。

吕坤认为,做学问重在深入。他说:"不由心上做出,此是喷叶学问。不在独中慎起,此是洗面功夫。"②他认为,做学问要用心去做,如果自己没有真心投入,把别人的东西变相地拿来,相当于在花卉的枝叶上喷洒了一些水分,暂时变得湿润了一些。做学问要独立创造,如果在他人的思路下做学问,那是肤浅的学问,所得到的能力只不过是一些"洗面功夫"。

吕坤治学思想丰富,具体特点主要表现为心诚、正义、仁慈、开拓、创新等。吕坤提出要重视"心术、学术、政术"三者的关系。心术重在"诚",学术一定要"正",政术要做到"仁"。三者之中,心术最为重要,以"至诚的心术"为基础,方可达到学术"正"和政术"仁"的目的。真心投入是治学的基础,治学的最终目的是服务于天下的民众,做有益于百姓的事。

吕坤主张"学以自得为宗"的治学思想。"学以自得为宗"的主要内涵是,建议人们要自我开拓、自我创新,不要"摄(蹑)着人家脚跟走"。③治学要根据自我特长"各人走各人路"。④

吕坤认为,达到了"自得"这种境界,主要表现为以下几个方面:"字到不择笔处,文到不修句处,话到不检口处,事到不苦心处。"即文字功底深厚,语言表达能力强,出口成章,运用自如,处理棘手之事,易如反掌。

---

①②③　吕坤:《呻吟语》卷二《问学》,《吕坤全集》,北京:中华书局,2008年。
④　吕坤:《呻吟语》卷四《品藻》,《吕坤全集》,北京:中华书局,2008年。

第二节 吕坤的思想、修养、人生态度是方案构建的基本条件

一、吕坤的尊君、爱民思想是方案构建的思想基础

(一)吕坤关心百姓是方案构建的道德基底

吕坤家事的经历是他关心百姓思想形成的基础实践。父亲吕得胜对吕坤影响甚多,他特别重视对吕坤的培养教育。他的言行举止、文化素养,对家族生计的维护,对邻里的关心等等,潜移默化地影响着吕坤。可以看出,吕坤家庭的启蒙教育是他关心百姓的思想源头。吕坤十二岁时,母亲失明,于是他想方设法安慰母亲。他"召瞽妇弦歌以娱之,积五日,稍稍下食。歌者辞穷,则更其人,或令说书,如前汉、前后齐、七雄、三国、残唐、北宋之类,凡有名丝,无远近,必致之"。吕坤对失明母亲的精心伺候、陪护,真切地体会、理解残疾人的内心苦痛和生活艰难。这对吕坤的思想影响较大,促使他更加关注生存能力较弱的社会群体,使他对残疾人更加关爱。年幼吕坤的这种经历,是他关心百姓思想形成的重要实践。

吕坤出生在富裕的家庭中,救济百姓是家族的传统。父亲吕得胜曾言:"吾当古八口之家者二,而有田二千亩,岁丰可入五百石,已逾丰矣。妻子有衣帛食肉者,仆无冻馁者,客至有可以供宴乐之需者,冻者馁者号其前有可以遂吾不忍之心者,隶卒无号叫其门者。"① 家境富裕是基础条件,是否救济百姓还需有慈善之心。从吕得胜所言"冻者馁者号其前有可以遂吾不忍之心者"得知,救济穷人是他们家族的传统。自明万历十七年(1589)开始,吕坤在家乡河南宁陵县设立了"同善仓"。他联合地方绅士,一同伸出援助之手,献出慈善之心,把家里剩余的谷物拿出,救济贫民,吕坤庄园捐出的米谷

---

① 吕坤:《去伪斋文集》卷七《知足说·自警》,《吕坤全集》,第366页。

最多。吕坤的家族有救济百姓的传统,这对吕坤"仁爱百姓"品德的形成有很大的影响。

吕坤初入政坛便一心为民做事。在吕坤撰写的《乡约所记》里记述了这样一个事实。他的做官首地是山西襄垣县,卸任之日,当地众多百姓哭着挽留,后送行于风雪中。"襄之士民不以余不肖,当速去也,胥惨惨动离思,既强余图之像矣。行日大雪纷飞,泥涂(途)载道,父老数百人又强易余舄,相与震哭于堂署。乡先生觞余远郊,庠诸君濡衣淖履,拜余原野。远落僻寨之民,又相续执名牒而伏哭于道左者凡六十余,聚几千人。有戴香而涕者,有为余大创而号泣从车不能去者,有小儿拜跪于车前者,有再越宿而至南关驿者。僚佽租饯,伶优亦流泪奏乐,哽咽不能仰视。"①

该文献没有记载吕坤做了什么,但从百姓对吕坤送行时场面的描写,可以看出百姓对吕坤诚心的拥戴,以及挽留吕坤的真情实感。那么,他上任襄垣知县期间究竟做了什么,百姓才会如此待他。不难推出,吕坤一定为民做了很多善事,才换来民心的回报。"明年丙子,为余祠。又明年,为碑",这些百姓的举动更证实了以上结论。

吕坤同情百姓的行为体现在言辞中。他谈道:"天下之财,生者一人,食者九人,兴者四人,害者六人。其冻馁而死者,生之人十九,食之人十一。其保暖而乐者,害之人十九,兴之人十一。呜呼!可为伤心矣!"②天下创造财富者远少于消费者,保护财产者少于糟蹋财产者。冻死、饿死的人大多数是种田、织布者,享受财富的人很少有冻、饿的。衣食无忧者大多残害百姓,很少有助人的。这些事实让人伤心,也从侧面得知吕坤同情百姓。

吕坤以古代圣贤为楷模。吕坤建议,对百姓要温厚,其依据是自古圣贤都善待百姓。他谈道:"自古圣贤处人,离一温厚不得""曰爱人,曰慈祥""曰亲民、曰容众、曰万物一体、曰天下一家,中国一人。"③吕坤在执政时期关爱百姓方面细致入微,他建议对百姓要"热爱""慈祥""亲切""宽容","圣

---

① 吕坤:《乡约所记》,民国《襄垣县志·吕坤传》,民国十七年铅印本。
② 吕坤:《呻吟语》卷五《治道》,《吕坤全集》,北京:中华书局,2008年。
③ 吕坤:《呻吟语》卷三《应务》,《吕坤全集》,北京:中华书局,2008年。

贤对待百姓的方式"是善待百姓的楷模。宇宙万物为一体,天下的人们为一家,大明王朝的所有人应该团结得像一个人。吕坤这种"天下大同"的观念不仅体现在言辞,更是一直付诸行动。

吕坤关照平民百姓的具体事务。他深入基层,了解到佃户的辛苦,他们除了在田地劳作,"夜警资其救护,兴修赖其筋力,杂忙赖其使令"。主家对佃户仁慈较少,当缺衣少吃之时要求借贷,"轻则加三,重则加五,谷花始收,当场扣取。勤动一年,依然冻馁"。①佃户给主家承担多种事务:田间耕作、庭院修缮、杂活处理以及看家护院,可有难相求时,主人表现得不仁不义。这些受苦人依然避免不了饥饿和受冻。吕坤在基层发现了百姓的难处,他利用职务之便一直助力百姓。

吕坤制定法则,保护佃户的利益。"今后佃户缺食,主家放给,亦照官仓加二。如有平借平还者,乡约纪善以凭优处,有司合行通示"②。他对放贷的具体细则做了限制,"放贷只许一年三分起利,过三年者本利倍还。不还者,法当告理"。如出现违规的借贷者,不能实行家刑,"强拿欠主采打苦拷者,以势豪论"。③吕坤建议主家和佃户之间建立友善关系,他提出借贷"平借平还",他用"纪善""优处""通示"的方式鼓励富人多帮穷人。他依法惩处不守信誉的佃户,更憎恨私自施刑的豪强,他希望建立一个邻里和善、互帮互助的规则社会。

吕坤在家庭教育中早早地接受了"爱民"思想。之后,他的"爱民"表现在很多言辞和行动中。吕坤构建的社会环境建设方案建立在"关心百姓"这个稳定的道德基底上。

(二) 尊君思想是方案构建的直接动力

明王朝的江山是君王的天下,百姓是君王的"爱民"。吕坤是一位专心任职的官员,是一位尊君的臣子。在他眼里,百姓当然是"爱民",为"爱民"做事要一心投入、满腔热忱。

在吕坤所处的时代,尊君思想就是当时的"爱国"思想。如何使自己的

---

①② 吕坤:《呻吟语》卷二《民务》,《吕坤全集》,北京:中华书局,2008年。
③ 吕坤:《呻吟语》卷五《乡甲约》,《吕坤全集》,北京:中华书局,2008年。

思想向社会传播？如何让这些思想触动、感化民众？把思想如何变为推动社会发展的动力？等等。这一系列问题思考之后得出的结论是，把自己的想法以系统的方案展现出来，通过朝廷自上而下发布，从时间上可快速地让更多的人得知，从空间上可覆盖整个王朝。因此，他设计的这些方案大多以奏折的形式呈现。从历史事实来看，他上疏的多个奏折得到了朝廷的重视，他在朝中的威望因此而树立。在"尊君"思想的驱动下，吕坤利用自己行政职务之便，不断地设计、补充、完善社会环境建设方案的内容。

（三）尊君与爱民相结合是吕坤构建社会环境建设方案一直遵循的原则

吕坤是明万历年间的一位官员，他的著述以及表现出来的思想深深地打上了时代的烙印，具有很浓的尊君思想。其实，他也深知只有尊君在政坛上才能有一席之地，他的抱负才能实现。而他的抱负主要是为国为民做很多有益的事情，他的尊君思想与忧国爱民思想紧紧地结合在一起，这个结合表现在为官的实践中，并且渗透于他的各类著述的多处。

君民一体思想。吕坤认为，君民为一家，世界本应该如此。君应爱民，民应爱君，与民同乐，国泰民安。他在奏折《忧危疏》中言："陛下知天子之所以尊乎？辖天下之亿兆生灵，而处其上也，又知亿兆生灵之乐有天子乎？赖其休养生息，以保我身家也。故曰，'君民一体，休戚相关'。"① 人们之所以尊重天子，是因为天子是上天以一定的方式安排的代表，而天子的旨意就是上天的旨意。天地造化出现了万物生灵，当然，上天也保护万物生灵，保护天下的百姓。因此，天子应执行上天的旨意，与民一体，共建家业，达到与民同乐这个目的。

要了解吕坤的尊君思想，还需对吕坤的言论做一些剖析。吕坤的尊君思想同当时社会上大多数人的尊君思想不同。大多数人认为，上天至高无上，皇上是上天"派来"的天使，世上的一切事宜应该由皇上安排，每个人应该无条件地服从皇上。但是，吕坤心中的"天"和大多数人心中的"天"差异较大。吕坤心中的天是除地和人以外的宇宙万物。吕坤的尊重天意是尊重

---

① 吕坤：《忧危疏》，《明经世文编》卷 415，第 4494 页。

客观规律,这一点可从吕坤的言论中得知。吕坤言:"道有二然,举世皆颠倒之。有个当然,是属人底,不问吉凶祸福,要向前做去。有个自然,是属天底,任你踯躅咆哮,自勉强不来。举世昏迷,专在自然上错用工夫,是谓替天忙,徒劳无益。却将当然地全不着意,是谓弃人道,成个甚人。"①吕坤认为,事物的发展包括两个方面:一个方面指的是,有些事情可以通过人的主观作用改变。另一方面指的是,有些事情是不以人的意志为转移的。可偏偏出现的怪事是:有些情况下,该主观努力时,付出的却太少,或者放弃努力。该尊重客观规律时,却异想天开,人为地错误参与,违背了规律。不仅徒劳,而且还受到规律的惩罚,这就是没有正确处理"天"与人的关系。

吕坤认为,天人合一,人可胜天。他在《忧危疏》的开头谈道:"臣闻治乱之兆,垂示在天,治乱之实,召致在人。窃见元旦以来,天气昏黄,日光黯淡,占者以为乱征。当今天下之势,乱象已形,而乱机未动"。②此段话所表现出来的直接内涵是,当时的社会可能要发生动乱。但从此段话的侧面可以洞察到,吕坤的观点是,世界万物是由天和人共同决定的。例如,他提到的天有乱的征兆,但人可以把握乱机,或者说利用"乱机"制造动乱。人发现有乱的迹象,可以采取措施扭转局面,避免动乱。他认为,虽然是天人合一,但人可胜天。既然是天人合一,世界上的万事万物的发展都是由天、人共定的,所以要尊重天意。帝王是"上天"以一定的方式"安排"于人间的使者,帝王以及百官在王土维持秩序,目的是让天下的民众安居乐业,所以要尊君。既然人可胜天,所以百姓的力量不可低估。因此,爱护百姓,尊重民意,才能稳定社会,以此来达到长久的尊君。因此,吕坤一直主张尊君与爱民相结合。

他接着论述,君与民的命运是一致的。"君欲富,则天下必贫。天下贫,则君岂独富?故曰,'同民之欲者,民共乐之,专民之欲者,民共夺之'。"③吕坤又言:"帝王虐民,是自虐其身者也。爱民是自爱其身者也。"④以上是吕坤论述君民之间关系的言论。他认为,帝王关心百姓,也是关心自己,二者的

---

① 吕坤:《呻吟语》卷一《谈道》,《吕坤全集》,北京:中华书局,2008年。
②③ 吕坤:《忧危疏》,《明经世文编》卷415,第4494页,第4498页。
④ 吕坤:《呻吟语》卷五《书集·治道》,《吕坤全集》,北京:中华书局,2008年。

命运是一致的。百姓富,君也富;天下百姓穷,君不能独富。君只想自己如何能富起来,天下的百姓一定会变得贫穷。顺民心者,百姓安居乐业,社会变得和谐;违背民意者,百姓就要造反,天下就不会安稳。换言之,百姓是自己的爱民,虐待百姓就是虐待自身。总结以上的分析可知,吕坤的思想是朴素正确的。确实,君民是一家,应该同甘共苦建设国家。

  吕坤建议"广纳谏言"是爱民思想的行动体现。听一听百姓说什么?通过这一种方式,可以了解民情。而了解民情是安国、治国的必要条件。当王土、百姓安全,社会各种秩序正常延续,皇权自然得到了加强。因此,吕坤建议,广纳谏言可达到加强皇权的目的。在他上的《忧危疏》中提道:"自古圣民之君,岂乐诽谤之语?然而,下求言之诏,赏直谏之臣者,知天下存亡,系言路通塞。言官者,朝廷之耳目也,不可以不重也。"① 自古以来,即使是很开明的君主,也不一定喜欢听对自己指责的语言,然而,为了王土,为了百姓,他还要下旨招纳提意见的人,奖赏一些敢于直面提出不足且献言献策的人。言路是否畅通关系到天下存亡。献言献策的官员或百姓是朝廷的耳目,对他们要加大奖赏力度。

  吕坤还举了反面的事例指责万历皇上,因为皇上曾经惩罚过谏言献策的人。他举例:"新进小生,好矜名节,遂激陛下之怒,波及一省之臣,驱逐既多送补皆罢。"一位年轻的官员,喜欢公开谏言,没有把握好的方法。因此,激怒了陛下,不仅罢免了他,而且还牵连一个省的官员,他们中的大部分有的罢官,有的被驱逐他乡。针对这种事实,吕坤提出自己的看法:"臣以为天阍邃窈,法座崇严,若不广达四聪,何由明见万里?陛下所闻,皆众人之所敢言者,其不敢言者,陛下不得闻矣。臣望陛下思祖宗广置言官之意,……何至禁锢于既往,杜绝于将来,快潜伏之奸,养壅蔽之祸哉?"② 吕坤的观点是,天门很高,皇上有至高无上的尊严。如果不诚心听取天下百姓的忠言,怎么能弄清天下明理是非?只有皇上愿意接纳谏言的人,才能听到更多的忠言。如果皇上听到不顺耳的话,就惩罚谏言的人,那么人们就不敢在皇上

---

①② 吕坤:《忧危疏》,《明经世文编》卷415,第4496页。

面前说话。希望皇上继承先皇的一些好的传统,广置言官,广纳谏言,这样百姓也能倾诉由衷之苦,也能向皇上陈述地方的一些不法之事,皇上能够更多地了解民情,以便让朝中各部订制可行的管理措施。这样既有利于加强皇权,也有利于稳定社会、安抚百姓。如果现在、将来还像过去那样禁锢言论,朝中奸臣会越来越多,皇权会逐渐被削弱,社会灾难会增多。

以上吕坤从正、反两方面劝说皇上要诚心听取谏言,这是加强皇权、治理王朝必须采取的措施之一。吕坤建议皇上要"广纳谏言",其实是听取民众的建议,了解民众的心声,这种行为是爱民思想的行动体现。

"尊君"与"爱民"相结合,是实现自己多种主张的前提。吕坤身居政坛多年,客观地说,他属于统治阶层里的人物。但是,他时时处处为百姓阶层的人们着想。他在每一岗位任职,都认真履行自己的职责。为了实现自己的主张,并且让其推广到整个朝政,他极力上奏皇上。

从万历二十年(1592)至万历二十五年(1597)间,他上疏的次数较多,这些行动就是他的尊君思想的具体体现。其实,在每道奏折的开始或末尾都有一部分语言,表达出自己对皇上的无限忠诚。这里以《忧危疏》的末尾为例,"臣一点血诚,呼天叩地,斋宿七日,抽思万端,难裁迫切之衷,敬上忧危之疏"。①这里的"血诚""敬上"说明他的尊君的诚意很深。"斋宿七日,抽思万端"说明他为了上疏煞费苦心,下了大功夫。"呼天叩地"和"迫切之衷"说明他急于想通过皇上下旨,把他的主张实施于天下,让百姓得到利益,让王朝稳定发展。这里又流露出他的深深的爱民、爱王朝的思想。

作为朝廷的官员,尊君是最基本的表现。从朝廷赐官这一事实考虑,官员一定会感谢皇恩。其实,吕坤表达了他的尊君的诚意之后,最急切关注的是他的主张能否实施,他的爱民、爱王朝政策能否落实。他继续言道:"陛下倘信臣,将臣所已言者,慨赐施行。所未言者,再加修举。移宫中之勤,以勤庶政,推利国之念,以利庶民,将人心欢悦,天意转回。"②他希望他的建议很快被实施,如果有漏缺的或不妥的地方,请补充和修正。望皇上给朝中的相

---

① 吕坤:《忧危疏》,《明经世文编》卷415,第4498页。
② 吕坤:《忧危疏》,《明经世文编》卷415,第4499页。

关部门下旨,让他们执行有利于百姓和有利于王朝的政令。这样做的结果是,天下太平,百姓安居乐业,王朝富裕,这就是天意顺民心。通过以上分析可知,他的尊君思想和爱民、爱王朝思想达到了和谐的统一。其实,他上疏的其他奏折,类似于此,他上疏的目的是既为皇上献计献策,又为百姓和王朝着想。虽然在奏折中不一定能找到同"尊君""爱民、爱王朝"相关的词汇,但其内容实质上达到了二者的统一。事实上,吕坤也深知这一点,只有二者达到统一,他的建议才可能被实施。

综上所述,在吕坤的著述中,特别是在他的很多奏折中,尊君思想与爱民、爱王朝思想相结合表现在多处。其实,两种思想相结合是封建时代为民做事的官员必须遵循的思想原则。因为只有这样,他才能首先立足于政坛,然后才有条件为民做一些有益的事情,他的善待百姓的建议才容易被君主采纳。由此可知,尊君思想与爱民思想二者是可以很好地结合的。

广纳谏言是了解民情的一种方式,只有了解民情,朝中的相关部门才可能制定出有利于百姓的政策。或者说,必须通过这种方式,百姓才能倾诉由衷之苦,百姓也可以揭露地方官员的一些不法行为等等。总的来说,广纳谏言是既有利于百姓,也有利于王朝。但说到底,广纳谏言可以为安民治理王朝提供很多有效的方法,是加强皇权的一种手段。因此,吕坤广纳谏言的主张是尊君思想与爱民、爱王朝思想相结合的具体表现。

吕坤在官场任职,严格履行自己的职责,他多次上疏,为皇上献言献策,他的这些行动是他的尊君思想所导致的。他上疏的内容,处处为百姓着想,为王朝考虑,他提出的很多建议具体而翔实,而且具有可行性。所以,他的一次次上疏行动是尊君思想与爱民思想共同驱使他这样做的。因此,在他的奏折及其他著述中,这两种思想相结合渗透于多处。

二、吕坤的个人修养及人生态度是方案构建的前提条件

(一)吕坤提出的处事方式是个人修养的一种表现

吕坤是一位官员,又是一位学者,他在处事方面可作为当时人的楷模,以下叙述他的关于具体处事方式的建议。

吕坤警示大众"时时处处检点自己的行为是否得当"。他在命名《呻吟语》这部著作时,自己谈道,"呻吟,病声也。呻吟语,病时疾痛语也"①。他谈道,人在生病时会发出疾痛的声音,他的著作展示的内容为各种"疾痛声"。他警告人们,通过了解不同的"疾痛声",思考自己是否有疾病,时时处处检点自己的行为和处事方式是否得当,以此判断自己的修养程度。他提醒人们,既不要违背伦理道德,更不能触犯法律。

吕坤在实践中得知"教化人"要有巧妙的方式和方法。他说:"理直而出之以婉,善言也,善道也。"②他认为善于教化者往往在语言表达上是很讲究的,以谦虚的态度,用委婉的语言,既可以使对方心情高兴,又接受了其中的内容。他认为"善处事者,要得人自然之情。得人自然之情,则何所不得?失人自然之情,则何所不失?"③善于处事的人能够打动人们的真情实感,能够赢得人们的真心拥护。如果能够得到人们的信任,很多事情可以迎刃而解。如果失去人们的信任,很多应该成功的事情最后也会失败。

吕坤建议教育批评他人,在一定分寸范围内展开。吕坤建议:"攻人者有五分过恶,只攻他三四分,不惟彼有余惧,而亦倾心引服,足以塞其辩口。"有五分过错的人,只提到三四分,那么受批评者留有一定的恐惧,时时担心对方把其余的过错说出来,为悔过自新设立了基础。同时,让受批评者心服口服。

吕坤在处事方面做到了"五不争"。他劝告:"不与居积人争富,不与进取人争贵,不与矜饰人争名,不与简傲人争礼节,不与盛气人争是非。"④吕坤主张在做事方面默默无闻,讲求实效,不争名,不争利,同时不要和争强好胜的人发生冲突,这样才能同人们处好关系。同人们之间建立和谐的关系,利于工作的展开。

吕坤认为,最不可取的是有嫉妒之心。他斥责:"己无才而不让能,甚则害之;己为恶而恶人之为善,则诬之;己贫贱恶人之富贵,甚则倾之。此三妒

---

① 吕坤:《呻吟语》,《呻吟语序》,《吕坤全集》,北京:中华书局,2008年。
②③④ 吕坤:《呻吟语》卷三《射集·应务》,《吕坤全集》,北京:中华书局,2008年。

者,人之大戮也。"①吕坤告诫人们,做人、做事都要有好的心态,自己应不懈努力,每一种嫉妒心态都不能有。

吕坤曰:"圣人处事,如日月之四照,随物为影;如水之四流,随地成形。"②吕坤认为,处事要灵活,要以圣人的处事方式为楷模,一个人的处事方式是修养的一种重要表现。

(二)"以理同现实的丑恶和权势相抗争"是吕坤追求理想人格的表现

吕坤言:"天地间惟理与势为最尊,虽然,理又尊之尊也。庙堂之上言理,则天子不得以势相夺。即夺焉,而理常伸于天下万世。故势者,帝王之权。理者,圣人之权也。帝王无圣人之理,则其权有时而屈。然而理者也,又势之所恃以存亡者也,以莫大之权,无僭窃之禁。"③吕坤认为,"理"在"势"之上,皇上在"理"面前不得以势压之。天下之"理"是百姓所依赖的,也是皇权所依赖的,是江山社稷所依赖的。只有"理"才能对抗"权势",对抗"险恶"。吕坤又言:"势之尊,惟理能屈之,是故君子贵理直。"④吕坤这样说,也这样做。他在执政期间,"以理抗势"的事实众多。

当上级施压时,吕坤以理相抗。时任大同令时,曾理过一次命案,犯法者当死。可是,当事者的家人找到了一位高官向吕坤求情,坤曰:"狱已成,不可反。"吕坤秉公执法,得到了百姓称赞。时人评述,"天下第一不受嘱托者,无如大同令矣"⑤。能够得到这样的评论,在明代末年的社会背景下是很不容易的。

(三)"心态强、志气勇、国事先"是吕坤人生态度的主要特点

吕坤言:"以患难时,心居安乐;以贫贱时,心居富贵;以屈局时,心居广大,则无往而不泰然。"当遇到困境时,首先心态坚强,然后再生处置之法。

---

① 吕坤:《呻吟语》卷六《数集·人情》,《吕坤全集》,北京:中华书局,2008年。
② 吕坤:《呻吟语》卷三《修身》,《吕坤全集》,北京:中华书局,2008年。
③ 吕坤:《呻吟语》卷四《谈道》,《吕坤全集》,北京:中华书局,2008年。
④ 吕坤:《闺范》,明万历二十四年郑氏宝善堂刊本。
⑤ 宣统《宁陵县志》卷九《人物志》,郑州:中州古籍出版社,1989年。

他强调"以渊谷视康庄,以疾病视强健,以不测视无事,则无往而不安稳"。①人在患难之时,沮丧之心可阻止前进步伐,这个时候要笑对困难且勇往直前。面对贫贱,可以找到退怯的借口,但是心居富贵,昂扬向上,这是难得的心境。人在委屈之时,以宽广的心态从容应对,这是内心强大的表现。

吕坤鼓励人们要有志气,他说"贫不足羞,可羞是贫而无志"。②他建议人们要有理想,且有勇往直前的志气。无理想奋斗之心的人要有惭愧感。物质贫穷不足为羞愧,无改变贫穷之意者当羞愧。

吕坤认为要多做对国家有利的事。他谈道:"瞒人之事弗为,害人之心弗存,有益国家之事虽死弗避。"③他告诫人们,不做有损于道德以及违法的事,要去除"损害他人"的意识,对于国家有益之事,即使献出生命,也要付诸行动。吕坤言:"修格致诚之身,任天下国家之重。上天下地填一我为三才。往古来今,贯千圣为一脉。"吕坤的修身已经达到了一种境界,以千古圣人作为楷模。他的视野是"上天下地",关注的是"往古今来"。他认为,人的修养达到很高境界时,"处则使四海望其大行,出则使万物各得分愿"④,人的修养好可以感天动地。修养达到一定高度,才能"任天下国家之重",为国家献出自己的一切。

吕坤号召天下的能人志士要肩负时代赋予自己的责任。他谈道:"鸣呼,英雄豪杰冷眼天下之事,袖手天下之敝,付之长吁冷笑,任其腐溃决裂而不之理,玩日愒月,尸位素餐,而苟且目前,以全躯保妻子者岂得已哉,盖惧此。"时代英才要以天下为己任,为百姓做事,这样既对社会有益,也对妻子儿女有益。如果只为私利,整天贪图享受,拿着朝廷的俸禄不为百姓做事,其最终的结果是自己和家人都不能保全。他赞扬古代圣贤的所作所为,"自古圣贤孜孜汲汲,惕厉勤忧,只是以济世安民为己任,以检身约己为先图"。⑤

---

① 吕坤:《呻吟语》卷六《人情篇》,《吕坤全集》,北京:中华书局,2008 年。
② 吕坤:《呻吟语·力行》,《吕坤全集》,北京:中华书局,2008 年。
③ 吕坤:《呻吟语·卷上》,《吕坤全集》,北京:中华书局,2008 年。
④ 吕坤:《去伪斋文集》,《九儿入学面语戒之》,《吕坤全集》,北京:中华书局,2008 年。
⑤ 吕坤:《呻吟语下》,《吕坤全集》,北京:中华书局,2008 年。

圣贤是人们的楷模,他们勤劳做事、谨慎做人、自我鞭策、忧国忧民。他们心系天下,以身作则,为民操劳。天下的能人志士要肩负时代的职责,才无愧上天赋予的英才,更不辜负百姓寄予的希望。

(四)"治众人之疾,教化于天下"显示吕坤的修养、人生态度至高境界

吕坤在叙述刊刻《呻吟语》之前的一件事,表达了自己著书的目的。他在序中言:"三十年来,所志《呻吟语》,凡若干卷,携以自药。司农大夫刘景泽摄心缮性,平生无所呻吟,予甚爱之。顷共事雁门,各谈所苦。予出《呻吟语》视景泽,景泽曰:'吾亦有所呻吟,而未之志也。吾人之病大都相同,子既志之矣,盍以公人?盖三益焉:医病者见子呻吟,起将死病;同病者见之呻吟,医各有病;未病者见子呻吟,谨未然病。'"①多年来,吕坤一直以《呻吟语》的部分内容作为反省自己的行为准则。他的友人刘景泽阅读《呻吟语》后产生了强烈的思想共鸣,感觉自己常有痛苦发声的时候,可自己一直没有意识到。大众大多有共同的缺点和不足,往往在认识上限于肤浅。吕坤认为,如果把《呻吟语》公之于天下,会有益于民众。对于他所列举的三类人("医病者""同病者""未病者")都有不同程度的"医治"功效。《呻吟语》的内容是治愈"百病"的"良药","有病医病,无病防病"。可以看出,吕坤的著书的目的是"治众人之疾,教化于天下"。他治疾的目标是众人,教化的目标是天下的人。他的人生态度是以天下为己任,整治天下秩序。可见,吕坤的个人修养、人生态度达到一种较高境界。

关于吕坤修身方面的言语多来自《呻吟语》,书中的大部分内容成型于他做官之前。开始撰写该著作时是二十七岁,三十八岁才开始做官,被授予山西襄垣知县。可见,吕坤在做官之前,对修身处事有较多的理论研究,由此也真实地再现出吕坤在个人修身方面的自我磨炼。吕坤建议人们要磨炼出灵活应对不同境遇的心态,灵活的处事方式是个人修养的重要表现,他追求理想人格的突出表现是"以理同现实的丑恶和权势相抗争"。吕坤在做官之前和归乡之后,是以学者的身份给人们传道、授业、解惑,其余时间是以官

---

① 吕坤:《呻吟语》,《呻吟语序》,《吕坤全集》,北京:中华书局,2008年。

员的角色为民做事,为朝廷效力。可见,他的人生态度是积极上进的,他维护正义,不断地同邪恶做斗争。他乐意为民做事,同情帮扶弱者。他终身给国家奉献,为朝廷效力。他的多方面的素养和能力是良好的修养和积极的人生态度所导致。具备多方面的素养和能力,是设计社会环境建设方案的条件。结论显而易见,他的个人修养及人生态度是社会环境方案设计的前提条件。

第三节 社会环境建设方案在实践中酝酿、成熟

一、吕坤"基层做官"经历及活动空间是方案构建的基层社会基础

吕坤基层做官走遍了北方的几个省份。万历二年(1574)被授山西襄垣知县,执政期间,精心理政,奖惩严明。据《山西通志》载:"襄垣土豪某被坤大创,去之日,送数百里,谢曰,'蒙创悔,今而后不复犯法矣'。"① 由此事得知,吕坤初入政坛时便有一身正气,敢于面对邪恶,而且执法有方,他的正义行为感化了地方豪强,这确实是了不起的事迹。

万历三年(1575),调大同,为大同知县,后征授户部主事,历郎中。在大同任职期间,救济穷人、安抚百姓。他秉公执法、严明律己。曾有一人命案子已判,有人提出重审,于是通过吕坤的家乡人、朝中的大官王家屏求情,被他拒绝。文献载:"知大同时,有以人命坐抵,以其姻邻邑大绅,向坤言之。坤言:'狱已成,不可反。'其不受请托如此。"② 吕坤拒绝求情的理由是,判定了的案子再翻案,就会扰乱执法的秩序,会造成不良的影响。吕坤这种不顾私情、做事正直的态度,被人称赞。吕坤在襄垣和大同任职期间,百姓拥护,深得人心。《山西通志》记载:"培植善良,裁抑豪横,两地甚德之。"③ 吕坤培植善良正直的官员,打击抑制豪强和恶霸势力,说明他的理想是建立一个和

---

①②③ 光绪《山西通志》卷 14,北京:中华书局,1990 年,第 7342 页。

谐而有秩序的社会,因此,两地的百姓对他深深地爱戴。

后迁山东参政。上任期间,"崇文教,恤孤寡,伸武备,禁邪党,立社学,创冬生院,以恤残疾"。①从该文献得知,吕坤做官,讲求务实。比如,他主张救济孤寡残疾人,重视文化教育,倡导习武练兵,做好自我防卫,而且禁止邪党扰乱社会秩序。他还严惩侵害百姓利益的恶人,"有奸人借朝泰山之机,装神弄鬼,诈取人财物,多致殒命。他严惩恶人,杜绝奸人残害黎民"。②吕坤这样做,说明他时时处处为百姓着想。

又升山西按察使。任职期间,他写了同妇女的道德规范相关的《闺范图说》。文献载:"初,坤按察山西时,曾撰《闺范图说》。内侍购入禁中,郑贵妃因加十二人,且为制序,属其伯父承恩重刊之。"③这里先不介绍这部著作的内容是什么,单考虑郑贵妃组织人员为它作序,而且托亲人重新印刷多册,这些事实足可以说明,郑贵妃喜欢这部著作,至少还有不少妇女喜欢它。这里可以肯定,吕坤做了有利于妇女的事情。

以后迁陕西为右布政使。万历十九年(1591)十一月,因"山西巡抚朱孟震回籍调理",④于万历十九年十二月丙申,"以陕西右布政使吕坤为提督雁门等关巡抚山西都御使"。⑤《山西通志》记载:"旋升山西巡抚。"⑥由此可以说明,吕坤在陕西任职依然政绩突出,提升较快。在任职山西巡抚期间,他继续深入基层,了解民情。他特别关注军中的情况,他对山西北部三关一带的军营、边山森林、边关防御工程以及军民关系做了细致的调查,在得知大量民情、军情的基础上,于万历二十年(1592)上疏了《摘陈边计民艰疏》。这是一部综合的奏折,涉及社会的多个领域,具体到每一部分,其内容翔实。他上疏的目的,建议社会进行全方位的改革。笔者读后,感觉分量较重,因此,该奏折成为本书的重点研究内容之一。

吕坤基层做官的经历使他能够方便地了解社会不同阶层人们的生活,

---

①② 《山东通志》卷71,职官志 历代宦迹,民国四年重印本。
③ (清)张廷玉等:《明史》卷225,北京:中华书局,1998年,第5937页。
④⑤ 《神宗万历实录》卷242,万历十九年十一月丙戌修,第2页、第3页。
⑥ 光绪《山西通志》卷14,第7342页。

特别是能够目睹百姓的疾苦,对人们之间的冲突、矛盾理解较深。他充分体会到群体力量对社会的作用,即人民群众的合力对推动社会的作用。加深了他热爱百姓、热爱下层人物的情感,他进一步认识到人民安居乐业对王朝稳定和发展的重要性。他体察民情,了解军情、惩治贪官污吏,深入基层各个方面,广泛接触社会不同行业的人们,了解到不同行业对社会的作用。农耕、纺织是社会的基础行业,全社会的人离不开。手工业和商业是服务性行业,连接各行各业。官府衙门组织协调各业之间的关系。军方对稳定社会、防止动乱起着至关重要的作用。

吕坤的活动空间对他设计的社会环境建设内容的提出具有很大的影响。吕坤的活动空间主要是北方地区,他主要在山西、陕西、山东、直隶任职。这些区域是当时明王朝的经济重心区域,当时北方社会的多个方面能够近似地代表明王朝的多个方面。

由上述分析得知,吕坤丰富的基层做官经历及广阔的北方活动空间,是他的社会环境建设方案设计的社会基础。

二、吕坤"朝中做官"及"归乡著书讲学"是方案成熟的重要经历

万历二十一年(1593),吕坤升为左佥都御史。据《明实录》载:"二十一年五月甲寅,以巡抚山西都察院右佥都御史吕坤为左佥都御史协理院事。"[①]后历刑部右侍郎、刑部左侍郎。万历二十五年(1597)五月,他上疏《忧危疏》,这个奏折是他做官期间上疏的最后一个奏折。但这个奏折同《摘陈边计民艰疏》相比较,其忧国爱民思想进一步升华。题目中的"忧"和"危"二字,总结得恰到好处。具体内容是叙述了万历十年以来,灾荒连年,朝廷催科不减,土木大役不断,织造耗费巨资,皇店、官店扰民,内库耗费巨大,而百姓饥冻交加。他劝明神宗励精图治,革除诸弊。此奏折上疏以后,吕坤的官场命运开始改变。由于明神宗对上疏的内容不给予答复,吕坤称病要归乡,明神宗下旨同意了他的请求,从此他退离官场。《明实录》对此事做了记载:

---

① 《神宗万历实录》卷260,万历二十一年五月甲寅修,第1页。

"万历二十五年四月丙子,刑部右侍郎吕坤以病乞归,许之。"①吕坤就是这样刚直不阿,宁肯不做官,也要坚持自己的主张。在当时的官场上,持这种态度的官员很少。

在朝中做官,从高层次的角度了解明王朝的社会环境中存在的一些弊端,而很多弊端对于明王朝的存亡来说是致命的。他针对当时的实际情况,及时地上奏了《忧危疏》。

从《忧危疏》的详细内容得知,吕坤这个时候构建的社会环境建设方案已经相当成熟了。可见,朝中做官更有利于实现自己设计的社会环境建设的主张,朝中做官的经历是方案成熟的重要实践。

吕坤归乡后在家乡著书讲学,从1597年至1618年,他撰写了多部著作,这些著作涉及多个领域的内容,其中一些内容是关于社会环境建设方面的。他总结农耕纺织的经验、强军抚军的方法、执法整序的方略以及办学扶弱的具体办法,等等。吕坤讲学的对象为社会不同年龄段的求学者,他特别注重培养少年和青年的学者。他讲述的内容主要是在社会较为实用的内容,对学者进行道义感化,对生活、生产相关的内容注重讲述,利于秩序稳定、习武强军的内容多讲述,等等。

万历四十六年(1618),吕坤卒于故里,朝中为他举行了葬礼。天启元年(1621),皇上追赐官职。《明史》载:"卒,天启初,赠刑部尚书。"②《山西通志》载:"卒,赠刑部尚书,赐祭葬。"③吕坤去世几年后,朝中还要赠给他官职"刑部尚书"。这是因为他执政有功,还有他执法公正、严明等等,朝中想树立典范,弘扬正气,教育他人。至于"赐祭葬",这可能由他生前所担任的官职的高低所决定,朝中对此有统一的规定。吕坤归乡后一直著书、讲学,这对该社会环境建设方案的一些内容进行了补充和完善,对一些内容在理论上进一步完善。吕坤的一系列著述在当时的社会产生了积极的影响。天启年间(1621—1627)朝中给他赐官,除了吕坤的政绩突出外,与他的一系列

---

① 《神宗万历实录》卷309,万历二十五年四月丙子修,第7页。
② (清)张廷玉等:《明史》卷225,北京:中华书局,1998年,第5943页。
③ 光绪《山西通志》卷14,北京:中华书局,1990年,第7342页。

有影响的著作一定有很大的关系。

　　由以上历史事实及分析得知,吕坤在朝中做官上疏的奏折,以及归乡后的一些著述,把社会环境建设方案的内容提升、总结到理论的高度,这是该方案成熟的标志。

第二章　社会环境建设方案构建的历史背景

隆庆年间(1567—1572)和万历初年的张居正改革,挽救了出现危机的明王朝,使社会的各行各业渐渐地步入正轨,官场秩序稳定,国库银两积累越来越多,官军经过整顿,战斗力有所提高,边关出现了短暂安宁的局面。万历十年(1582),张居正去世,形势变化很快,伴随着对张居正很多改革措施的废除,明王朝日趋衰落。

第一节　吏治败坏

万历中期以来,官场腐败日趋严重,官吏所关心的事宜主要是自己的升迁和钱财的索取,对自己应该做的事情消极应付。这种情况,作为明王朝的最高统治者神宗当然不愿意看到。一次,他在同大臣们的对话中谈道:"目今四方吏治,全不务讲求荒政,牧养小民,止以搏击风力为名声,交际趋承为职业。费用侈于公庭,追呼遍于闾里,嚣讼者不能禁止,流亡者不能招徕。遇有盗贼生发,则互相隐匿,故意纵舍,以避地方失事之咎。其各该抚按官亦只知请赈请蠲,姑了目前之事,不知汰一苛吏,革一弊法,痛裁冗费,务省虚文,乃永远便民之本。如此上下相蒙,酿成大乱,朕甚忧之。"① 以上是万历皇帝对当时官场弊端的描述,谈到官员不救荒救灾,不关心百姓,只为自己的升迁而奔波,平日讲究生活的奢侈,浪费现象严重。申冤的百姓屡见不鲜,流浪的百姓到处都是。当不安定之事出现时,官员相互隐瞒,故意不报,

---

① 《神宗万历实录》卷269,万历二十二年正月己亥修,第3页。

以防上级追究其责任。很多官员只会经常求助于朝廷,请下拨救济款项,这是官员苟且度日的办法。谈到官场上的弊端,万历皇帝当然希望出现相反的情况。比如,除去贪官,革新变法,节省开支,汰除繁缛礼节。这些都是有利于百姓的事情,皇上当然愿意看到这些事情的改变,在最后还说出了他所担忧的事情。从万历皇帝对"官员不尽职"这一情况的描述,从他所希望的事情和他所担忧的事情来看,当时的吏治败坏相当严重。

以下举一些具体事例。"李采菲于万历十七年(1589)至十九年(1591)以右副都御史巡抚山西贪污事即发生在此时,去任后不久被劾;沈汝梁为巡视下江御史,万历十四年(1586)因赃被劾;祝大舟为江西巡按,万历十九年(1591)因赃被劾。"① 从以上事例可以看出,在明王朝中,官员的不法行为已经成为普遍现象,不胜枚举。要整顿官场,挽救明王朝,需要一些卓越的人物出现,需要他们提出一些合理的、可行的改革措施,然后去实施。吕坤正是在这种背景下上疏他的奏折,请求皇帝下旨实施他的主张,同时亲自参与制定一些相关的具体实施措施。

第二节 财政危机

万历中期以来,明王朝财政出现了越来越紧缺的状况。

究其原因,是多方面的。比如,皇帝宫廷不断地挥霍;官吏贪污盛行;军费日益增加;加之水旱灾害较多;等等,使王朝的财政支出很多,而财政税收的漏洞一直延续,导致财政状况日益恶化。

一、税收漏洞多

王朝税收的多少这是由多种因素决定的,但如果税收漏洞多,必然使财政收入受到损失。以下挖掘的一些历史事实,反映的是万历初年税收方面

① 汤纲,南炳文:《明史》下册,上海:上海人民出版社,2003年。

的一些漏洞。

"神宗万历二年(1574)二月,太监张诚等求领真定木税,工部执论不休。"①这是宫中太监的无理要求,虽然这次要求被工部拒绝了,但从侧面可以看到,朝中类似这样的事情是很多的。

文献记载:"万历八年(1580)九月,太监王效称缺岁额银朱等料。户部尚书张学颜奏:'登极一诏,尽损不急之务,宜谅停罢。'上从之。"②太监找一些理由想索取钱财,遭到拒绝,这是应该的。张学颜上奏的目的,让朝廷尽量减少一些不必要的开支,制造银朱等奢侈品,确实对王朝和人民没有好处。他主张把朝廷有限的银两尽可能多用在最要紧的事务上。

还有一些官员,请求免除房税。"万历十年四月,顺天府尹张国彦,请求豁房税。不报。"官员请求免除课税,虽然没有得到批准,但这些事实说明,整个王朝内部随意免除课税的现象常有发生。由此可以看到,王朝的税收制度不完善,漏洞太多。而这种势态一直延续,甚至随着时间的推移,情况越来越严重,导致赋税收入减少。

二、财政吃紧

如果对万历中期以来的财政紧缺状况做细致的研究,那将面临一个大的课题。这里,笔者仅从太仓银库逐年减少这一事实,从侧面了解当时的财政情况。

"明王朝的国库主要有四类,它们是:户部所属的太仓库、工部所属节慎库、太仆寺库及光禄寺库。"③

这四类国库的盈乏情况,可以反映当时朝廷的财政状况。而"太仓银库,百官之廪禄、九边之军需所取给也"④。因此,通过分析太仓库银贮银量的变化,可以了解当时财政收支情况的一些信息。

---

① ② (清)谷应泰:《明史纪事本末》卷65《矿税之弊》,北京:中华书局,1977年。

③ 汤纲,南炳文:《明史》下册,上海:上海人民出版社,2003年。

④ 《神宗万历实录》卷194,万历十六年正月丙午修,第9页。

表 1　万历十四年至万历十七年太仓贮银情况表

时间	贮银情况	文献出处
万历十四年（1586）八月	太仓库贮银，除老库、窖房外，外库余银四十六万	《神宗万历实录》卷178
万历十四年九月	外库余银三十万	《神宗万历实录》卷178
万历十五（1587）年三月	除老库、窖房外，止余银九万两	《神宗万历实录》卷184
万历十六年（1588）	窖房贮银四百万两	《神宗万历实录》卷211
万历十七年（1589）	窖房贮银二百二十四万略多	《神宗万历实录》卷218
万历十七年十二月	窖房银动支一百零六万有奇	《神宗万历实录》卷218

从上表可以得知，太仓有三类库银，分别是老库、窖房和外库。一般情况下，支出银两的顺序是先用外库，再动窖房，最后才动用老库的银两。万历十四年和十五年只动用了外库的银两，使外库的银两越来越少。时至十五年三月，外库剩余银九万两，两年减少银三十七万两。从万历十六年开始，由于外库银用光，开始动用窖房的银两。至万历十七年年底，窖房只剩银一百一十八万两，两年减少银二百八十二万两。

由上面分析至少可以得出下面几个结论：

（1）从万历十四年（1586）至万历十七年（1589），太仓库贮银两逐年减少，而且减少的速度很快。

（2）这四年间，每年朝廷的财政支出大于财政收入，所以才动用库存银两。

（3）四年内，财政收支差额逐年增大，而且增加的速度很快。

明王朝其他国库银两的盈乏情况，这里不再叙述，仅从太仓库贮银的变化，可以说明当时国家的财政日益吃紧。财政紧缺能够引发很多社会问题。比如，影响朝廷对农桑业和商业方面的银两投入；影响军饷的供应；在抗灾救灾方面银两不足，也影响其他行业的发展等。明王朝为了扭转财政紧缺，必然要加重赋税。这样，百姓的负担一定会加重，官府同百姓的矛盾会日益加剧。所以，吕坤上疏他的一些奏折，建议社会进行全方位改革，同时利用职务之便推出一些具体实施措施，这些都是非常及时的举动。

第三节 边防危机

万历中期以来,随着明王朝内各种危机的出现,王朝的实力渐渐地衰弱,周边的一些势力开始窥视明王朝,有时进行一些侵扰行动。环视明王朝的周边,不安宁的事件不断地发生。

一、东北边防潜伏危机

万历二十年(1592),朝鲜遭到倭寇的入侵,因此,请求明政府出兵援助,据《明史纪事本末》记载:"神宗万历二十年五月,倭酋平秀吉寇朝鲜……吉乃分遣其渠行长、清正等率舟师数百艘,逼釜山镇。五月潜渡临津、分陷丰、德诸郡。时朝鲜承平久,怯不谙战,皆望风溃。朝鲜王仓卒(促)弃王京,令次子珲摄国事,奔平壤。已,复走义州,愿内属。倭遂渡大同江,绕出平壤界。是时,倭已入王京,毁坟墓,劫王子陪臣,剽府库,荡然一空,八道几尽没。旦暮且渡鸭绿。请援之使络绎于路。廷议以朝鲜属国为我藩篱,必争之地,遣行人薛潘谕其王以匡复大义。"①

以上文献给出的最直观的信息是,倭寇强大、野蛮,气焰嚣张,对弱小的朝鲜国进行惨无人道的侵略,而朝鲜的国王、大臣、军人好多都表现得弱小、胆怯。因此,倭寇将很快就会吞并朝鲜。从文献的侧面不难推出一个结论,倭寇的入侵目标很大,朝鲜国的土地远不能满足他们,夺取大明江山才是他们的真正目标。因此,明政府为了东北边疆的安全,为了江山的长治久安,决定援助朝鲜国。明政府这一决定,首先考虑王朝的安全;其次,以正义的举动,帮助友好邻国。因为一旦朝鲜国落入倭寇手中,大明江山东北边防将会面临更严重的危机。因此,以后连续七年,抗倭援朝。

以下文献记载的是一些令人满意的内容。"二十一年(1593)正月,平壤

---

① (清)谷应泰:《明史纪事本末》卷62《援朝鲜》,中华书局,1977年。

大捷。""二十五年(1597)二月,再议东征。""二十七年(1599)四月,征倭告捷。""二十七年七月,给事中杨应龙勘报东征功次。"①以上历史事实证明,万历年间明王朝军队援助朝鲜是正确的举动,其最终目的是为了明王朝的安全。当时朝中很多有志之士,看到了东北边疆的危机,因而积极主张援朝抗倭,吕坤于万历二十五年上疏的《忧危疏》就表明了自己关于援助朝鲜的主张。吕坤言:"陛下早决大计,并力东征,而属国之人心收。"②吕坤的这一主张是他的关于夺取东北边防主动权这一边防思想的具体体现。一部万历年间抗倭援朝的史实,确实说明了当时明王朝东北边疆危机严重,为了扭转危机,明王朝才出师朝鲜。至于别的意义,这里不再详述。

二、西北边疆鞑靼挑衅频繁

鞑靼在西北边疆侵扰不断。据《明实录》载:"万历十九年(1591)十二月甲寅,延绥总兵杜桐塘报,鞑虏明安土昧等酋分犯榆林、保宁、波罗等堡,本官率将分兵出击,斩获首级四百五十余颗,生擒贼夷二十六名。"③以上文献记载的内容,确实是使臣民兴奋的事,因为局部战争取得了胜利。但从侧面可以看到,鞑虏无视我中原王朝,肆无忌惮地在边疆挑衅。

另据记载:"神宗万历二十年(1592)二月,宁夏哱拜乱。"④这次事件看似是内乱,其实是鞑虏通过里应外合的方式,想夺取宁夏。因为该文献中还做了注释,"哱拜,鞑靼种也"。由此可知,哱拜本来就是鞑靼人。

以下的事实进一步证明了鞑虏通过里应外合夺取宁夏的阴谋。

据《明史》载:"万历二十年六月丁未,诛军进次宁夏,贼诱河套部入犯,官军击却之。"⑤这次事件就是内地鞑靼人同河套的鞑靼相勾结而入侵宁夏。虽然入侵者被击败了,但西北边疆的战事或冲突常有发生。

---

① (清)谷应泰:《明史纪事本末》卷62《援朝鲜》,中华书局,1977年。
② 吕坤:《忧危疏》,《明经世文编》卷415,第4497页。
③ 《神宗万历实录》卷243,万历十九年十二月甲寅修,第12页。
④ (清)谷应泰:《明史纪事本末》卷63《平哱拜》北京:中华书局,1977年。
⑤ (清)张廷玉等:《明史》卷20《神宗一》,北京:中华书局,1998年,第275页。

其实,边地驻军一直采取积极的防御措施。万历十九年(1591)十二月,延绥王世扬整顿边务,他令将士严守要冲,加强军队训练。不同季节训练于不同的地域,让将士适应不同的环境,以应对将来可能面对的各种战斗环境。文献记载:"延绥王世扬条陈边务,一议道驻以重弹压,该镇惟定边营最冲,宜各令兵道于夏秋则驻定边,以振威武;春冬则远驻靖边,以理庶务。"①修筑结实的道路,以保证战时物资供应不会因为交通条件差而中断。西北定边是特别重要的战略要地,在夏秋季节,要集中大量的人马,在此训练,让敌方目睹我军的威武与强大;在春冬季节,也要做好边务的所有事宜。

王世扬对军人的身体素质要求严格,文献载:"严查以杜虚冒,按册籍核,不令老弱混留,其壮者量加粮额,汰者另行选补。"②从该文献得知,王世扬对在册军人的年龄及身体状况做了详细的核实,不仅淘汰老弱病残,而且对精兵强将更加优待,鼓励他们要进一步发挥特长。这种措施的推出,使军人的身体素质整体提高,为进一步强化武艺,提高战斗力,做了基础性的工作。整顿边务还有其他措施。如,整顿军风和练乡兵。文献中记载:"地土只令军丁承种纳种,听各官关领,不许私种民田,擅役军丁。练乡兵,安内地,照村落远近联为什伍,各备器械训练。而又择有胆智者为之长,令人自为兵一,禁驰边以专操练,非沿边驻扎官员,不许枉道经由边堡,致边军供臆骚然,俱依议行。"③以上采取的措施,首先,加强了军人的组织纪律性。其次,有利于建立良好的军民关系。只有军民团结一致,才能一致对外,抵御侵略。练乡兵,让百姓习武,可以提高百姓的自我防护能力。同时,使民间一些优秀的武士,被挖掘出来,可以作为边防的后备军,随时充实边关。

以上种种整顿边务措施的推出,说明边关驻军亲身感觉到了边关的危机,或者说,这些措施的出台,确实是形势所迫。在当时,身居内地的人们,在这一点上,远没有他们感触深刻。除了东北和西北,西部和南部边疆,也有战事发生。《明史》载:"万历十六年(1588)九月,青海部长他不囊犯西宁,杀副将李魁。""万历十八年(1590)四月甲申,青海部长火落赤犯旧洮州,副总兵李

---

①②③ 《神宗万历实录》卷243,万历十九年十二月甲寅修,第12页。

联芳败没。""万历十九年(1591)春正月,缅甸寇永昌、腾越。"①

以上一系列战事的列出,使人们很容易感觉到,在当时,明王朝的边防确实危机四起。如何才能扭转这种局面呢？

当时的吕坤正是带着这些问题上疏奏折,推出稳定边关的一些具体措施,并且以身作则投入到行动中。

第四节 地方叛乱

当边防危机较多的时候,地方的一些势力集团往往在这个时候出头露面,想乘机割据一方,因为边防的一些战事或冲突可以牵制很多官军,内地的很多地域官军力量薄弱。

以下挖掘的一些文献,记载了明王朝内不同地域从万历十六年至万历十九年间的内乱史实。

表2 万历十六年至万历十九年间的内乱史实

时间	叛乱地点	内乱史实	文献出处
万历十六年(1588)五月	四川	四川建昌番作乱讨平之	《明史》卷20,本纪神宗一
万历十六年九月庚午	甘肃	甘肃兵变	同上
万历十七年(1589)正月丁巳	长江下游一带	太湖、宿、松贼刘汝国等作乱,安庆指挥陈越讨之,败死。二月丙申,吴淞指挥陈懋功讨平之	同上
万历十七年二月癸亥	云南	云南永昌兵变	同上
万历十七年四月己亥		始兴妖僧李国朗作乱,犯南雄,有司讨诛之	同上
万历十七年六月己丑	永昌	永昌乱卒平。	同上
万历十九年(1591)五月壬午	四川	四川四哨番作乱,巡抚都御史李尚思讨平之	同上

---

① (清)张廷玉等:《明史》卷20《神宗一》,北京:中华书局,1998年,第272—274页。

从以上文献可以看出,从万历十六年至万历十九年间,内乱发生的频率较高。除万历十八年未记载有内乱事实,其余每年都有记载,而万历十七年有四次大的事件。从内乱出现的地域来看,遍布于明王朝各地:西南有四川;东南是长江下游一带;西北的甘肃;还有南部的云南等地。

以上的每次内乱,最终都被平息,但给当时的社会造成严重的危害,确实是对明王朝的一种挑战。内乱再加外患,使明王朝军队内外受敌,严重影响各行各业发展的正常秩序。分析内乱的原因,主要是明王朝对一些地方的控制力减弱,因此,一些地方势力集团在寻找割据的机会。

比如,当周边的一些国家在干涉骚扰边关地区的时候,这些地方势力集团就想趁机叛乱,独霸一方。如果仔细分析吕坤在万历二十年上疏的奏折中提到的"练乡兵"建议和"强军抚军"建议,可以发现很多具体内容是针对预防内乱而提出来的。

第三章　重农资商调赋税

任何时代,农业和商业都是社会的两大重要行业。吕坤多年身居政坛,他深知这一点。因此,他的众多建议中首先提到的是农业、商业的发展。

第一节　农桑业是各行各业之首

吕坤最重视的行业是农桑业,他在执政期间,常在田间地头调查,了解农桑业的发展情况。他亲自起草、参与制定了一系列发展农桑业的措施,给后世留下了许多宝贵经验。

一、因地制宜,因时制宜

作物找土地,栽种等农时。熟悉农事的吕坤对土地类型、农作物的种类了解较多。吕坤言:"木棉不宜淤,䅟麦不宜沙,绿豆不宜晚,荞麦不宜早,桃李桑枣各有喜忌。"①不同种类的农作物适宜生长在不同类型的土地,农作物栽种的时间差异较大。吕坤通过实地调查,得到一些农作经验,他以官员的身份向各地推广农作经验。

土地选作物。吕坤建议利用好各类土地,"薄地、碱地,不生五谷,然土各有宜,利在人兴"②。一些不生五谷的土地仍然有利用的办法。如何利用沙地、盐地、碱地,吕坤在调查研究的基础上,找到了方法:"沙薄者,一尺之下常湿,斥卤者,一尺之下不碱,可掘尺五,拽栽榆柳。山东之民掘碱地一

---

①② 吕坤:《实政录》,《吕坤全集》,北京:中华书局,2008 年,第 945 页,第 946 页。

方,径尺深尺,换以好土,种以瓜瓠,往往收成。明年再换沮濡,以栽蒲苇萁柳。水地栽芰荷,养鹅鸭,此无地而有利也。薄地可栽果树,可种苜蓿,虽不甚茂,犹胜于田。况果木行中,尚可种谷,此薄地尚有常利者也。"①在多个地域,肥沃的土地资源是有限的,为了养活更多的人口,要充分利用沙地、盐地、碱地、水域等,获取更多的农产品。由以上文献得知,吕坤了解沙地植树的方法,也知晓如何在碱地种瓜和栽植蒲苇萁柳,对水域的养殖和栽植也了解得较为细致。对于贫瘠的土地,也提出具体利用的方法,还提出果木下种谷的建议。以上事实说明,吕坤经常在乡下实地调查,同时还重用对农业生产精通的人。

抢夺农时,优先农耕。孟子曰:"不违农时,谷不可胜食也。"②吕坤在《实政录》里规定了一些具体事宜:"三时之务,一日千金,故古人唯有讲武役与农隙,兴作役与至冬,且家不过一人,役不过三日。州县多有大兴作,除庶民在官者暇则即役外,其动民力须于十月后、二月前申请,上官乃可举。其余不急之务,擅派军民五十以上,及催乡兵迎送官府者,以不职论。"③万事农耕先,抢夺农时为重中之重。武役、劳役要在农闲季节进行,一些不紧急的公务不能动用太多的人。否则,会影响农业生产。吕坤要求对一些耕田怠慢者给予惩罚。他谈道:"除见有田禾在地外,有已获而未耕者,即拘责治,甚者罚谷"。④惩罚一些不遵守农时者,能够保证田地的充分利用。

二、备耕奖励,植木有赏

吕坤对农耕者很熟悉,了解他们的行为、心理。他在执政期间,制定了一些奖励农耕的具体措施。

灌溉、掘井技术的推广。在吕坤执政的区域,有众多干旱、半干旱地区,他建议推广水车灌田,奖赏掘井者。他在《实政录》里谈道:"地方水利可资以灌田者,土民尽资之矣。惟是河深地高,运以水车。其车有法,仅如大车

---

①③④ 吕坤:《实政录》,《吕坤全集》,北京:中华书局,2008年,第947页,第950页,第948页。

② 《孟子·梁惠王上》。

之费,关中多有之。斜斗旋转,大率如取水于井者样。滨河有司,当求其式。"①吕坤要求,地方官员如管辖区内有较大的河流,要筹集资金组装水车,充分利用河水资源灌溉农田。"至于掘井一式,在山西尤要……昔有一令,劝民掘井,每井给谷五斗。时直(值)旱年,邑人赖之。"②吕坤让地方官员借鉴古代官员的做法,制定一些奖赏措施,多掘井,提前采取措施,以便在干旱季节、干旱年份急用,缓解旱情。

积粪肥以备耕。吕坤建议奖赏辛苦积肥的人,"每年二月倒粪之时,乡约正差人递本月粪手本,某人积肥约有几十车,某人积肥约有几车,某人无积,分为三等。有司暗点几人,于二月初旬,差委廉干,查验数处,积多者有赏"③。这一奖赏措施能够调动耕作者的积极性,积肥可以到官府领赏,粪肥多可使农作物增产,这是秋后土地给予的"奖赏"。

关于使用粪肥能够提高单产的事实,吕坤给予了解释:"朽腐能化神奇,故粪坏能发万物。"④明代的吕坤不可能用现代自然科学解释粪肥对农作物生长的作用,他用"朽腐化神奇"来类比"粪坏发万物",具有朴素的哲学道理。他谈道:"粪多力勤,八口饶养。""膏田一亩胜薄田十亩,精田一亩胜荒田十倍。"⑤"地少粪多三分利,苗稀草净百分成。"⑥粪肥对作物增产见效明显,集中粪肥于肥田,并让禾苗之间拉开一定距离,及时去掉杂草,可提高单产,其收效远胜于广种薄收。

鼓励植树的政策和具体建议。吕坤提议:"自万历十五年以后,栽种树木,永远百姓为业,任意砍伐,不许有司拦挡。其原系无粮地土栽成树木者,永不起课。"⑦对于这些鼓励植树的政策,可充分调动人们植树的积极性。栽植的树木归自己所有,树木作为财产可传给子孙,自己利用木材不允许官府阻拦。这一系列政策可激发劳动者的干劲,让植树者去除后顾之忧,使植树成为祖祖辈辈的传统。

---

①② 吕坤:《实政录》,《吕坤全集》,北京:中华书局,2008年,第948页。
③④⑤ 吕坤:《实政录》,《吕坤全集》,北京:中华书局,2008年,第945页。
⑥ 吕坤:《吕书四种合刻》,《吕坤全集》,北京:中华书局,2008年,第1259页。
⑦ 吕坤:《实政录》,《吕坤全集》,北京:中华书局,2008年,第947页。

多栽植经济价值高的树种。他建议:"柿、梨、桑、枣之利更多,尤宜多栽,如中榆钱,秧桑葚,更觉简便。"①吕坤编写了《劝栽树》:"栽树没人肯耐烦,那知树下也宜田。核桃梨柿般般好,榆柳桑槐样样堪。典卖也能应急会,叶皮常是救凶年。路边地界家墙外,多种些儿有甚难。"②

通过诗歌内容可知,吕坤常去田间地头,对树木的种类以及一些树种的果实熟悉,对如何利用果树备荒了如指掌。

吕坤曰:"民不树桑,何以养蚕?"各地要多栽植桑树。"州县卫所、衙门先出告示,责令所属军民,五月半催畦桑葚,六月半催压蚕条。仍先期示以亲查,不奉令者重责。又正当栽种时,掌印官掣签,亲自带二三人下乡,查验是否全活,量行赏劝。抽查责治一二次,则众自知警而争相栽种矣。"③

栽种桑树在农耕社会是一项重要的农事。百姓种桑养蚕需要频繁地催促、检查,卫所、衙门要早出告示,官员要下去催促。事先了解何时"畦桑葚"? 何时"压蚕条"? 农时到,主要官员要亲自到田间地头检查农田作业,必须惩处部分劳作不力者,以警示大众。

人若负天地,天地必惩人。吕坤言:"齐鲁梁宋惰农之民,待命于天而负天之时,贵成于地而余地之力,丰年忍饥,凶年饿死未必皆岁之罪也。往见张大参临碧谈起沁水农政,令人鼓舞。大端多粪少苗,熟耕多锄,壅本有法,去冗无差而已。"④经常深入田间地头的吕坤劝农耕者要抢夺农时,同时要付出辛劳。他列举的反面事例是:一些懒惰的耕农心里期盼风调雨顺而行动怠慢,其结果是在气候正常年景还挨饿。他还列举了农政成功的典型:山西沁水的地方官指导耕作有方,他们的具体"耕种锄收"经验需要向多地推广。他同时提出了惩罚懒惰、奖赏勤劳的办法,"即将惰农者所罚,充勤农者之赏,其责治也"⑤。吕坤这些奖惩措施其可行性较强,可激发当时的农桑业发展,对现代农耕生产也有借鉴意义。

---

① 吕坤:《实政录》,《吕坤全集》,北京:中华书局,2008 年,第 947 页。
② 吕坤:《吕书四种合刻》,《吕坤全集》,北京:中华书局,2008 年,第 1259 页。
③ 吕坤:《实政录》,《吕坤全集》,北京:中华书局,2008 年,第 948 页。
④⑤ 吕坤:《实政录》,《吕坤全集》,北京:中华书局,2008 年,第 945 页。

农桑业是各行业之首,这是官员吕坤最重视的行业。他常深入田间地头,了解生产情况。他总结推广一些农耕经验:不同种类的农作物,适宜生长在不同类型的土地上,各地需因地制宜充分利用好各种类型的土地。

地方官员要引导民众优先农耕,抢夺农时。在不能耕种的土地上栽植树木,优先栽植一些经济价值高的树种。在有条件的地区,尽可能推广灌溉、掘井技术。家家户户多积粪肥以备农耕,这是提高谷物产量的重要措施。

吕坤还制定了一系列奖励勤耕、惩罚懒惰的措施。

第二节 调整行业之间的比例

明代的行业分类比起当今时代来讲,相对简单一些,主要是种植业、商业、林业、矿业、手工业等。大部分地区为自给自足的农业自然经济,人们一边种田,一边种桑养蚕或种棉,很多家庭是男耕女织,农桑业成为大部分地区的主要行业。商业是不同地域之间商品相互交流的表现形式,也是不同行业之间的联系方式。林业的分布在各地很不均匀,该行业主要指在一些森林分布较多的地区。以此为基础,官方采办皇木、官木,百姓采木贩卖等。矿业是指在矿产资源分布较多的地区,朝廷有组织地开矿或私人开矿。当时的开采设备落后,生产效率较低。手工业各地差异很大,手工业的种类主要是由各地的资源所决定的。人们利用传统技术,对当地的一些资源进行简单的初加工,其产品大部分技术含量较低。不过,有些地方手工业在一定历史时期成为该地的主要行业。吕坤之所以提出调整行业之间的比例,是因为他有丰富的基层执政经历,对各行业情况有较多的了解。

一、扩大农桑业规模

民以食为天,衣食安天下。在以农业自然经济为主的明代,如果农桑业发展缓慢,势必导致天下危机出现。吕坤在《忧危疏》中言:"自传造以来,数多限迫。官府散派民间,急于星火,百姓苦于催逼,遂弃农桑捻线者数十万户,工作者聚数万人。"①从以上文献可知,很多百姓为了完成向官府缴纳赋税的任务,放弃农桑业,这种劳动力的转移严重影响农业生产。虽然捻线这种手工业发展迅速,但其产品大多是用来向官府缴纳的,从事这个行业不会给手工业者带来富裕,也不会给当地带来繁荣。这种经济畸形发展导致的结果是:粮食供应不足,手工业产品的原料不足。由于粮食不足,百姓难以糊口。由于原料不足,手工业发展也受到限制,这样最终导致整个一个地域贫困。吕坤把以上事实作为上疏的内容,其目的是让皇上下旨,使相关有司制定相应的政策,解放更多的劳动力,让他们安心从事农桑业。只有农桑业稳步发展,社会其他行业发展才有基础。

二、减少不实用物品的生产

万历中期以来,贫富悬殊越来越明显,一部分人生活难以维持,而另外一部分人,生活更加奢侈。生活奢侈的人往往是政策的制定者、执政者,或者是资源的占有者。这些人在制定政策、执行政策和利用资源时,往往首先考虑自身的利益。比如,一些地方官员为了给上级官员送上更多的精美礼品,过多地生产一些不实用的物品。吕坤上疏《停止砂锅潞绸疏》,其目的就是请求皇上下旨,停止砂锅、绸等不实用的物品的生产。吕坤言:"伏乞敕下该部从长议处,砂器在在可烧,应否取办于二千里,隔山逾岭之外,即万不可已,但求砂器全美,又何必锁钉红箱净绵塞垫,困扰生民。黄绸虽非岁织,但山西困惫已极。"②从吕坤所言可知,朝中的一些官员为了得到砂器、绸等精美的物品,不惜耗费巨额资金,不顾百姓的贫困,在遥遥几千里外生产,然后长距离运回京城。这些劳民伤财之事,吕坤建议尽快停止。

谈到生产之多,耗资巨大,吕坤举例:"山西砂器者,卷查嘉靖三十九年(1560),坐派潞安府砂器五千个。四十年,坐派一万五千个。万历十八年(1590),坐派一万五千个。夫砂器一万五千个,并备余其一万九千五百个,

---

① 吕坤:《忧危疏》,《明经世文编》卷 415,第 4495 页。
② 吕坤:《停止砂锅潞绸疏》,《明经世文编》卷 415,第 4503 页。

价值才一百一十余两耳。始也荆筐担运,用夫二百余名,其费银五百三两一钱。嘉靖四十年(1561),部文用红柜装封,铜锁钥,黄绳扛,费银二百余两,用夫一千三百名,费银一千八百余两,打点使用费银二百五十余两,其用银二千三百六十七两九钱。至万历十八年,部文用净棉塞垫,潞安不出棉花,旋于河南差买,费银尽二百余两,打点使用三百五十余两,其用银二千八百三十三两六钱。"①由以上文献得知,砂器的造价并不太高,而大部分银两耗费在包装、运输上。他继续言:"夫至贱者砂器也,而运载诸费,至费银二十八倍。"进一步分析该事实得知,官员必须完成上缴物品的任务,这一点义不容辞。运输距离远,必须花费不少运费。至于花样、昂贵的包装,是官员们为了讨好上级而所做的一些表面工作,而百姓的苦役是出于无奈的。

有关类似物品的生产,吕坤又举例:"至于饶州磁器,回域回青,总是有余不急之物,徒累敲骨捶髓之民,望陛下一切停罢。"这些事情的发生,从客观上浪费了银两,占用更多的劳力,影响农业生产。从社会各行各业之间的比例这个角度来分析,虽然生产的这些产品实用性较差,但促使手工业的规模有所扩大,但产品多数到达宫中,不能流入正常的交易市场,对商业发展所起的作用较小。大量的劳动力转移使从事农桑业的人数减少,农业自然经济受到影响。这还助长了官吏的奢侈之风,加重百姓的负担。因此,吕坤建议减少不实用物品的生产,是合理的。

三、物资供应要有计划

常言道,"庙穷方丈富"。一个王朝百姓再穷,但官吏一般不会过苦日子。同样的道理,在万历前中期,明王朝多地物资短缺,但百官居住的京城,物资供应相对充足一些,有时一些物品供应过甚,这样造成了资源的浪费。针对这种情况,吕坤举了一些典型事例,论述其不合理性。他明确提出,京城一些物资供应要有所选择,要定量定数。他竭力请求皇上下旨,要求物资供应要有计划,避免其不合理事情继续发生。

---

① 吕坤:《停止砂锅潞绸疏》,《明经世文编》卷415,第4502页。

宫中积压物品太多,这是常有的现象。吕坤《忧危疏》中有这样的内容:"至于山西之䌷,苏杭之纱罗缎绢,岁额已自充盈,加造岂因缺乏。臣以为与其积于无用,孰若定以有常。假如四季袍服岁用千匹,则见造一年,预造一年。是宫中省收藏之累,岁岁见新,天下无多取之忧;人人乐办,且花样欲新,则随时改造,此处增数,则彼处减机,那借工银将余补乏。"①文献中所提的绸、纱罗缎绢等物品,在产地生产的也不是太多,但其产品大多收回宫中,使用这些产品的人,相对较少。因此,产品在宫中大量积压。导致的结果是宫中收藏不便,产品的生产者不了解产品的供应情况,得不到相关的反馈信息。而一些地方继续盲目地生产,银两、劳力大量地浪费,而很多产品堆积无用。吕坤为此提出一些建议:四季的袍服所需多少,要拿出一个确定的数字,先把其数字信息传给生产地,以便拟订生产计划。预造不要超过一年,这样产品的使用者每年使用的都是新产品。如果生产供应有序,生产者还可以根据社会的需求,使产品加快更新换代,银两和劳力可以灵活地调配。这样做既保证了产品的数量和质量,又提高了劳动生产效率。该做法最直接的好处是省去宫中收藏的麻烦,产地百姓的负担也减少了。吕坤对此做了总结:"此无损于陛下,而有益于苍生,何惮而不为?"②

皇木采办,适量为宜,这是吕坤的又一建议。国朝自迁都以来,京城大兴土木不断,宫中修建频繁,皇木采办成为常事。但采办皇木,百姓受苦,耗费银两巨多,冲击社会正常秩序,吕坤对此了解甚多。因此,他上疏言:"内府宫廷自需大木,而采木之苦,陛下闻之乎?臣自一木之言,丈八之围,非百年之物,或孤生万仞崖边,或丛长千重岭外。寒暑渴饥瘟疫瘴疠,而众者无论矣。乃一木初臣人,千夫难移,每日一祭神明,每行不过数步。倘遭艰险之处,跌伤压众,常百十人。蜀民语曰,'入山一千,出山五百,苦可知矣'。至于磕碰之处,岂无伤痕,而官责民罚,谓不合成,依然无用,重去伐山。"③吕坤所言,主要描述采木之艰辛,人员伤亡之惨重,并且说出树木成材来之不易,从字里行间,流露出保护树木的心愿。从"陛下闻之乎"这一言可以看

---

①②③ 吕坤:《忧危疏》,《明经世文编》卷415,第4495页。

出,吕坤提醒皇上早日下旨,对皇木采办事宜应该重新制定一些合理的措施。为了进一步证实自己的建议具有合理性,吕坤继续论述:"每木一根,官价虽云千两,比来都下,民费不止万金。臣见川、贵、湖、广之民,谈及采木,莫不哽咽。"由于大量采木,百姓劳役加重,百姓对此深恶痛绝,这是一方面。还有大量木材堆积,可能引发火灾,"且不能生火,积久易焚,前年山西厂之灾是已"①。对于皇木供过于求且大量堆积这种现象,他建议:"今大工木料,既已报完,采办新林,止需后用。倘少其树木,多其岁月,减其尺寸,增其价值,而川贵湖广之人心收。"分析吕坤的建议,他长远的着眼点是稳定天下人心。但从客观上讲,这是调整行业之间比例的举措。他建议停止采办备用的木料,其实是建议减少木料采办的数量。"少其树木"这是对该观点的进一步强调。"多其岁月,减其尺寸"这是让放宽采木的期限,降低选采木料的标准。这样可以减少采木的难度,减轻采木者的负担。"增其价值"是提高木料的价格,能使采木者增加受益,他们从中可以得到利益。如果按吕坤的建议去做,可以减少采办皇木的人数,转移更多的劳动力,这些劳动力可以进行农桑业生产,或从事其他行业。如果减少砍伐量,可使林业发展受到的影响较少。在川贵湖广这些气候较为温暖湿润的地区,如果林业能正常发展,可以带动不少相关行业的发展。

四、饥荒年间扩大矿业的规模

矿业是社会的一项基础行业,因为矿业产品同人们生产、生活的多个方面密切相关。在以农桑为主的明代,矿业仍然是一项较大的行业,朝廷对该行业的发展较为重视。

万历二十五年(1597),吕坤上疏《忧危疏》,他在其中提到饥荒年间加强矿业的发展是有必要的。吕坤为了证明这个观点,列举了历史上的一些事例:"军国告匮则一开,饥馑告急则一开。如嘉靖年间开湖南矿,但敕该省抚按,谁敢侵利安民?"②这次开矿行动,确实是在明王朝非常时期进行的,为了

---

①② 吕坤:《忧危疏》,《明经世文编》卷415,第4495页。

开矿实施顺利,稳定百姓,"敕该省抚按"料理此事。既然皇上已下旨,而且责成巡抚亲自组织,这样可以保证此次开矿正常有序。文献中对此做了注释:"开矿所患在于遣内使,若责成抚按,提调有法,则国用可济,而民患亦少。"从注释可知,开矿行动最担忧的是朝中钦差去地方干涉,如果委托巡抚组织好处很多,因为他了解当地的内情。对待开矿之事,他提调有法,组织有方,能顺利完成任务。这样既保证了王朝的利益,使朝廷积蓄了财富;又维护了百姓的利益,使百姓顺利度过了灾年。

确实,在饥荒年间,社会正常的生产秩序和生活秩序受到破坏。为了稳定社会,急需采取新的措施。比如,调整行业之间的比例。在这个时候,组织劳动力进行大规模的开矿,使矿业扩大规模,这是既有益明王朝,又有益于百姓的事情。吕坤叙述了历史上的事例。比如,当朝陛下面对饥荒已组织过开矿的事实:"南阳等府,数岁饥荒。今日之民,即前岁子食父肉,人吃鹰粪。陛下发银赈济之民也,自报殷实户而民半惊逃,自一切在官供应,矿夫工食……办于殷实户。"①这种赈济办法确实可行,在具体操作中并不是简单地给灾民发放生活物品,而是同时组织灾民进行生产自救。这样做的好处是:一方面灾民的生活需求得到满足;另一方面,为明王朝创造了财富。历史事实证明,饥荒年间组织灾民开矿,这是一个可行的拯救百姓的办法。

在正常年景,矿业规模要有所控制,对乱挖乱开现象要严格禁止。吕坤在上奏中列举了当朝的事例:"郧阳巡抚马鸣鸾前与臣书,谓六十余顷之地,常聚十万之众,支家洞近二千人,开之三月,止见砂十六眼,银之有无,费之多寡,可概知矣,伏乞敕下各省使臣严禁散砂,不许借解,但有侵夺小民捏害地方者,必诛无赦。"②分析以上事例可知,若开矿的规模过大,动用人力多,耗费的银两也多,同时破坏了当地的森林、土地、水源等。过多的农桑业劳动力转移到开矿的行业中去,会直接影响生产。朝廷的银两在一定时期是有限的,如果在一个行业上花费过多,其他行业上花费就相对减少,势必影响其他行业的发展。地方以及个人的银两投资,也遵循以上规律。因此,吕

---

① 吕坤:《忧危疏》,《明经世文编》卷 415,第 4495 页。
② 吕坤:《忧危疏》,《明经世文编》卷 415,第 4496 页。

坤提出严禁乱挖乱采,不准损害地方的利益和百姓的利益,这是稳定农桑等社会主要行业的办法,同时可以使当地的森林、土地、水源免遭破坏,这些办法的实施有利于各行业之间的比例协调。

综合分析吕坤调整行业之间比例的建议,得出以下结论:在明朝的中后期,一个以自给自足的农业自然经济为主的社会,加强农桑业发展是立国之本,是稳定社会之保障。林业的发展对很多地域的发展很重要,尤其是对相对温暖、湿润的南方地区来说更为重要,它可以带动不少相关行业的发展。皇木采办数量要适可而止,这既有利于森林的恢复,又可减轻百姓的负担。京师以及其他地区的物资供应也要有计划且定量定数,不要让大量的物品盲目地运入京城。否则,会使明王朝内物品供应的不平衡性进一步加剧,部分地区资源浪费,部分地区资源短缺。关于一些不实用的物品,特别是一些生活奢侈品,朝廷要减少生产或停止生产。这样有利于劳动力的转移和银两的转移,使社会行业之间的比例更趋合理。在非常时期,明王朝加强矿业的发展是稳定社会的有效措施。从客观上来讲,这是调整行业之间比例的重要举措。但在正常年景,矿业发展要稳定有序,矿业的规模以及从业人数要受到限制。否则,会影响农桑业等主要行业的发展,影响整个社会的发展。以上是利用有限的文献,对吕坤的调整行业之间的比例建议的总结。关于这一方面,还有更多的内容有待于细细地挖掘。

第三节　商道通,商家兴

商业是联系社会各行各业的纽带,是不同地域之间物品流通的中间环节。时至明代中后期,明王朝多地的商业发展积累了较为丰富的经验。但在一定的历史时期,政策因素对商业的发展作用很大。

吕坤针对当时的情况,从实际出发,对商业发展提出自己的建议。

一、商道要畅通

商路的畅通与否直接影响商品的交易。在万历前中期,由于军事防守的需要,很多关口处戒备森严,不允许行人往来,或者是过关检查很严格。这对商品交易来说是一种障碍,阻碍了商人的自由往来,影响商业的发展。吕坤对此提出自己的建议,其主要观点是开放关口等交通要道。

他在《忧危疏》中强调:"夫杨村张湾南通省直,北接都城,天下咽喉之地也。陛下锁此咽喉,不及一年,商贾不至,缓急有用,将安取给?"①

文献中举了一个事例,杨村张湾是重要的关口,由于过多地考虑安全因素,封锁了此地。这样导致的结果是,商路中断了,商人不能自由往来,商品流通受阻。有些时候,这样做似乎对社会发展影响较小。但当京城或其他地方有急用的物品时,由谁来调集和运输?而商人对社会各地的物品需求很敏感,因此,在商路畅通的情况下,商人有能力把一些急用的物品供应到社会需求的地方。吕坤的这一建议,对当时社会是很急需的。

从以上文献得知,杨村张湾是被封锁的关口。笔者推测,在当时,绝对不仅仅是杨村张湾这一个关口被封锁,应该还有不少被封锁的关口。吕坤在上疏时仅举了典型的一个关口,其目的是说明这是一种严重的社会问题,请求皇上下旨,开放关口等交通要道。只有商路通,才能达到商业兴。

二、引导官店、皇店正常营业

在明代,官店、皇店对不同地域之间的商品流通所起的作用是较大的。官店、皇店存在所导致的社会效应是什么?对于这个问题不能一言以蔽之。吕坤认为,官店、皇店不能正常经营,会加重百姓的负担,扰乱民心。如租银太贵,最终受害的是百姓。他在《忧危疏》中指出:"岁有四千金之房课乎?解进之数既有四千,征收之银岂止数倍,不夺市民将安取足乎?"②吕坤的分析是正确的,因为租银四千这是必须上缴的,而经营者还要挖空心思去赚取更多的钱,而主要的消费者是百姓。因此,负担再重最终会落在百姓身上。因此,他建议减少两店的租银,以减轻百姓的负担。他说:"夫市井之地,贫民求升合以活身家者也,陛下以万乘之尊,何赖彼锥末之微财,褒此崇高之

---

①② 吕坤:《忧危疏》,《明经世文编》卷415,第4496页。

大体乎?"①吕坤认为,很多贫民在市井之地谋生,可达到养家糊口很不容易,如果能达到安居乐业那是更难的。因此,皇上应该高风亮节,同情百姓,减少两店租银,最终减轻百姓的负担。这样,百姓生活可以稳定。

宫中内臣参与官店、皇店的经营,这种现象应该制止。在文献中相关的内容有:"皇店开,自朝廷有内臣之遣而事权重。""且冯保入店,为屋几何?"从以上文献可知,内臣权力很大,而内臣要干涉皇店的经营过程。如:冯保是宫中有名的太监,他的权力之大,当时的人都知道。我们自然可以想到,冯保一旦参与经营,无论他做哪一件与此相关的事,天下的官员、百姓无不是礼让三分。试想想,内臣参与经营,两店的运行能有正常秩序吗?因此,吕坤建议:"臣望陛下将两店内臣仍取回京,原坐租银,责令所在有司,照数解进。"吕坤的设想是,内臣不要参与经营,官店、皇店派专门部门管理,两店可正常发展,对百姓和王朝都有好处。因此,他总结"此一举也,而几甸之人心收"。

为了证明自己的观点,吕坤继续论述:"纵使内臣廉静,不扰市民,而长随之下各有长随,褂搭之中又有褂搭,强吞横噬,独占群侵,内臣何由知?冤民何处诉?"吕坤认为,如果内臣参与经营,即使他不直接经营,也会出现狗仗人势的情况。奸商因为朝中有势,也会做出欺行霸市、垄断市场、垄断价格的行为,最终还是欺压百姓。有些事情内臣也无法知道,百姓受苦又向谁诉冤?吕坤的这些关于禁止内臣参与官店、皇店经营的观点确实是正确的主张。

官店、皇店有时出现买卖垄断现象。如果这种现象发生,会导致很多不良的后果。比如,物价上涨这一定会出现,有时还会出现物品供应短缺等现象。前文中已提到了杨村张湾这一关口被封锁的事件,"陛下锁此咽喉,不及一年,商贾不至,缓急有用,将安取给?"②其实,以上事件的发生,使各地的个体商户不能到达市井,这样官店、皇店自然而然要垄断市场。这种现象导致的结果何止是"缓急有用,将安取给",可能还有物价上涨等现象的发生,

---

①② 吕坤:《忧危疏》,《明经世文编》卷415,第4496页。

如果真是这样,百姓会怨声载道,他们的正常生活秩序受到冲击,一些地方甚至还出现不安定的局面,等等。

对于官店、皇店不能任其经营,必须制定一系列相关的法规,严格管理,避免不良的后果发生。从整体来看,官店、皇店对整个社会的商品流通所起的作用确实是很大的。从整个王朝来看,他们的租银课税数额巨大,对朝廷贡献较多,这些都不能忽视。因此,吕坤从实际出发,从明王朝的利益出发,从百姓的利益出发,建议制定合理的政策,引导官店、皇店经营,这是正确的主张。

三、整顿食盐市场

吕坤在《盐法议》中,还对整顿食盐市场的原因和办法,提出了自己的一些观点。

(一)食盐市场整顿的必要性

食盐市场同人民生活关系密切。食盐市场连接千家万户,食盐市场同天下的大多数人相关。食盐作为一种调料,很多种食物都离不开它,这些做法是祖宗留给我们的饮食习惯。同时现代科学证明,每人每天必须要摄取一定数量的食盐,才有利于健康。在一个地区,食盐如能稳定地供给,至少是人民生活稳定的必要条件。其实,食盐市场稳定是天下物品供应稳定的标志。如果食盐市场出现混乱,一些地域的食盐供给就会得不到保证,必然影响人民生活,甚至影响社会的稳定。另外,显示出整个社会物品流通不畅,或社会其他领域可能出现了异常。因此,食盐市场同人民生活关系密切,食盐市场的稳定同社会稳定具有一定的相关性。

不同地域盐价差异大。同一物品在不同地域物价的差异是各地物品流通的动力。但如果物价差异过大,那么在它的背后,一定隐藏着一些可挖掘的内容。以下谈的是明万历年间的一些情况。吕坤《盐法议》中记载:"今天下私贩盐徒其多官商几倍,天下所食私盐其多官盐几倍,此何故哉?解盐苦于难行者,课多而盐少,价重而盐苦也。两淮、山东、长芦私贩盛行者,课少而盐多,价轻而盐美也。"①从以上记载可知,由于沿海地区同河东一带盐价差异很大,因此沿海地区有很多贩卖私盐者,把盐运入内地,谋取利益。

文中也分析了其原因,沿海地区产盐量大,上缴的课税少,盐的质量好,价格便宜,这些优点是私盐贩卖规模大的原因。相反,内地河东一带,盐的产量少,单位产量上缴的课税较多,因此,盐价较高。再者,由于盐味苦(根据现代科技提供的信息可知,食盐中氯化镁含量高时,盐味发苦),因此,很难销售,这样使贩卖私盐者有了可乘之机。

大量的私盐由沿海进入内地,内地的盐业市场受到很大的冲击。过去一直从事食盐贩卖的官商向官府诉苦,要求制定一些法规,对食盐市场进行整顿。文献记载:"河东商人高世彦等告称'商困已极,法欲仍旧,此诚迫切至情'。"②从高世彦所言可知,河东官商已面临困境,他们要求废掉旧的市场法规,根据实际情况,重新制定一些较为合理可行的整顿措施。

河东盐业问题多。河东盐业不景气,是食盐市场不稳定的一个重要因素。因为盐业的发展情况直接关系到食盐的供给情况。

谈到河东的盐业,文中总结为:"商资尽而无商,盐池坏而无盐,盐味变而无用,此岂一时整顿之力所能救哉?"③

从文中所言得知,河东的一些从事食盐贩卖的官商,由于经营不景气,很多人资金短缺,影响食盐的贩卖。还有,由于开发时间较长,并且保护措施不当,很多盐池很难再利用。再者,由于盐味苦,解盐在市场上竞争力差。因此,要整顿河东盐业,需从多个环节入手,下大功夫整顿才能有效。

河东盐业存在的问题,导致一些不良的社会现象发生。比如,贫困人数不断增多。在河东一带,很多百姓世代以盐业为生,还有的百姓从事同盐业相关的一些行业。如果盐业能够正常运行或兴盛,很多百姓就可以安居乐业。而万历初期的一些情况,吕坤在文中有相关的叙述:"今有饭贫者,日施粥一石,待食常千人,由是枵腹而毙者十(分之)九。"④由此可知,当时河东一带贫困人口很多,粥厂的食物供应只能暂时解决一些燃眉之急,远远不能

---

①②④ 吕坤:《盐法议》,《明经世文编》卷416,第4515页。
③ 同上书,第4516页。

满足他们生活的多种需求。因此,从长远来讲,整顿食盐市场,促进盐业的发展,这是消除贫困,稳定社会的根本措施。

(二)食盐市场整顿的办法

振兴盐业是稳定食盐市场最根本的措施。振兴盐业主要是针对盐业出现的问题而进行的。整顿河东盐业,是国家盐业整顿的重点,减少课税是整顿盐业的一项重要措施。由于盐业课税多,因此,生产者被迫扩大生产规模,盐的质量也不能得到保证。相关文献载:"解盐以甘以其浇晒也,故苦,以其苦也,故不行,不行则商人坐困。"[①]从相关资料可知,过去解盐的获得,以采集解池周围的天然食盐晶体颗粒为主,因此,盐的质量很好。从以上文献得知,因为过去解盐质量好,所以在市场上享有盛誉。生产者为了得到更多的钱财,于是扩大生产规模,他们在解池一带利用卤水晒盐。通过这种方式生产的食盐味苦且质量差。这样导致的结果是,解盐在市场上的声誉越来越差,食盐卖不出去,河东盐商经营不景气,银两积累较少。如减小课税,对生产者来说,赋税压力减少,他们可以缩小生产规模,想办法提高食盐的质量。对此吕坤提出自己的建议:"见解池不必浇晒而自足,既不浇晒,则硝碱不杂,而自甘盐足有不及于旧商者乎?盐甘有不售者乎?"因此,要使河东的盐业起死回生,应减少课税,让生产者利用有限的银两生产质量较好的食盐。比如,尽可能多采集天然结晶盐,不要用卤水浇晒。当河东一带食盐的整体质量提高以后,解盐在整个明王朝内的食盐市场上又有了新的出路。

还有减少课税,使盐商积累的银两增多,更多的钱进入流通领域。这样,食盐在市场上的流动有更大的灵活性。这里还有一点要说明的是,减少课税,似乎使明王朝的赋税收入受到损失。但是,当盐业兴盛起来的时候,食盐产量上升,质量提高,食盐市场稳定有序,最终结果是,上缴朝廷的课税还会增多,明王朝受益更多。这样,解盐苦于难行的局面就会扭转。盐业振兴以后,还能带动相关行业的发展,其社会效益会从多方面显现出来。

各地的食盐市场要统一管理。不同地域盐价的差异较大,以及市场管

[①] 吕坤:《盐法议》,《明经世文编》卷416,第4516页。

理制度的不健全,使得贩卖私盐者乘虚而入,而专门从事食盐调运的官商走入困境。这一社会现象向当时的执政者警示,各地的食盐市场要统一管理,吕坤对此提出自己的建议。他认为,明王朝内产盐之地要统一成一个大的市场,"今产盐之地,孰非王土?私贩之徒孰非王民?使通融一处,则私食皆官盐,而私贩者皆官商矣"①。他认为,如果各地的食盐流通融为一体,保证商路畅通,使私贩者合理缴纳课税,官商不可垄断市场,两类商人相互协调,取长补短,这样整个盐业市场就会步入正常轨道。

吕坤还举例论述了不进行统一管理所带来的不良后果。

例如,过去河东之盐在内地销售,两淮、长芦、山东之盐在沿海地区销售,由于市场没有融为一体,就出现了以下情况:"强民以河东之苦盐,使价贵而不售,则不足者病。禁两淮、长芦、山东之甘盐,使价贱而不售,则有余者亦病。"②从文献中得知,由于内地与沿海之间食盐流通渠道不畅,在河东及内地,由于食盐供不应求,即使河东的食盐味苦、质量不高,卖的价格也高,且不够销售。生产者晾晒的食盐少,则盈利少;晾晒得多,则盈利多。而两淮、长芦、山东的食盐,在沿海地区远远供过于求。由于政策因素,沿海与内地商路不畅通,即使食盐的质量较好,仍然是低价销售,生产者晾晒的食盐越多,则盈利越少。从以上分析可知,整个明王朝的食盐流通不能建立一个统一的市场,对朝廷和百姓的利益都会造成一定的侵害。

通过以上正反两方面的分析得出结论,吕坤建议各地的食盐市场要统一管理,这是正确的主张。

第四节 土地、房屋及赋税合理分配的建议

明代的多个行业中以农桑业为主。因此,朝廷税收的大部分来自农桑业,而农桑业的发展必须依靠土地,土地与赋税关系很密切。因此,在吕坤

---

①② 吕坤:《盐法议》,《明经世文编》卷416,第4516页。

的奏折中往往对二者一块进行分析,并提出一些相关的建议。建造房屋也是土地利用的一种方式,房屋建好以后可供人们居住。吕坤特别强调天下的人都要有房住。总的来说,土地、房屋、赋税三者相关性较强,笔者在整理吕坤建议的时候,把它们归为一类。①

一、合理分配房屋

古人留给我们一个成语叫"安居乐业",关于词语意思不需要做解释。但把"安居"放在"乐业"的前面,说明了安居的重要性,安居是做好其他事情的前提。在任何时代,针对任何人都应该是这样。吕坤在《摘陈边计民艰疏》的第一部分,陈述了让天下百姓都要有房住的观点。他首先对"天下房屋拥有很不均"这一现象做了叙述:"宗室士大夫之家,闲房虽数十处,开店招商,院子虽数百家,僦居佃地。"富户的房屋很多,除了居住而另做它用,而天下很多百姓白天露天餐饮,黑夜无栖身之地,他们"吁天呼地,赴诉无门,此宇宙间一大不平事也"!吕坤身居政坛高处,论他的身份,属于统治阶级的高层人物,但他为百姓着想的事情是很多的。对以上情况,他提出自己的建议:"府第官宅,除本身住坐外,士大夫乡庄除大者一处外,应否将别店余庄编入火甲。""其在城者,悉照京城事例,查其冲僻,编为号银。""在乡者悉照保甲事例。"分析吕坤的建议,其内容较为具体。他认为,在富户的多处房屋中,要把最大的一处留下,其余房屋以较为合理的方式分配给无房的百姓。城里的房屋和乡里的房屋一样都要充分地利用,尽可能满足天下无房人对居住的需求,使更多的百姓能够安居。但吕坤也深知,天下穷人太多了,现有的房屋远不能满足其需求。因此,他又建议"稽查流民""修工拔堡"。他提出这些措施的目的是,建议官府要首先了解当时社会上大约有多少无家可归的百姓,尽可能多建一些房屋满足其需求,也可以让一些流民参军入伍参与边防建设。这样,流浪的百姓就可以安居了。

---

① 本节中所引用的文献,如没有标注出处,都源于《明经世文编》卷416,《吕新吾先生文集二》,《摘陈边计民艰疏》的第一部分"慎优免以息民肩"。

二、谨慎免粮免税

历朝历代，免粮免税属于正常现象，这是对一些立功者的奖励方式。在明王朝刚刚建立的时候，功臣很多，因此很多人被给予免粮免税的待遇。吕坤言："国初京官有全户优免者，后以民力不堪，累朝更定一品免田粮三十石，人三十丁。等差而至吏员免田粮一石，人一丁。"

由以上文献事实得知，明朝曾经对免粮免税政策做过调整。确实，如果漏掉了多个纳税大户，从百姓中征收的税额远不能满足朝廷开支的需求。

当时的有关免税政策是否应该调整？吕坤对此继续论述。

曾经的免税办法是："非谓一丁既免，而百役尽无也。设一品之家，有田粮四十石，人四十丁，则此十石十丁者，凡一切粮长里、长水马夫、仓斗库役重差皆属编派，不准蠲除矣！"而当今的情况是："而今也则不然，他无论，即如吏员上纳候缺最下者，十五两行头耳，本身虽系万金之家，既不坐以重差，而外免一丁，亦无分毫力役。如免大户库役斗级，一岁所省，不减百金。彼家有银十五两者，奈何不为吏？而大户库役斗级之所派，皆无银十五两，不能上纳之家者也，等而上之，又可知矣？"

由以上文献得知，吕坤把过去免税的情况和当今免税的情况做了对比。过去的情况是，免粮免丁以后，一些差役不能除。即使是一品之家，免粮免丁以后，比如，粮长里、长水马夫、仓斗库役等重差，不能免除。其他的官员更是这样。而当今的情况是，只要是免粮免丁的官员，即使是地方上一些很小的官员，免的粮少，免的丁也少，但差役也被免了。很多官员的差役被免除，意味着更多的差役由百姓来负担，同时，意味着给了官员很多优惠待遇，这样社会上的贫富分化愈趋明显。尽管如此，一些被免除差役的官员为自己的利益而辩护："粮出于地，吾既纳粮，差出于丁，吾应免丁，何差得以加我？"针对这种情况，吕坤提出相关的建议。

吕坤建议："粮长大户，驿库斗级，皆照事产审编者也，即使优免本人，不亲奔走之役，而顶应门户，岂无同室之亲，奈之何毫厘重差不坐，通加之小户贫民哉？近日优免人丁，虽准下则人户，而一切重役，常于免外不编，小民委不堪累。合查田粮一石,应派差银几钱,本身一丁,原坐丁银多少,尽与除豁外,其余免外差徭,与百姓一体编当穷苦之民,庶几其堪命呼?"吕坤认为,受到优免的一些官员,对国家的一些差役,不能坐而不理。官职越大,往往其门户也越大,对于一些差役,本人不需亲奔,应派同室之亲或家里其他人去从役,不能让所有的差役都让百姓承担。具体来讲,对于免粮免丁的多少,都可以用银两来量化,对于差役也可以用银两来量化。比如,田粮一石,值银几钱;本身一丁,值丁银多少;某一差役,值差银几钱。因此,田粮、人丁、差役,这些应并列对待。对于一个王朝来说,优免政策应该有,这可以鼓励人们为朝廷、为民众积极效力。但优免的内容应具体化,不能在免粮、免丁的同时,差役在不知不觉中也被免除,这种不合理的制度不能再延续了。为了减少朝廷赋税的损失,为了减轻百姓的负担,对优免政策的制定应多加谨慎。

三、分封土地的数量要适中

在明代,皇子被分封给一部分土地,这是祖宗定下来的规矩,如果哪一代破坏了这个规矩,会留一个不孝之名。深受中国传统儒家思想影响的朱氏皇家,绝不会做出让世人耻笑的事来。

自从明王朝建立以来,分封的亲王很多,"赐田多寡不等,未有至万顷者"①。在万历年间(1573—1619),福王封国河南,赐庄田四万顷,为此,吕坤上疏《福府庄田议》表明了自己的主张。

赐给福王四万顷土地,吕坤认为数量太多,其不合理性,他用定量计算的办法进行论述。文中言:"如在河南者,周、赵、伊、徽、郑、唐、崇、潞,一藩有至四万者乎,有之是八府,该田三十二万顷,分河南之半矣。自太祖以来,众建亲王六十余府,该田二百四十万顷,分天下之半矣,其数不可查也。"②吕坤的论述确实精辟,如果河南一半的土地属于皇子所有,如果天下一半的土地被分封,那天下的百姓拥有的土地就太少了,那么王朝会出现哪些情况呢?为了证实自己的观点,为了显示其不合理的内容,以下还有细致的论证。

---

①② 吕坤:《福府庄田议》,《明经世文编》卷416,第4516页。

对分封土地这一事宜,应妥善地对待和处理情感和规矩之间的关系。吕坤言:"福王之求,不得不多,情也。皇上之批,不得不查,体也。"①福王请求皇上多分封一些土地,这在情理之中,因为每个人都有贪财的欲望,这是人性的表现。但皇上批给多少,这必须慎重考虑,因为这关系到很多社会问题。比如,田从哪里来?谁面临着失去土地的问题?失去土地的人,又有什么回应?因此,多考虑百姓的利益,这也是作为君王应该遵从的规矩;等等。对于分封土地的数量,皇上一旦批示了结,"不论官民田土,务足其数,不许抗违也"②。因为圣旨谁也不敢违抗呀。因此,仅从数量巨大,如何"括足四万"这一点来说,可能会导致一些不良后果,这确实是"乱祖宗分封之制"③,违背了祖宗留下来的规矩。

可如果走向另一个极端,即不给福王分封土地,前文已经交代,这也破坏了祖宗的规矩。究竟分封土地的数量是多少,在这一点上,吕坤是不敢说话的,只有皇上有这个权力。以上他从多方面论述了分封土地太多的不良后果,但他不敢说不给福王分封土地,因为对待此事,连皇上都不敢打破这个规矩。因此,吕坤建议的中心议题是,分封土地的数量要适中。

分封的土地面积远大于皇宫的面积,这是对祖宗的不尊。皇宫的宏大,显示皇权要威震四海九州,皇宫是天下人心所向,众望所归之地。吕坤叙述了这样一个事实:"仁寿、清宁、未央三宫,地六十二处,止一万六千一十五顷四十七亩零,而一藩多至四万。"将要给予福王的土地,其面积远大于皇宫的面积,那么,在世人的眼中,自然可以出现这样的说法:"皇子的封地,大于皇宫所在地的土地。"为此,吕坤总结为:"一藩之地几倍皇宫,恐非尊卑之礼也!"也就是说,福王的封地其数量真是那么大,对朱氏祖宗就失去了礼节。

今后皇子分封,照福王的分封规模,多年以后,天下的民田都会变为王庄。其实,福王要求分封过多的土地,违背了先皇的诏令。"查得我朝诏令,有云,今后额办钱粮地土,不许王府奏讨。"要分封四万顷的土地,只能通过"额办地土"的方式,才能完成任务。因此,给福王分封这一事,如按原计划

---

①②③　吕坤:《福府庄田议》,《明经世文编》卷416,第4516页。

施行,违背了先皇诏令。主要原因是"天下地土,自万历六年(1578)丈量之后,沿圩履亩,皆办钱粮,安有顷亩闲田?"①确实,自从万历六年,全国大规模地清丈土地以后,天下的土地大部分各有其主,闲置的土地很少,如果要完成分封四万顷土地的任务,只能索取大量的民田和官田。正像吕坤所言:"不在官,不在民,而为无粮白地者乎?"②可索取民田和官田的方式,只有通过请求皇上,然后皇上下旨才能得到。其实,这就违背了先皇"不许王府奏讨"的诏令。然而,"今福府一藩,求田四万,仍要膏腴土地"③。这就意味着,从更多的民田、官田中挑取一些肥沃的土地。由此可以看出,分封土地,会侵扰很多百姓、官员,会冲击社会的正常秩序,会加剧很多矛盾。以后有更多的皇子需要分封的土地,"若复如此,搜括三十年后,民田皆变为王庄矣"④!吕坤认为,福王分封所带来的不良后果,随着时间的推移将显露得越来越明显。如果真是这样,明王朝的生存将面临什么?其后果不堪设想。

分封土地数量大,朝廷财政损失大。一个王朝在短期内,其耕地面积的数量是相对稳定的。说到明万历年间,情况也是这样。

当时,其土地课税是朝廷财政的主要来源,因为当时是以农业经济为主体的社会。如果土地被分封给皇子,所有的课税就会全免了。吕坤举了一些事例,分封崇王后,减免了很多课税,国家财政就会受到损失。"英庙分封崇王,因无闲地插厂,拨给民地若干。除豁夏麦一千七百三十一石五斗八升二合零,秋米五千九百四石四斗九升二合零,马草七千二百一十六束零,丝九百三十九两零九钱三分,皆割朝廷之正粮。除小民之重累,且夫对无两重之皮,民无两属之身。如割正供,则国不堪损,加一倍,则民不聊生,此诚社稷之忧也。"⑤

由吕坤的分析可知,崇王受封,豁免的课税数额巨大,这部分朝廷财政空缺由谁来承担?可结果是,最终落在了百姓的身上。如果朝廷的财政继续减少,则国力会减弱,百姓的苦日子会增多,所以分封土地的数量应该减少。这样,既有利于明王朝统治,又能减轻百姓负担。

---

①②③④⑤ 吕坤:《福府庄田议》,《明经世文编》卷416,第4517页。

说到分封加重了百姓的负担,这里还要插入一点,"寺庙香火地土,尚禁王府侵夺"①。由此可以得知,对朝廷财政没有贡献的寺庙,也不承担王子分封后朝廷财政受到损失的一点负担。因此分封的土地,只能从百姓和官员手中拿来,可自古官员欺压百姓,在多数人眼中,好像是天经地义之事。这样,想方设法,最终只能在百姓身上打主意。对于分封土地侵夺田地,吕坤为之感叹,"况学社之田变价甚,为盛世之羞,亏损圣王之德"②!确实百姓的土地价格不稳定,百姓的田地也不稳定,这对于一个盛世来说,是不应该出现的现象。这种情况的出现,有损于皇上的英德。因此,分封土地,一定要慎重对待,因为它涉及很多社会问题。

关于吕坤的土地、房屋及赋税合理分配的建议,做以下总结。

这一部分内容的主线是吕坤的爱民思想。在这种思想的支配下,他处处为百姓着想,他为百姓是否有居住的地方而担忧。由于富户拥有多处房屋用作他用,而很多人无房可居。因此,他建议对富户的房屋进行再分配,把更多的房屋以一定的方式让给无房的百姓,提高房屋的利用率。此外,再多建一些房屋,满足更多人对居住的需求。

谨慎免粮免税,减轻普通百姓的负担。在明朝初年,免粮免税方面太草率了。失误更大的是漏掉了一些纳税大户,使朝廷赋税收入受到损失。他建议制定相关措施堵塞漏洞。他为百姓赋税重、差役多极为同情。因此,他建议富户、官员应多为国家纳税,也要承担一些差役。特别是对一些优免政策的制定要慎重对待,因为这是关系到朝廷赋税收入和百姓负担的大事。贫富不均严重,这是天下最不公平的事,富人要多纳粮、纳税,富人要济穷人,穷人要助富人,天下人都要和睦相处。

对皇子分封土地,吕坤建议得较为细致。他认为,如果分封土地数量较多,会引发一些严重的社会问题。因此,他直截了当,抓住要害,上奏皇上。当时的吕坤已把个人的官运及生死置之度外了。他那种为百姓着想的大无畏的高尚品德,在当时乃至现在,都令民众尊敬。

---

①② 吕坤:《福府庄田议》,《明经世文编》卷 416,第 4517 页。

第四章　强军抚军练乡兵

加强军队建设是一个王朝稳定发展和人民安居乐业的根本保障。明王朝在万历初期，经过张居正的全面改革，在军队建设和国家安全防御方面取得了一定的成绩。但在军事上，面临的困难还较多。

比如，内乱频繁出现，西北边疆常有战事发生，倭寇开始入侵东北的邻国朝鲜。因此，东北边防面临危机。种种事实似乎发出警告，明王朝军队需要整顿，军人需要加强训练，军队需要培养后备军。

因此，吕坤在其奏折里，以较大的篇幅对此提出很多建设性的主张。

第一节　整顿军纪军风

军队有好的军纪军风，是军队战斗力强的必备条件，整顿军纪军风是军队建设的一项重要的措施。①

一、制止上层军官的特权

军官特权较多，可直接导致军风不良。说到军官的特权，吕坤认为，这是由于在一定的历史时期，军队对国家具有特殊作用而被上级赐予的。比如，一个王朝建立了，一次动乱被平息了，这主要靠强有力的军队。军队立功以后，一些军官自然会出现居功自傲现象，而与此同时，朝中还要奖励军官，甚至还要赐给他们一些特权，这更助长了他们骄横的气焰。而这些条件

---

① 本节中所引用的文献，如没有标注出处，都源于《明经世文编》卷416，《吕新吾先生文集二》，《摘陈边计民艰疏》的第六部分"严法令以服豪军"。

是一些军官以后为所欲为、无法无天的基础。对此,吕坤言:"故古之名将,有后一时而诛贵臣,有因一笑而诛宠姬,有取麻缕而即枭以徇,有借一笠而必杀无赦者,非残忍以立威。"以上这些事实是军官无视王法的表现,他们还可以随意草菅人命,由此可以推测,这些军官在其他方面的特权也是很大的。他们在物质上追求享受,这一点用不着说了,在精神上,以杀人来向大众示威。古代的名将是这样,而当朝的军官情况又如何呢?吕坤继续言:"用众之道,当如是耳。今督抚总兵,朝廷授予旗牌,俾之开府建牙,违节制犯军令者,得以擅杀,故旗牌所在,即天威所在。"现在的督抚总兵,为了在大众面前显示自己的威武,对于一些大事、要事也擅自处决,对一些触犯军令者,有时拔刀便斩,那么皇上授予的旗牌,当尚方宝剑使用时很随意,这合适吗?督抚总兵,有这些特权,确实是独霸一方。

当朝的督抚总兵,皇上已授予很大的权力,他们完全有条件对一个地方进行强有力的整顿,对军队进行积极的建设。情况真的如此吗?而以下吕坤叙述的是一些军官执法不公和执法不严的事实:"今之犯军令者不可胜数,绑缚而赴市场,待其乞哀而后免者有之乎?贯一耳者有之乎?仅仅者捆一绳,打数十棍耳。"古人提到的"军令如山",其意思是,军令一旦发出,其执行程度和执行力度远大于社会其他领域对一些政令的执行情况。而当朝军中,军人触犯军令以后,对其惩罚太轻。比如,用绳捆绑犯法者,如果受罚者哀求几声便可以免罪,或者打几个巴掌,用棍棒打若干次,就算是执法完毕。如此惩罚,受罚者的心理能受到震慑吗?吕坤对此也做了评论:"法不震于武臣,姿其剥削;令不行于军士,养其凶顽;彼士卒者,礼教不闻于耳,纪律不接于目,威严不警于心。"从目前的情况看,军官无视于法的存在,为所欲为;军士不执行军令,这是常有的事。在军中,传统的礼教观念在士卒的心中较为淡薄,而平日这一方面缺乏教育。军中没有建立统一的行为准则,即使有军法存在,而它的威严却早已丧失了。上述现象出现的原因,应该追溯到上层军官的特权。有特权了,他们可以根据自己的好恶,安排自己的行为,或者说,感情用事比较严重。比如,一方面利用权力草菅人命,另一方面,利用权力,较轻地惩罚一些重犯,这是严重的执法不公。既然上层军官特权很多,那么中下层军官也会横行于军中。这样军中的大小特权,形成了专制的气氛,试想,一支缺少民主的军队,他的生命力和战斗力能够很强吗?确实,制止上层军官的特权,在整顿军纪军风中,是一项很重要的内容。

二、杀一杀军人的傲气

常言说得好,"骄兵必败"。如果军人傲气十足,那么首先是纪律涣散,军队凝聚力减弱,而且容易脱离群众,在作战时容易轻敌。军人有傲气,可以带来许多不良的后果,最终导致军队的战斗力减弱,在作战中失败的可能性增大。吕坤是一位政治人物,但他特别重视军队建设,他深知骄傲是军人的大忌,因此,他对军人的傲气十分不满。他发出愤怒之声,"可恨者骄兵横逞,不可收拾耳"。他接着举例:"日者西夏之变,三关军士无不吐气扬眉,视抚臣如就刀砧,惟彼生杀。"从吕坤所言可知,军人骄傲,可以导致他们的行为不轨。本来西北边防出现战事,这是令每位国人担忧之事,可是当国家有了战事,三关的一些军人觉得自己有了用武之地。他们在想,此时朝中一定会重用军人,军人在社会上的地位会更高。正因为如此,王朝有战事,助长了军人骄纵的气焰。此时,武将轻视文官现象更为严重,这样整个社会秩序会变得不协调。若二者发生冲突,文官远不是武将的对手,这样,武将在社会上变得更骄横了。笔者认为,军中官员骄横无理,必然使军队内部凝聚力减弱,还可导致军人与地方百姓的关系变得不和谐。

通过以上分析,得出一个简单的结论:国家越是有战事,国家越是要在非常时期,杀一杀军人的傲气,就显得越有必要。

三、朝廷纪法,重于臣身

儒家思想对明代人影响是很深的。儒家思想认为,道义可以影响人们的心理,改变人们的行为,可以使人与人之间团结互助,可以增强国人的凝聚力和向心力。这一点确实不能否认,在中华历史长河里,由于儒家思想的教化,产生诸如尊老爱幼、尊师爱生等优秀的传统文化。但在军队建设中,道义的力量就显得非常微弱,而法家思想在此有了用武之地。吕坤在奏折中强烈地申明,要依法治军,而且执法一定要严明,这是法家思想在治军中的应用。

实践已经证明,合理的法令要延续执行。过去制定的法令是否行得通?只有通过实践的检验才能证实。经过历史检验证明合理的法令,一定要延续执行。吕坤言:"应行之法,毫不敢废。"确实能够行得通的法令,决不能丢弃。中国封建制度建立一千多年,明王朝已经历了一百多年,在军队制度建设方面已积累了很多经验,这些经验是宝贵的财富,应该继承下来,为当朝所用。

为了维护法令的正义和尊严,可以舍去自己的生命。王朝要发展,军队要建设,要付出大的代价。同样,要维护法律的正义和尊严,也要付出代价,甚至有些人要做出牺牲。吕坤把"依法治军"这一方面的内容,作为奏折内容的一部分,目的是请求皇上下旨严整军队。从他的言辞中可以看出,他为了坚持正义的主张,已经把个人的官运及生死置之度外。他言语直率,毫不婉转:"朝廷纪法,重于臣身,即使环向开弓,臣端坐以受。"从他的言辞中可以看出,他认为朝廷的大法高高在上。他愿意坚持正义,维护法律,即使四周弓箭对着他,他端坐中间,他仍然要坚持自己的信念,坚持依法治军。为此,他大声呐喊:"夫置一身于千万虎狼之丛,此心何尝不凛凛?"如把我置身于万只虎狼群中,我的心中一定有害怕的感觉,但为了朝廷的大法不受践踏,此时我已把害怕放在一边了。吕坤这种舍生取义的精神值得后人称颂。

军官、军士犯法,要惩处严明。要使军队内执法严明,最重要的举措是严厉惩处犯法的军官。军官、军士都有触犯法律的时候,但一般情况下,军官犯法所造成的危害较大。吕坤在其奏折中,首先提出惩治军官的一些措施:"如一队鼓噪,不问何人主谋,先诛管贴;一旅鼓噪,不问何人首恶,兼诛把总;一司鼓噪,不问多寡,兼诛千总,此外止诛首恶一二人,余赦不问。"以上惩处措施,似乎对军官惩治太重,其实,治军就是这样。如果一位管帖没有控制一队的能力,其实,他是没有能力胜任其职务的。同样道理,把总与千总,也应该有驾驭一旅和一司的能力。作为首领,除了有能力带领自己的队伍奔赴杀场以外,还应该有能力把队伍里可能发生的意外消灭在萌芽状态。因此,队伍里一旦出现大的恶劣事件,重惩首领,这是理所当然的。

如果军费被军官贪污了,一定要严惩不贷。吕坤言:"有如要索无厌,理不可从。仓库无余,势不能给,何以应之?臣以为养军之费,本自不丰,果有克削扣减,激变军心者,审勘得实,必诛无赦。"贪污军费,是从军士口中索取钱财,天理不容。在国家不富,军费不丰的情况下,军官应该同国家共患难,同军队共生死。而贪污军费的行为与此相反,使军心变乱,军风变坏,这种行为如不严惩,会产生很多不良的后果。为此,他继续论述:"与其被杀于军,士以成叛逆之凶,孰若正法于朝廷,以泄军士之困,军士愤有所泄,鼓噪无以为名,贪官法有所惩,剥削自不敢肆。"吕坤认为,腐败的军队打胜仗的机会较少,与其将来军队被敌方打败,军官、军士有的被杀、有的被俘,倒不如朝廷现在正法贪官,这样可以解除军士之困,军官再不敢贪赃枉法,军中人心稳定,士气得到鼓舞,一支强有力的军队可以逐步建立起来。

关于如何揭露军官,他提出具体的方法:"军千总、把总、管帖队,克扣凌虐者,许本队被害军士,连(联)名陈告抚镇及所在道府,即与从重发落。"要揭露军官,靠几个军士的微薄力量,达不到目的,只有很多军士联合起来,其受害者联名上告,这样才能引起上级对此的高度重视,其被告者的罪行才能被揭露出来,使他们受到应有的惩罚。

军士犯法,又如何惩治?吕坤建议:"军士有惑众乱群,不遵守法令者,许本队把总等官,指实具呈,道府审明,抚镇官即发旗牌,枭首示众。"

军士是军队的主体,军士是否遵纪守法,是判断一支军队纪律是否严明的重要标志。因此,对军士要惩治严明,但惩治要有规范的程序,防止一些军官意气用事。具体来说,先让基层的官员,如实上报犯法者的事实,然后,上级部门对此要调查、审核,事实确凿以后,再执行惩处。

四、预防军队内乱

军队可以制止动乱,也可以制造动乱或发生内乱。《摘陈边计民艰疏》中,就关于军队内乱的一些原因做了一些分析,笔者整理如下。

在军队中还有专门制造舆论、挑拨是非者。吕坤言:"旗甲军士,除隐情明诉外,但有讹言倡乱者,抚镇取而诛之。不待谋成,乃谋成而犹不知者,则主帅之疏也。"对于专门制造谎言谋求内乱者,澄清事实以后,要重惩。在他们的阴谋得逞之前,我们应该首先采取措施,预防一些不测之事的发生。一些事实即使发生了,也要把它们消灭在萌芽状态。如果一些谋求内乱者已经开始行动,而我们却一无所知,说明军中的主要将帅太疏忽大意了。

军中上下信息不畅通,是导致军中内乱的因素之一。以下主要叙述下级对上级隐瞒事实的一些情况。军中的编制是相当严格的:"今营伍之法,五十人为队,队有管帖二人;五百人为司,司有把总一人;千人为哨,哨有千总一人;三千人为营,营有中军一人。"各级首领要了解自己的队伍,整顿好、训练好自己的队伍。吕坤对相反的情况提出了反问,"有五十人为乱,而管帖不知者乎?有五百人为乱,而把总不知者乎?有千人为乱,而千总不知者乎"?军官不知自己的队伍乱了,这是绝对不可能的。如果向上级汇报的内容有这种情况,一定有弄虚作假现象。正像吕坤所言:"彼固阴主之而阳逃其罪,或阳倡之而阴籍为功,明谓我知而无奈,彼何者也?"吕坤所言的情况常有发生,真正犯法的人坐若无事,已经被抓住的或正在被追捕的却不是犯法者。真正做事有功的,没有受到奖励,而被奖励的人没有做事。一些相关的人明知道这种情况而没有办法,这是什么世道?在军队里,下级向上级虚报情况,这是常有的情况,如果这种情况在军中继续延续,那么高层军官很难了解军中基层的情况,这样会导致一系列问题的出现。诸如:军中的很多事情,军官不能了解,军士的所思所想,更不能让军官所知,一些新的制度和政策在军中的落实情况很难了解,等等。如果真出现了以上情况,军中内乱可能就要发生了,随着时间的推移,可能由小乱引发大乱。

由以上分析可知,要预防军队内乱,需要做很多事情,首先要防止军中或军队以外一些别有用心的人有意谋划动乱,这需要大众的监督,也需要军中将帅有清醒的头脑和锐利的目光。下级对上级隐瞒事实,这种行为要坚决制止。否则,可以导致军中上下信息不畅通,军中内乱可能由此引发。

五、用众之道,择长为先

军队将领的选择事关重大。军队将领的优与劣导致的结果有很大的差异。优秀的军官治兵有道,练兵有方,可以使整个队伍上下齐心,整体战斗力能够提高。反之,如果军官素质低下,他们的行为可能是另外一种情况。比如,利用权力贪图享受,无心治兵,有心夺权。处理军中事务的方式是,对上级应付,对下级哄骗,整个队伍只是维系生存,根本谈不到提高战斗力。

吕坤特别注重军队将领的选择。他在奏折中强调:"臣以为用众之道,择长为先,择管帖须公正老成,能服五十人者为之;择把总须奉法宣恩,能服五百人者为之;千总、中军以上,无不皆然。选择既定,颁布成规。"

从以上所言可知,吕坤熟悉军中事务,特别是对军中基层了解较多。他认为,选择军中将领应从大众中挑选,选择有特长的上任。"管帖"在基层料理军务,由于基层虽然小事较多,但事务很杂,所以要选择正直、公平而办事老练的人来担任。"把总"人选,首先,必须有一定的文化修养,这样才有能力对上级的军令和法规向下传达,对下面的情况有能力总结、汇报。其次,人品要好,这样才能使众人心服。当然在明后期,还属于冷兵器时代,在这个时代担任武官,具有较高的武艺,这是必备条件。选择"千总"和"中军",条件应该更高,无论文和武任何一方面都应该是高素质的。吕坤还强调,对于军队将领任用制度,在实践的基础上逐步完善,然后要颁布成法规。在执行的过程中,不能因一部分人的感情变化而改变其核心内容。

吕坤鼓励军人们苦练本领,争当道德楷模,他建议奖赏孝敬、正直、军技突出的军人。吕坤谈道:"平日纪大善三次,孝亲敬长,劝人为善,不醉酒赌钱飘风凶暴,三枪中二,九箭中八者,许十队人保举,娶助银三两,丧助银二两,以旌其善。"① 提高军人素质是军队战斗力提高的重要表现,孝为先,善为本,弃掉不良嗜好,强化武艺。如能做到这些,不仅奖给银两,还要提升职务。

总结吕坤提出的军队将领选择建议,可以用"任人唯贤"这个词来总结。当时,吕坤上疏时的历史背景是:宦官专权,奸臣横行,任人唯亲。吕坤的这一建议同当时的社会主流形成对立,他深知这样做对个人利益是没有好处

---

① 王国轩:《吕坤全集》,北京:中华书局,2008年,第1178页。

的,很多人要直接或间接地攻击他。但他仍然坚持正义和真理,其他的一切都置之度外。

关于整顿军纪军风,吕坤提出具体而翔实的建议。一些督抚总兵,肆意践踏军法。比如,他们有时对一些犯法者惩罚太轻,有时无视法的存在,擅自处决一些大案。以法整顿军队,限制军官的特权,尽可能避免军中执法不公、执法不严的现象,如果军中少几分专制,那就多几分民主。对目前的军法还需进一步的完善。比如,有些方面要细化:哪些是惩罚军官的法令?哪些是惩处一般军人的法令?军法的实施要逐渐制度化,等等。杀一杀军人的傲气,可以使军中人人变得谦虚实在,社会上文官和武官和睦,军队与地方和谐。法家思想是治理军队的锐利武器,实践证明,合理的法令要延续执行。吕坤表示,他建议以法治军,其目的是维护"朝廷纪法"的正义和尊严,同时,使军中人人知法,而且会守法、用法。在军中,军官、军士犯法要惩处严明,特别是对贪污军费的军官更要严加处治。预防军队内乱是军中常抓不懈的一项重要任务,军中各级将帅及普通军人,对此要提高警惕。只有让优秀的人才担任军队将领,即"用众之道,择长为先",军队才有发展的潜力,军队在将来的战争中才能处于不败之地。精心选择军队将领,利于军队的管理,利于军队的全面建设。加强对军人教育,使军官、军士平日养成遵纪守法的习惯。

第二节　精器械以求实用

孔子曰:"工欲善其事,必先利其器。"在军中,武器装备是否精良,关系到军队战斗力的强弱问题。现代战争是这样,古代战争也是如此。明万历年间,军中使用的武器,一部分由火药制造,但大部分以刀、枪、棍、棒等冷兵器为主。单是冷兵器而言,种类很多,每一种优劣差异很大,笔者对此不做详细的探究。以下单是对吕坤提出的"精造"一些实用的"器械"这一建议做历史复原。①

一、多制造实用的器械

兵器是供打仗时使用的,并不是用来供人观赏的,因此,制造兵器就要制造具有实用性的。比如,暗甲就是实用性很强的防护器械。吕坤在视察雁门官军驻地时,见官军射箭,不戴防护器械,于是,"令之甲胄须臾更来,皆罩甲也"。令吕坤吃惊的是,拿来的都是不实用的明甲,他又问:"汝临阵之甲,亦用此耶?"将士们回答"此正临阵甲耶"。为此,吕坤做了指示:"凡临阵皆暗甲,而以衫罩之,一便于旋习,二不生戒心,故临阵无不暗甲者。"暗甲的好处,首先,具有防护的功能。其次,它能被衣服隐蔽起来,使敌方不引起注意,这样可以麻痹敌方。再者,使用暗甲不影响作战动作的灵敏性。既然暗甲好处很多,应多制造,为以后打仗备用。

头盔要多制造,在军中实用性很强。吕坤指出:"至于碗子盔,不但宜头,渴可挹水,饥可温食,从来称便。"在作战中,头颅是身体的重点保护部位,一旦头部受伤,很难治愈。所以,军人戴结实的头盔,在作战中可以减少伤亡。头盔是金属打造而成,所以在行军中,用它可盛水解渴,把它置于柴火之上,可煮食、温食。既然是一物多用,更证实了它实用性强,所以,多制造头盔益处多多。

二、少制造或不制造实用性差的器械

在一定时期,对于一支编制稳定的队伍,军方给予的制造兵器的费用,其数额是限定的。一些器械多制造,而另外一些必须少制造。前文中已提到,要多造一些具有实用的器械。那么,一些实用性差的器械应少制造或不制造。

明盔甲鲜亮耀眼,在阅兵时便于观看,但其实用性较差。吕坤言:"明盔甲安用哉?曰,接送上司炫耀观瞻耳。"吕坤所言是事实。而下级为了讨好

---

① 本节中所引用的文献,如没有标注出处,都源于《明经世文编》卷416,《吕新吾先生文集二》,《摘陈边计民艰疏》的第四部分"精器械以求实用"。

上司,要求军士的明盔甲保持永久的亮丽,这给军中带来很多不必要做的事情,从而给军士带来很多麻烦。吕坤在三关驻地,见到军士的诉苦。一些军士围着吕坤下跪并且说:"军士之孽,明盔甲居其半。阅科抚按巡边,岁不减一二次,各军无高房广厦,湿气所侵,盔甲生锈,把总管队,责之锃磨。片片拆开,日日刮洗,数日始新,又觅人穿结。修刷一次可费一月之粮。雨雾一经,又生满甲之锈。"由以上文献可知,军中为了保管明盔甲,占用房屋,耗费人力和资金。为了除去上面的锈斑,又要耗费很多人力和财力。为了应付上司一次又一次的检阅,单是围绕明盔甲,军中又能多出多少事情?

还有一种装饰性的器械,其帽顶上加枪数寸,顶部插有小旗。这种器械的实用性更差,是一种装饰品。打造它还要浪费钢铁,戴着它,使身体的灵活性减少。吕坤言:"近顶上加枪数寸,饰以旗旒,岂不壮观?然缓急既不堪用。而虏人爱铁即不得,杀人往往以弓掣刀。拔而下,安用此物为哉?"

在吕坤看来,这一种器械在阅兵时具有观赏价值,而没有实用性。浪费了铁,那是非常可惜的。明王朝的居民在用铁这一方面节约意识较差。在这一点上,同北方的虏人形成明显的对比。在虏人的眼里,铁是很珍贵的,为了节省铁,制造武器时大量地制造弓箭,因为这种武器用铁较少。

吕坤建议,把那些装饰性的器械从军人身上取下吧,多节省一点铁,用省下来的铁造一些实用性强的器械。如果造一些不实用的器械,来讲究形式上的美观,那是明王朝的人们在相互欺骗。

明盔甲实用性较差,但造价高,"夫明盔甲一副,计工料不减三千,三关可费十万"。上文中提到的"顶上加枪"这种装饰性器械,其造价也不可能低。针对以上的情况,吕坤提出自己的看法,明盔甲"战阵既不适用,而收藏又为军忧,且每军二甲,无乃侈乎?轻生众之需,工观视之美,无乃舛乎"?

吕坤觉得,打造明盔甲等装饰性的器械没有必要,这笔开支完全可以节省下来。打造的兵器是要在战场上厮杀用的,不是供人来观赏的,这个基本原则一定要遵守。因此他建议:"臣请敕下该部,询之京营,如果明甲无益,碗盔有用,除将官武职听造明盔甲一副,以壮观瞻外,其军士似宜通行免造,而以明甲之费,制暗甲之坚,费既省而制又精。"

吕坤的建议既考虑器械的实用，又考虑经费的开支。暗甲与碗盔的实用性强，应多制造。而明甲实用性较差，军中主要将官可以配备，在检阅队伍时，以显示将帅的威武和军阵的壮观。其暗甲制造要讲究质量，只有制造坚固之暗甲，在作战时，其防御功能才能提高。

三、杜绝器械制造中的牟利行为

明王朝官兵，其数量多、规模大，需众多装备器械。可想而知，为打造器械，国家投资数额巨大。自然而然，一些人有机会可以从中牟取私利。吕坤对此也做了叙述："今日三关兵器，非不关局料工银，而监督者侵牟，打造者苟且。"从吕坤所言可知，三关驻军在制造兵器时，打造兵器的应付做工，通过一些方式谋取利益，而监督做工的，利用权力接受贿赂，这样产品不合格也能检验过关。

对此，笔者做进一步的分析，一些人因之得到私利，可军队要付出代价。这种代价不是一般的代价，生产出不合格的兵器，直接影响军队作战的效果，由此而导致军队作战失败，接下来的连锁反应是边关危机、国家危机，甚或边关失守，国家灭亡。古人云"千里之堤，溃于蚁穴"，正是这个道理。可见，在兵器制造中，一些人牟取的私利数额并不算多，可导致的社会后果，是不可想象的。吕坤在奏折中，以简短的语言，对这种事实做了叙述，并请皇上下旨，责令相关部门对此监督、整顿。确实，吕坤所言价值巨大。

吕坤建议的"精器械以求实用"，其指导思想是实用主义。制造器械是为了装备军队，而军队的任务是打仗，所以多打造暗甲、碗盔等实用的兵器，实用的器械可在战场上发挥其功效。军队不是剧团，军人不是演员，所以一些不实用的、用于观赏的器械，比如明盔甲等要少制造或不制造。其节省的费用可用来多打造一些实用性的器械。练兵要从实战出发，戴盔戴甲，身穿战服，平日应该培养军人的实战意识。杜绝器械制造中的牟利行为，其产品质量才能保证。相反，在这一点上，其相关部门有时视而不见，其不良的社会后果不堪设想。对于打造兵器过程中的牟利行为，违者要从严处置。

第三节　兴武教以养将才

常言道"千军易得,一将难求"。从这句话可以看出,培养将才是很难的。从"求将"还可以看到另外一个事实,将才在军中能够发挥大的作用,军中迫切需要他们。从军事史的角度来讲,明中后期仍属冷兵器时代,冷兵器时代的战争同现代战争差距很大。在那个时代,一员优秀将领,既需要足智多谋,还需要有高超的武艺。

比如,众所周知的三国名将关羽,他有谋略,他的武艺更高,在一些将要失利的战场上,由于他的出现,战局很快能够发生大的转变。很多历史事实证明,卓越的战将在作战中能够发挥特殊的作用。因此,要进行军队建设,精心培养将才是一项很重要的任务。为此,吕坤详细论述了将才具备的条件、培养将才的原则和方法,以及不同的将才胜任不同的职务等情况。[①]

一、将才具备的条件

将才首先具备的两个重要条件是:对兵法通晓和高超的武艺。在冷兵器时代,大将精通武艺,这一点毋庸置疑。吕坤言:"夫将者…即有穿杨贯虱之弓,飞取挥落之箭。臣犹曰,此一军之技也,不足以称百夫长、千夫长。"

吕坤认为,仅有高超的武艺是军人具备的基本素质,还不一定有能力统率众人。为此,他进一步说:"俱准中式策,摘括假之文,论拟必出之句,凑泊成章,便得会举。曰,此将才也。"成为将才更要通晓兵法,有谋略,面对战事能够做出准确合适的应对策略。而且要有一定的文才,具备书面总结、概括的能力,并且有实力通过国家的有关考核,成为会举,具备这样的一个重要条件,才能成为合格的将才。

为了证实自己的观点,吕坤对当朝军人苟且度日做了指责:"口不谈韬

[①] 本节中所引用的文献,如没有标注出处,都源于《明经世文编》卷416,《吕新吾先生文集二》,《摘陈边计民艰疏》的第三部分"兴武将以养将才"。

略,身不习战阵,乃国家今日武举循习故事,岂得真才?"军人平日不谈兵法,不练武艺,如果现在从军中选择优秀的将才,这真是难啊!谈到军人的本领及所关心的事宜,吕坤言:"发向天之矢,不论边心"。确实,他认为明代军人的武艺偏低,缺乏危机意识,射箭射向天,平日不关心边关战事,这是对当时军人本领及职业态度恰当的总结。

军中缺乏将才的原因是不兴武教。兴武教,简单地讲,是谈兵法、讲谋略、兵家理论同实战相结合。而当朝军中将帅是否这样做,吕坤对此有所了解。他总结为:"试问七书如何发明?八阵如何聚散?士卒如何统帅?器械如何击刺?瞠目卷舌者十九。"中国古代优秀的军事文化是古人留下的财富,军人应该很好地吸收利用,可当朝军中将帅对兵书了解甚少。具体到书中的内容,比如,八阵如何布置?如何收场?对阵法了解更少。一些军队管理措施、一些传统武术,对这些不甚精通。对这种情况,吕坤分析了原因:"岂古多名将,而近乃乏材哉?则教与不教之故也。今武职、武举亦曾习兵书学战法否乎?臣遍阅三关,求一武职晓畅兵法,堪为中军、把总者,未见一人。非其质钝而力弱,则将略不闻之故也。查得会举及三科武举,虽不知兵,然既举而用之矣,不令之习兵可乎?"吕坤所言是事实,古代多名将,而当今缺乏将才,这是兴武教与不兴武教的区别。比如,一些武职、武举很少习兵书、学战法。吕坤对三关驻军了解较多,试图想在中军、把总中找一些精通兵法的武官,可结果使他大为失望。他认为,当今缺少将才,并不是当朝的军人天生笨拙和力量薄弱,而是军中对如何培养将才没有采取正确的方法。如果对武职、武举不经过专门的兵法学习,对兵法内容他们不会了解太多。既然一些人在军中已作为培养对象,那么应规定他们学习兵法,并且考核学习的效果,这是培养将才必须采取的办法。

军队腐败也是将才缺少的原因之一。在非战争时期,军官的任免和军人学兵法、练武术,这是军中的两大重要事务。如果二者能够很好地结合,就有利于军队建设,优秀的将才就能够脱颖而出。如果二者不能结合,那么军中就会出现问题,这个问题用现在的语言来讲是军队腐败。军队腐败主要表现在军官的任免上,因为军人一旦有了官职,便可利用职务之便,贪污钱财,或做一些普通军人没有条件做的事情。所以围绕官职的任免,军中可以发生很多事宜。在如何处理二者的关系上,吕坤提出了自己的建议:"至于世职袭替,较射并枪,但可握槊挽弓,即与应得世爵,当世者岂滥与哉?来者皆然,欲不与,一无可与矣!"官职任免,完全通过军事比武来决定,不允许其他因素参与其中,对此事务负责的官员,不允许滥用职权破坏规矩,对待所有比武的人员,要一视同仁。如果一些军人不参与比武,什么官职都不应该得到。吕坤的这些建议,把军官任免同军人的严格训练有效地结合起来。如果军人不进行艰苦的训练,他在各种比武中就不可能取胜。这样,他就不可能得到军中的官职。一些立志为军队效力的军人,他就会下决心苦练杀敌本领,通过这种途径来实现自己的理想。

军中的一些情况不容乐观。吕坤言:"武举尽废,高者谈文墨,自附儒流,卑者冒衣冠,不及队伍,以剥削为治生之资,以钻刺为出身之路,以下阵妆塘为制胜之术。"当朝军中的武举淡化武术训练,因此武艺偏低,有的甚至只谈论文墨,附会儒生。还有部分军人,虽然身着军服,但他们的主要精力不是习武练兵,而是利用手中的权力想办法获取钱财,他们做事的原则是投机取巧,甚至不惜用女色等下流手段来达到自己的目的。对于以上情况的出现,使军官任免和军人训练杀敌本领严重脱节,因而军人的训练缺乏动力因素,而指挥训练的军官也无心谈及各种训练,优秀的将才哪能凭空出现?因此,军队腐败对于造就将才来说,是一个限制性因素。

二、组织军人学兵法,练武术

上文对将才具备的条件做了分析,由此得出的结论是,要加强军队建设,培养优秀的将才,是一项很重要的任务。要培养将才,严格兵法学习,强化武术训练,是两大方法。其具体内容很复杂,对此,吕坤建议:"臣请于各卫所年四十以下武职及应袭及一切武生、民生、舍余军余之愿习武艺者籍名于府州县掌印官,造册送兵备道巡抚衙门,为武弟子,臣与按臣考选会举及三科武举之有望者为武师,以教习之。其住宅,官给空卫处所,其教习择于宽大寺观,或教场会馆。其讲读如,《司马法》《孙吴通读》《百将传通览》《李卫公》及《武经总要》等书,听其各占分习,各受业于武师,近者三日一讲论,远者一月一会考。"既要学兵法,又要练武术,这是吕坤建议的基本观点。要把二者都付诸行动,需要有武师、武弟子和场所等条件。在会举及三科武举中选择水平高的为武师,武弟子的选择面要宽广。比如,军中各卫所四十岁以下的武官及普通军人,为训练的主要对象,百姓中愿意习武者,经选择履行登记后便可成为武弟子。所有武师、武弟子都要统一登记造册,把名单送兵备道巡抚衙门。武弟子受业于武师,师徒关系明确,他们的住宅由官方统一分配给空的卫所。其习武、讲读的地方选择一些宽大的寺观、教场、会馆。学习的兵书,其具体名称,吕坤也做了指点。其教法可灵活多样,但至少三日来一次兵法讲习,至少一个月对其讲习的效果进行一次考核。

关于武术的学习,吕坤特别提出不要丢失一些祖传绝技。他建议:"国家世贵武臣,非直酬先世勋伐,亦欲习先世箕裘,需他日缓急用耳。"一些武术世家,各自都有一些祖传绝技,这些都是价值巨大的财富,我们要挖掘继承,用它们来武装我们的军队。这些财富在国家危难的时候,有大的用处。如果这些技艺失传了,那是非常可惜的。

吕坤的建议具体而实在,他考虑到军人成长需要具备多方面的条件,只有能文能武的军人方可成为将才。军队需要培养后备军,在这一点上,吕坤也做了建议,他作为山西巡抚,还为具体的军务而操劳,真可谓用心良苦。

三、制定严格的渐进选将法则

在战争年代,优秀的将才,从百战中脱颖而出。在非战争年代,将才的挑选必须经过多层次的比武,经过多种方式,多种场合的相互较量,才能一步一步地筛选出。吕坤认为,选将应该同习武艺、学兵法结合在一起,从武弟子受业于武师的第一天开始,选将就开始了。

比如,一位武师门下有多个武弟子,从第一天学艺开始,每位武弟子表现各不相同,真正有潜力的弟子,在多个方面慢慢地就表现得特殊,有的甚至在短期内就会崭露头角,这样较为优秀者一步一步地会脱颖而出。具体有组织地挑选从对武弟子的"考核"开始。吕坤言:"先将日习本业几种报知抚按,及合于守巡兵备抚按,守巡兵备出巡,试其弓马火器战法于教场。又每人揭书背问十条,令之讲解,严加赏罚。可赏者多,可罚者少,武师保荐以次升用;赏罚各半,武师考平常;可罚者多,可赏者少,武师戒饬。""考较"虽为初级考核,但办法较为严格。是巡抚有组织的考核,专门有巡视的人员。而且考核内容既有武艺的比试,又有兵法掌握程度的较量。对考核结果赏罚严明。对于一些武师门下的弟子,如果受奖赏的较多,说明武师教法有方,弟子训练认真,受奖赏的弟子多数作为提升的对象。对于部分武师门下的弟子,如果受奖赏的和受惩罚的各为一半,说明训练效果一般,武师和武弟子需要多加努力。对于有些门下的弟子,如果受惩罚的人多,说明训练效果较差。在这种情况下,武师对门下的学员要提出更严格的要求,对训练组织要进行严格的整顿,这样方可扭转其整体局面。分析以上"考较"办法,这是一种军人之间的相互激励、相互竞争的机制,而且方法较为科学,每位军人都有平等竞争的机会,真正的优秀人才不会被埋没,一定能够找到自己的用武之地。这种竞争机制,可以让每位军人的本领以较快的速度提高。

答"武场试卷"的过程才是选将的实质性阶段。其过程按顺序分为三场。第一场是"先报所习兵书",考核该武生对有关兵法的书籍,哪些学过,哪些未学,是否符合基本要求。第二场是"试中","巡按御史分委司道府官就所习中,以将略战法被问十条,令之扣占,果能通晓其旨趣,可见诸躬行,然后许进三场"。巡按御史委托各司道府官负责这场考核,在规定所学内容范围内,就关于"将略战法"的内容,背问考生,如考生能自如地回答,而且能抓住其要领,领会其实质,这样的考生允许参加第三场考试。第三场是"武职袭替","先试弓马,次问所习十条,如果技艺韬略具有可观,其起送书册备开。州试马中若干,步中若干,十问能答几条,送都司,送道,送抚按衙门皆然。""试马不中三箭,步不中二箭,十问不能答五条以上者,发回肄业。半年再试,发回六次,顽惰如前,骑射不精,文艺不解者,不准起送。"能顺利通过第三场考试的武生,就可以得到一定的武职,其考生有了真正的用武之地。根据考核的结果不同,其职位有很大的差异,这个差异是由考生技艺韬略的水平所决定的。这种选将的办法,具有科学性,能够使军中人尽其才。

如果军中每位军人的潜力能够充分地被挖掘，那么军队的整体力量就会不断地壮大。

选将之所以用渐进的方法，即经过多种比武，多次挑选，是因为将才需要具备多种本领。正像吕坤所言："非为操一械以当军，实欲习七书以为将。乡会武举，非欲逞辞章以学文士，实欲试方略以选将才。"成为将才并不像普通军人和一般文人那么容易。熟练应用一些兵器，可以成为一名军人，写几篇好的文章，可以成为文人。但真正的将才，需要熟读多种兵书，对一些将略战法要运用自如，而且要武艺高强，这些都是必备的条件。

对武师严格要求是优秀将才出现的基本条件。

常言道，"严师出高徒"。师傅对徒弟严格要求，徒弟的技艺才能提高。其实，只有先对师傅严格要求，师傅养成严于律己的习惯，然后才可能对徒弟严格要求。谈到在军中培养将才，吕坤认为，起主导作用的是武师。他建议，如果武师教而无功，应该采取一些惩处措施。比如，"会举不准升用，武举不准会试。若三年之外，怠弃职业，教习无功，会举降其二级，发回原籍，武举革其衣巾，仍为军民"。作为武师要一心一意地传授技艺，如果对自己所从事的职业不能应尽其职，其效果很差，对他应该做严厉的处分。比如，发回原籍或开除其职务。对武师职业管理严格，其意义重大，因为武师的职业效果高低，关系到将才培养的成败，而将才培养的成败，关系到整个军队建设的成败。因此，吕坤提出的对武师严格要求的建议，是合理的。

"兴武教以养将才"是吕坤关于军队建设的一项重要建议，其中心内容是，将才要具备多种本领，其中兵法将略的掌握非常重要。培养将才意义重大，因为卓越的战将在作战中能够发挥特殊的作用。将才具备的两个重要条件是：通晓兵法和高超的武艺，军中兴武教，可以使军中形成一种讲武学、学兵法的气氛。组织军人学兵法、练武术是军中重要的事情。做好这些事情，需要军中全体官兵付出努力。挖掘和承传中华武术的精华，给军人习武提供方便。军人要谈兵法，学布阵，多研究一些战略、战术问题。选拔将才要遵照循序渐进的法则，需从基层开始，从军士进入军营的第一天开始，经过多层次的挑选，经过多种方式的比武，经过多次较量，优秀的将才方能选出。不同的将才根据自己的本领,起送于不同的岗位,胜任于不同的武职。武师在培养将才中起主导作用。首先,要在军中挑选优秀者作为武师,其次,要对武师进行严格的职业管理。只有这样,受业于武师的武弟子才能快速成长,将才的培养也是由此一步一步进行下去的。军人比武是军官任免的主要途径,要坚决制止任免中的一些不正当行为。实战演练是提高军人作战本领的重要途径。

第四节　练乡兵以备缓急

军队需要后备力量,居民需要自我保护。仅考虑这两点,练乡兵就显得有一定意义。吕坤在基层执政多年,对当时的民间情况了解较多。他深知民间安定对于国家稳定的重要性,也清楚百姓的力量对军队建设的贡献。他建议,练乡兵应该形成一种长期的制度。《大清一统志》对吕坤在晋北三关一带组织练乡兵的事实做了简略的记载:"尝历三关,见将校无知兵者,严行训练;又立保甲法,籍丁壮令各习戎器,而拔其尤者为长,由是列城皆有武备。"①吕坤亲自考察三关一带的军情,得知将士军士素养差,于是,严训将士全面整顿三关地区的军队。设立《保甲法》,令全民习武,武艺精者推为长,村落、城镇皆有自卫队伍。读者从吕坤以下的奏折中可得知详细事实。②

一、"保甲制"的设立利于民间的安定

明朝建立初年,在民间设立"保甲制"。"每十家为甲,甲有长,十甲为保,保有正。凡属甲内人民,各置兵器一件,甲长置锣一面,保正置鼓一面或铳一杆。""保甲制"的设立,能使各地百姓首先团结成小集体,小集体之间能连接成大集体。团结的力量是无穷的,如果有紧急之事发生,百姓有能力应

---

① 《大清一统志》卷九十五,乾隆五十五年刻本。
② 本节中所引用的文献,如没有标注出处,都源于《明经世文编》卷416,《吕新吾先生文集二》,《摘陈边计民艰疏》的第五部分"练乡兵以备缓急"。

付。正像吕坤所言:"有武备可以无患,乡村有盗,守望相助者此民;大寇流劫,登城守陴,结寨入保者此民;天下多敌,勤王御侮者此民。"

平日习武备战,将来有难无患。如有盗贼出现,流寇入侵,百姓可以有组织地应战,他们有能力做到自我防卫。明王朝若有内乱外患之事发生,百姓组织起来就有能力为王朝尽力。

以上总结的是"保甲制"的设立所带来的一些社会效应。众多的直接的和间接的社会效应,这里不再一一列出,但有一点是众所周知的,这样做有利于民间的安定。其实,能使民间安定,就是对军队建设做出贡献。如果民间这里动乱,那里不安,那么官军必须去平息。这样一定会牵制部分官军,或者说,消耗官军的力量。一些历史事实证明,一些外来入侵者,往往就是抓住了一些内乱的时机,而发起进攻。如果将来真有内乱发生,那么官军要内外受敌,这样导致的后果是不堪设想的。因此,这里得出一个简单的结论,能使民间安定的"保甲制"的设立,是军队建设的一项辅助措施。

二、组织城乡居民习武

农耕民族的百姓习惯于安定的生活,如果组织他们练兵习武,这似乎在扰乱他们安定的生活。其实,这样做是为了他们的生产、生活长久安定。确实百姓习武这是利己、利人、利王朝之事。吕坤认为,天下百姓对此事要很快付诸行动。

练乡兵之前,先做一些组织上的准备。吕坤建议,在农闲之前就应该做好这些准备工作:"请于十月初一以前,先令保正将甲中壮丁五十岁以上,除衣冠本身及寄住流民、劳瘵久病不编外,其余不分富贵,不准优占,惧用手本开名到官。"农历十月初一,北方大部分地方就进入农闲期了,在这以前,要选好习武人选。五十岁以上的人不选,寄住流民不选,身体虚弱和久病的人不选,其他人员一视同仁,统一编名报官。

各地官府对城乡居民要统一组织,合理编排。"掌印正官,携同左贰,先将在城居民,从市首至四关分为四聚,每聚若干人。"城里的居民,按方位不同分为四聚,这是为了管理和习武的方便。"至于四乡之民,或五保或十甲,各照地里近便,编成小聚,或三聚或五聚,各照镇店相应,立为聚所。"

乡下居民编排是按居民点之间的距离远近,就近编成小聚,三聚或五聚就成立一个聚所。因为乡村人口比较分散,如果一个聚所管理太多的人口,就势必造成管理和习武的不便。

习武者每人至少学会一种兵器的使用,对兵器的选择要"因人定兵"或"听人自认",根据习武者的身体特征选择,或根据个人的爱好来选择。

比如:"强有力者习弓弩;体便捷者习刀枪;有目力者习火器;壮而拙者习棍棒。"习武者皆知,兵器的选择,对于一个人武力的发挥是非常重要的。因为不同的人,体能差异很大,不管什么人,其体能都有其长处和不足。不同的人选择不同的兵器,就是为了在习武中尽可能发挥其体能的长处,弥补其体能的不足。这里还有一点不能忽视,就是一个人对某一兵器特别感兴趣。这种特别的兴趣,也会使他在习武效果上创造奇迹。

各地招纳武师,"分师教习"。各地统一"将本州岛岛县下班民壮,尽数分于四聚之中,为教师,各以所认分师教习"。以各行政区为单位,统一招聘武师,然后分配于各聚所。每位武师门下要分配一定数量的弟子,然后分师习武。

以下是习武的具体操行。"一操一歇,早饭后已初入聚,晚后前申初散聚。"练武要讲究科学,要劳逸结合,一边苦练,一边还要恢复体力。具体一天中,早饭后已初开始集合,晚申初前收兵,即使是习武,也需要遵循百姓世世代代延续的习惯,"日出而作,日落而息"。习武三月以后,"正官携同佐贰,以东南西北为叙,定日试聚,初试赏次能者,宽不能者之罚。三月再试,赏能者,薄试不能者之罚。又三月再试,赏上能者,重不能者之罚。"三个月以后的习武比赛,地方官员要亲自参与,城中东南西北四聚各自组织。初次比武要奖赏能力较好的,但不是很强的人,对能力弱者不给予处罚。三个月之后,再次比武,要奖赏能力强的,对能力弱者给予较轻的处罚。又过三个月,再次比武,要奖赏能力最强的,对能力弱者给予较重的处罚。分析以上的三次奖罚可以看出,第一次奖罚,想调动所有习武者的积极性,对能力强者之中的较差的,给予奖赏,对能力弱者不进行处罚。第二次、第三次,采取渐进奖赏和渐进处罚的办法。先对能者,再对上能者奖赏;对能力弱者,先进行较轻的处罚,再进行较重的处罚。这样的奖罚办法,使各种能力者,对下一次比武都充满希望。能力最强者,只有最后一次才能得到奖赏,而能力强者和较强者,也想在下一次中取得好成绩,在最后一次中取得最好的成绩。而能力弱者,也有时间、有机会在下次比武中取得好成绩。因此,吕坤提出的渐进奖罚办法是值得向全体官军推广的。在习武的具体操作中,加以奖赏的措施,使习武者相互激励,共同进步。而且吕坤谈到,奖赏不是目的,而是一种手段,他说:"重赏不过谷五斗,重罚不过笞一十。"因此,以上习武的具体操作具有可行性。

对练演习是习武经过一段时间以后,必须经历的一种程序。次年二月十五以后,城内东南西北四聚集中,进行对练演习,"将四聚之民,合为大聚,弓弩与弓弩耦射;刀枪与刀枪对敌;火器与火器打放;棍棒与棍棒排击。类分等第,赏罚教师。罚中少而艺生者之工食,以充中多而艺练者之赏"。练武术经历一段时间以后,必须多进行对练演习,才能更接近于实战。而对练演习要类分等第。比如,刀与刀对抗,棍与棍演练。根据武艺的高低,对练要分不同的层次,武艺水平相近的人相互对练,技艺才能增长较快。对练演习的结果有胜负之分,对此,既有奖赏,又有处罚,赏罚的对象主要是教师,对输者给予物质上的处罚。比如,扣其一部分工食,将其所罚物给予赢者奖赏。

以上习武之事,其具体操作的安排主要是针对城里居民而言的,对乡村居民而言,做法同城里情况类似。前文中提到,把乡村居民分成小聚,三聚或五聚成立一个聚所。吕坤言:"其器械佥编分认既定,择第一二等民壮,分派四乡各聚之中,俱如前式,实行操演。有司试聚,亦如前式,实行赏罚。"习武者要选择适合于自己的兵器,选择一些武艺较高者作为武师,派往各聚所,其具体习武方式及武艺考核办法和奖赏措施,同前面的办法类似。

百姓习武会付出很多辛苦,在一些传统节日和年终要举行集体聚会,组织庆祝活动。吕坤认为:"至于饮食宴会之间,岁时会集之日,即以武艺胜负为杯酒之输赢,以民以为乐,而不以为难。"

进行集体聚会,使百姓之间进一步增进了解,加深友谊。如果利用聚会的机会把武艺胜负同杯酒之输赢联系在一起,使每位参与者,对习武之事兴趣更浓了,渐渐地,他们会把艰辛的习武当作快乐之事。

百姓习武是长久之事,一复一年要坚持不懈。吕坤建议:"二年之后,五百人中拔其优者立为队长,千人中拔其优者立为千总,各给冠带免其差徭。三年,于邻近卫所选取指挥千百户知兵者一员教之合阵。四年,教之习战。"二年之后,真正的优者会在比武中自然显露出来,这样可以确立各级首领,给予"免其差徭"的待遇。给予这样的待遇,一方面,减轻他们经济上的压力,另一方面,使他们的主要精力投入到组织、管理习武之事上来,同时调动了他们为集体效力的积极性。第三年,各习武者的水平继续提高,几个卫所的成员要进行合阵演习,各种阵法的排练以及应用是其习武的主要内容。通过阵法演习,各成员的武艺继续提高。第四年,进行有组织的模拟实战演习。此时,百姓习武又进入一个新的层次。如果坚持做好这一步习武程序,百姓就会真正有能力应付多种不测之事的发生。由以上论证可知,习武是循序渐进的事情,程序每向前推进一步,都需要前面步骤扎实有序。

三、练乡兵中忧虑之事分析

练乡兵是王朝的大事,它涉及范围广,牵涉人数多,在具体实施中同一些社会问题交织在一起,引起了人们的忧虑,以下就其忧虑之事进行分析。

(一)练乡兵一定劳民伤财吗

历史事实的分析。练乡兵之事是劳民伤财吗?对于这个问题,一些官员和百姓都有所担心。吕坤列举历史事例,对此做了分析:"谈者动以劳民伤财二事为虑,夫二帝三王寓兵于农,何尝一日不讲武哉?而民不告扰者,法制定而奉行者得人也。"谈到天下百姓习武,很多人担忧两种结果出现,其一,是给百姓带来更多的负担。其二,是国家财产遭受损失。

其实,历史上有练乡兵成功的先例。历史上的一些帝王,他们的军队起初多数是在民间组织和民间演练的,在乡下习武,而百姓从不感到是对他的生活打扰。因为对军队制定了严格的制度,而且军人能够执行,军人的所作所为深得人心,军人同百姓能够和谐相处。历史的先例给我们做出了示范,凡事要有规矩,做事讲究好的方式,其积极的效果就会增多,其消极的效果就会减少。对于练乡兵之事,其具体施行,要尽可能用好的方法使其积极的效果更多地显现,给百姓能够带来好处。

练乡兵不需担心财力的不足。练乡兵的参与者是天下的百姓,多数百姓从事的是自给自足的农业自然经济,也有的从事非农业经济,但所有的百姓都是自食其力。对待练乡兵这个事宜,国家只给武师一定数额的工食,这对于一个州(县)来讲,武师数量不大,财政支出并不多。习武者每人至少打造一件兵器,这个费用需要财政支出。比武奖赏也需要财政支出。关于这一方面的内容,吕坤言:"倘患无财乎?各州县民壮多者三二百名,少亦不减七八十。若暂减数十名工食,置器械备犒赏,宽然有余。行之三年,仍复其旧。"不需要担心财力的不足,各州县的武师,较多的二三百名,较少的相差不过七八十名,为了节省开支,各州县暂时适当减少武师的数量,把省下的钱用来打造兵器和犒劳赏赐比武的获胜者。时过三年,习武者的兵器大多配备齐全了。此时,可以恢复武师原来的数量,继续加强武艺训练。

(二)习武组织和管理中的违规行为分析

在习武的组织和管理中,有时会出现一些不良的行为。练乡兵需地方官员组织管理,地方官员对这些事情也可能不认真负责,甚至做一些违法之事。吕坤对此有些担忧,提出自己的看法:"大抵今之有司,贤者十(分之)一,而惰不事事者常(十分之)九也。以造册虚文为壅蔽之具,以点查虚套纵科罚之私,不求济事,止是扰民,臣言及此,切齿腐心。"

吕坤认为,当朝的一些官吏,优秀者较少,苟且偷生,懒于做事者较多。有时候,向上汇报的是一些虚假事实,以此来掩盖自己工作的不足;也有时候,名义上是检点一些不规或不法行为,事实上是为自己牟取私利。这些官吏不为百姓做一些实实在在的事情,他们的所作所为事实上是不断地侵扰百姓。吕坤每当谈到这些,既愤恨又伤心。

严惩工作怠慢或违令的官吏。为了加强组织管理,使练乡兵能够正常有序地进行,吕坤建议对一些不称职的官吏,进行严惩。他强调:"抚按各道,巡历郡邑,严加访问,但有条令已颁,不肯遵行,或弥文罔上,及多事扰民者,即特参降调,甚者罢斥。"组织居民学习武艺,防患于未然,这是目前各级官员的重要任务,道府官员要亲自巡历各个郡邑了解情况,如发现有不遵守条令者,或有欺上瞒下行为,或做一些对百姓有害之事,轻者降职,重者罢免其官职。

以上是练乡兵中可能出现的一些事情,吕坤对它们进行了分析。其实,这些事情也是一些百姓及官吏所担忧之事。为了让这些事情尽可能少发生或不发生,吕坤提出了一些具体的建设性的主张,这些主张对我们21世纪的人们来说,也有很多值得借鉴的地方。

四、练乡兵利朝廷利民众

练乡兵,利于百姓今日的安定,也可以防止未来不测之事发生。吕坤言:"一县但有三千,神气自当百倍。以之居乡,劫盗不敢入其境;以之乘城,大寇不敢撄其锋;以之勤王,则天下皆忠义之师;以之防变,则军士销骄悍之气。乡兵有一之弗善乎?"如果乡兵武艺高,数量足,个个精神百倍,则百姓的自卫能力很强,可以应付各种不测。乡兵居乡,盗贼不敢进入;乡兵守城,强悍的流寇也不敢进攻;乡兵为王朝尽力,普天之下都是忠义之师。乡兵与官军可以相互配合。乡兵防备内乱,官军可集中力量防止外来入侵。如不练乡兵,内外发生事变,都需要官军应对,正因为这样,官军也变得傲气十足。如果乡兵能独当一面,官军的傲气可以被打消,这样,也利于整顿官军。

吕坤也做了相反的假设,如果不练乡兵,很多情况难以应对。吕坤言:"当今天下不可谓无事矣,万一狂逞之寇屠劫乡村,百姓何以为生?攻陷城池,守令岂能逃众哉?又安得许多卫所兵马,护守各州县之城池也?臣以为武备举废为今日课守令第一要务。"王土很大,可能发生的事情很多,一旦流寇屠劫乡村,百姓的生存问题面临考验。一旦地方官军失守,城池陷落,守令逃出。这时,就需要乡兵应对,守令可重新组织人马,返攻城池。如果不练乡兵,守令很难组织卫所兵马,如果再次返攻,难上加难。从相反的假设可以进一步证明,练乡兵利于百姓生活的安定,也利于朝廷的长治久安。

练乡兵利朝廷、利民众。对于这个观点,可以进一步展开分析。对于百姓来说,学会自我防护的方法,相互之间增进了团结,而且团结的力量不断地显现,民间的安全可以得到保障。同时练乡兵使百姓身体得到了锻炼,还由于经常集中聚会,他们之间能经常进行思想交流和文化交流,使他们增长见识,开阔眼界。对于王朝来说,利益也很多。乡兵力量强大,王朝整体防卫实力提高了。况且,乡村的安定,可以使王土很大一部分区域保持长期的安宁。练乡兵可以使民众的整体素质提高。比如,增强他们热爱家乡、王朝的热情,使他们的文化修养、道德水平不断地提高。特别是他们学会了武艺,自我防护意识和王朝安全意识不断地增强。练乡兵,使百姓和官兵可以经常交流,有利于加强军民团结。长期的封建土地所有制,使百姓以个体的形式长期局限在自己的小农天地里,思想封闭,过着相对自由的独立生活。练乡兵,渐渐地使他们思想开放起来,使他们的集体观点和组织纪律性不断加强,可以逐渐增强整个民族的凝聚力和向心力。根据以上的分析,笔者更加支持吕坤的关于练乡兵的主张。

"练乡兵"是吕坤提出的又一项军队建设的保障措施,其目的,他总结得简明扼要,"练乡兵以备缓急"。"保甲制"在明初已设立,至万历年间,在一些地方该制度已经消失。为了发挥其积极作用,吕坤建议各地应恢复或延续这种制度,有武备可以无患。各地百姓要习武强身,提高技艺,加强自我组织管理,以应对一些急要之事的发生。城区居民和乡村居民都要习武,其组织、管理、实施过程较为复杂,需要地方官员兢兢业业,各负其责,也需要各地居民做强有力的配合。居民在选择兵器上要"因人定兵"或"听人自认"。习武之事,需要付出辛苦,采取一些奖罚措施,可以充分调动居民的积极性。对居民要进行思想教育,让他们正确看待练乡兵的利、弊。练乡兵要循序渐进,坚持数年后,乡兵的力量会越来越强大。为了使练乡兵能够有序地进行下去,对该过程中可能出现的一些不良行为要做一些预防或惩处措施。比如,对本职工作的苟且偷生或以权牟取私利等行为应该坚决杜绝。对百姓和官吏担忧的问题,应该妥善合理地解决。比如,财政问题应慎重地对待。练乡兵,有利于百姓,有利于国家,这一点用正面和反面的事例都可以证明。因此，练乡兵应该形成一种长期制度，而且在实施过程中，使这种制度不断地得到完善，使练乡兵的益处在社会上得到更多的显现。

第五节　恤贫军、培军医、减劳役

国家建立需要军队，国家的稳定发展，以及百姓的安居乐业需要军队做安全保障。因此，全社会的人应该支持军队建设，关心和帮助军人是全社会的责任。在他上疏的奏折中，吕坤根据当时军中的情况，以及当时的社会背景，对"抚恤军人"提出具体建议。①

一、普通军人生活拮据

要做好抚恤军人事宜，首先要了解军人的一些情况。其实，自古普通军人和普通百姓一样在劳役和征战中受苦很多。正像吕坤所言："臣闻力役以劳使民者也，征战以众使民者也。"吕坤所言是事实，因为普通军人大多来自普通百姓。在历朝历代，他们的命运基本相似，因为他们都位于社会的基层，当然是劳役的对象和贫困的对象。

（一）普通军人月粮较少

经过对三关一带军营调查，吕坤对当朝军人的月粮发放情况有了一定的了解，他还做了详细的记录。普通军人除了每月分配的月粮外，其他什么都得不到。如果拿他们同衙门的一些武师、差吏相比较，其收入远不及。吕坤言："今各衙门快壮门皂工食，至薄者每日银二分，厚者三分四分，此内既无杂派之名，此外又有需索之利，且忧患不关于心，偷安常便于体。乃军士则不然，姑且太原营言之，每军月粮八斗，每斗折银五分，计一日所得，才一分三厘耳，尚不足壮士一食之费。"在以上文献中，吕坤把普通军人同武师、差吏一天的收入做了对比。军士一日所得一分三厘，后者一日所得，少则一

---

① 本节中所引用的文献，如没有标注出处，都源于《明经世文编》卷416，《吕新吾先生文集二》，《摘陈边计民艰疏》的第八部分"复月粮以恤贫军"。

日二分,多则一日三分四分。且武师、差吏没有任何杂费从他们收入中掠取。当他们执行公务时,有时还能得到一些额外收入。有时遇到一些忧患之事,可能同他们个人利益关系不大。从事他们的职业,有时还有苟且偷生之便。从以上对比可以看出,普通军人收入确实很微薄。

(二)各种杂费名目繁多

很多杂费从军人的月粮中扣除,吕坤对此也列举了一些事例:"自款贡以来,又于六个月内,每月扣除银五分,共扣银三钱为市本,是每日所得不及一分二厘。"文献中对这一现象做了解释:"自款贡成后,三关为内地,故军士月粮之少如是。"在当时的政策中,内地官军和边地官军待遇有差别,以此为理由,上级对三关军士的月粮又要扣除一部分。还有"又分领夷马,有摊赔之费,关领月粮,有造册之费,掌印本管指挥千百户千把总,有科派之费;有马军人,虽关有草料,稍得侵肥,又有朋银之费;守备等营,又有杂拔滥差之费,有长差帮贴之费,有送迎奔走之费"。以上杂费名目繁多,而这些费用还必须开支,那么,这些费用只能从军人的月粮中扣除。

(三)多种开支出自月粮

部分军人还有家属、子女,他们也需要糊口、生存;军人的服装、兵器配备也需要开支;军人的日常事务中还需要开支。这些开支除自月粮再没有来处。吕坤所言正是这样,"父母妻子之养所资者,此也;日用人事所资者,此也;器械、衣装所资者,此也,此外无所从来矣"。从该文献可以得知,从月粮中还要支出多种费用,那么月粮真正到达军人手中只剩寥寥无几了。

根据吕坤的叙述,当朝普通军人的生活状况不容乐观。那么,这种状况会导致什么后果?他也做了预测性的分析。"诸有所损,月粮既少于工食,战征又苦于差役,以是身也。而责之鼓气练兵能乎?以是心也。而责之竭力致众,得乎?"军人的月粮本来就少,经过各种名目的克扣以后,就更少了。但征战和履行各种差役是军人的职业,军人理当身体力行。可又苦又贫的军人怎么能鼓足勇气去练兵呢?怎么能竭尽全力为朝廷效力呢?发自他们的内心,有这种意愿吗?答案当然是否定的,因为较差的物质条件不能调动军人的积极性。

二、抚恤贫军的具体措施

(一)减少军中杂费,增加军人月粮

通过前文的分析,普通军人得到的月粮很少,远不能满足他们生活的需求。名目繁多的杂费还要从中扣除,确实对军费造成严重的浪费。因此,制止浪费军费的现象,是缓减军中银两紧张,增加普通军人月粮的重要措施。谈到如何制止军费浪费,吕坤言:"今国家养兵之费,可谓侈矣,民穷财尽,益之诚难。至于每军岁减三钱,计三关马步,共减一万九千余两,独不可复乎?"在当时,国家养兵费用浪费的太多了。与此同时,百姓贫困,国家银两紧缺,再给军人增拨银两实在很难。因此,对于"每军岁减三钱"之事,他建议取消,这也是增加军人月粮的办法。前文中吕坤对军中各种名目的杂费做了罗列,以上文献又提出了取消"每军岁减三钱"之事。由此可以得出结论:吕坤对各种杂费从月粮中扣除这一现象持反对态度,减少杂费的扣除,增加军人月粮是他的主张。

(二)减少一些不必要的开支

一定时期内,国家对军费的投入是有限的,如果一些方面用钱较多,而其他方面给予的银两就会减少。那么,面临的任务是如何把银两用在最需要的地方,尽量减少一些不必要的开支。在这个问题上,吕坤提出了自己的建议。他认为,在边关修筑土墙是白白地耗费银两,最好把这一笔钱用来抚恤较贫的军人。他指出:"查得山西民壮一万六千五百名,当此无事之时,岁供修筑之役,无裨于边计,徒耗民财。"如此数量众多的人去修筑边墙,这要耗费许多银两。而吕坤一直认为,边关土石墙的防御效果较差。因此,他认为,把大量的银两用于修筑边墙这个开支,是没有必要的。而当时军人生活较苦,军中月粮缺少,急需援助。为了解决这个问题,吕坤才把"抚恤贫军"这一内容插入奏折中,为解决该问题提出了一个办法。

具体来讲,如何把更多的银两用于军人生活的开支,他继续言:"若于富庶县,堪以征银者,共减三千名,每名解工食衣鞋银六两五钱,共得银一万九千五百两解边,以抵市本,则军士之月粮可复,而积久之困累可苏矣。"在一

些较富的县,原计划修筑边墙的服役人员,可以减数,其节省的银两可以用来"抚恤贫军",如果减员达到三千名,可共得银两一万九千五百两。如此数量可观的银两,可以使军人的月粮增加,从而使他们的贫困得到缓解。

把修筑边墙之银两,用于增加军人月粮,对其益处吕坤做了总结:"倘虏不恭顺,我当闭关。""三千民壮之工食固在,因时因事,用人用银,无所不可。奈何剥贫军之膏脂以饲无厌之豺狼哉?"吕坤认为,在军中银两充足的情况下,如果强虏敢骚扰我们,我们有力量能够封闭关口。如果军人身体壮,勇气足,边关驻军可以依据边防事宜的具体情况,对人员、银两灵活地调配,这样边关防御事宜就容易做好。从文献中,还可洞察到吕坤的又一观点。他认为,虽然朝廷给予军中的银两是有限的,但只要对银两的花销能够合理安排,"抚恤贫军"之事还可以实施。与此同时,对谋求个人利益的军官要给予打击,这样"抚恤贫军"才能真正达到目的。

(三)优待阵亡军士家属

吕坤在任山西巡抚期间,对阵亡军士家属给予以下抚恤措施:"阵亡军士,每名给存恤银十两,于该管将官衙门备录死者姓名。其妻守子幼者,给以全粮优养。有妻无子者,月给谷五斗,冬给布一匹,净棉三斤。"[①]若军士阵亡,除了给予银两,据家中妻儿情况还给粮布,若儿女较小给予更多。对阵亡军士家属优待,可去除军人们的后顾之忧。军心稳定的将士们一心苦练杀敌本领,精心提升作战能力,在真正的战场上会英勇杀敌、义无反顾。

三、保障军力提升的辅助措施

在冷兵器时代,军队战斗力提升的主要措施是,将士武艺强化以及后勤保障供应。若一些辅助措施不配套,则会削弱军队的战斗力,以下谈及几点。

(一)吕坤提出培养军医的建议

他说:"军中易生之病,如瘟疫、泻痢、伤风等症,每样咀片丸散备百十

---

① 王国轩:《吕坤全集》,北京:中华书局,2008 年,第 1178 页。

斤。择军人粗识字稍通文者,五百人中要学医一人,止于守银,免其阵战。更精通者准给双粮,仍岁给药材银五两。"①军人集体生活,军营内常有疾病流行。对于各类常见的病要备药,药的量要备足,且需要专人管理。明代后期,读书人多为富家子弟,整个社会识字通文者较少,在军营中普通士兵识字者比例更少,这一点从吕坤的言语表达中得知。

吕坤提议,培养军医是军队中的要急之事。专职军医要潜心探究医术,不需参与阵战。若有高明军医脱颖而出,加倍奖赏。这些措施可激励军医钻研医术。培养军医可为将士们治病,也可在平日施行预防疾病的措施,确保军人有健康的体质,这是军队提升战斗力的必要条件。

(二)三关驻军劳役过多影响军事训练

吕坤经实地调查后总结:"今三关步军,耕获官田,修筑边堡,饥饱不时,寒暑失调,卧湿土之中,食生冷之食,冒风雨之患,甚至驿站奔走,轿扛劳伤,病且不免,安得养力?"②就军人个体而言,需专心习武,练就高超武功方可击败劲敌。军队群体需练习多种阵法,方可应对规模战役。

吕坤深入三关一带,得知军人有繁多的劳役,感叹不已。这些劳役不仅影响军事训练,也摧残军人身体。在三关的军营"住宿潮湿""食物生冷",军士们"冒风雨行走",有病者"不免劳役"等,诸多问题都是影响训练的不利因素。吕坤提出:"战士自习战之外,无役于杂差"这个建议,强调免除繁多劳役,军人的事就是习战、御敌。

(三)将帅与士兵共患难

吕坤提出"将帅与士兵共患难"的具体建议:"出征之日,军士将食,事虽迫,须令饱食。军士未食,将虽饥,不肯先食。军士冷食恶食,将虽有美食,不忍独食。军士寒,将不得先暖。军士坐卧雨中,将不忍独张盖。"③俗话讲"人心齐,泰山移",若将与士同心,军队必定所向无敌。为鼓舞士气,吕坤建议,将与士要同甘甜、共吃苦。进食军士优先,着衣先暖士兵。若风雨来袭,

---

① 王国轩:《吕坤全集》,北京:中华书局,2008年,第1178页。
② 同上,第1174页。
③ 同上,第1176页。

将士共御。危难之时,将与士同行、同吃、同进取,方可士气大振。将帅与士兵共患难,是提升军队战斗力不可缺少的措施。

吕坤建议,全社会的人要关心军人。很多劳役和内外征战,需要众多的普通军人付出苦力和生命。有限的养军费用,被军官通过各种借口挪用,最后到达普通军人手中的钱粮较少,这种情况不能再延续下去了。全社会的人要"抚恤贫军",抚恤的主要对象是普通军人,因为当朝的普通军人受苦很多,而生活较贫,因而他们的身体不佳,士气低落。要振兴军队,"抚恤贫军"成为当务之急。他特别强调,一定要采取确实有效的具体措施关心军人身体,关注军人心理。比如,尽可能减少军中杂费,增加军人月粮,增加生活物品的供应等。还有,要把有限的银两用在最需要的地方,尽量减少不必要的开支。当朝有很多人从事边墙的修筑,耗费大量的银两,因为边墙的御敌效果不是太明显,因此,要减少其建设规模,把节省的银两用于"抚恤贫军"。培养军医是军中的一项要事,军医的职责是协助将士们预防、治疗疾病。若在军营出现规模较大的瘟疫流行,后果很严重。当军人的生活得到改善,身体健康得到保障,士气得到鼓舞的时候,军人才会尽心尽力地为国效力,军队的战斗力才会大大地提高。

第六节　灵活应对具体边务

一个王朝建立和发展军队是为了抵御外来侵略和平息内乱。当军队面对具体战事行使其职能的时候,还有很多具体的方法有待选择,无论战略,还是战术都需要慎重考虑。

吕坤针对当时明王朝的边关事务,就其战略、战法方面提出自己的建议。吕坤的主张是:进攻,还是防御?视具体边务而定。

一、抗倭援朝——夺取东北边防的主动权

明王朝的东北是藩属国朝鲜,万历二十年(1592)五月,倭寇遣重兵伐朝

鲜,朝鲜国国王当时离开了平壤,国内一片混乱。明王朝几次派兵援助,两国合力几次击败倭寇,但倭寇一次次卷土重来。为达到其侵略目的,倭寇摆开了持久战的阵势,不断地寻找机会攻伐朝鲜。明王朝的一些有识之士认为,倭寇之侵略野心不仅要占领朝鲜,而且对大明王土有觊觎之心,建议我朝应该派兵重创倭寇,使其不敢再有非分之念,确保朝鲜的安全和我东北边防的安全。万历二十五年(1597),吕坤以刑部右侍郎的身份上《忧危疏》,建议明王朝再次大规模地主动出击,抗倭援朝,夺取东北边防的主动权。

吕坤从明王朝边防的全局着眼,认为倭寇侵略明王朝唯一的路径是通过朝鲜进入辽东或山东。吕坤言:"我朝敌国外患惟南倭北虏称雄,倭居大海之中,岂能航粮糒,豕突中原?又岂能自浙闽蚕食上国哉?惟是朝鲜附在东陲,近吾左掖,平壤西邻鸭绿,晋州直对登莱,倘倭奴取而有之,藉朝鲜之众为兵,就朝鲜之地为食,生聚训练,窥伺天朝。进则断漕运,据通仓而绝我食饷道,退则营全庆,守平壤,而窥我辽东。不及一年,京师坐困,此国家之大忧也。"①北虏南倭是两大外患,谈到倭寇,骚扰东南沿海,这是经常之事,但从东南海上侵入明王朝是不可能成功的,无论从北部沿海,还是从浙闽一带,都会失败。因为广阔的海洋是天然的防护屏障。倭寇一旦占领朝鲜,就靠近了明王朝的辽东半岛和山东半岛。这样,倭寇就可以从朝鲜民众中征兵,就能借助朝鲜物产,以此为物资供应地,这样他们有条件训练更多的人马,然后再寻找机会,进攻明王朝。如果真是这样,倭寇进退都对明王朝造成威胁。进则占据山东半岛,切断北部海域的运输,退则进攻或骚扰辽东半岛,这样的形势如果延续一年,由于海运的中断,京城很快就会出现物资短缺,此时王朝很快进入危难之时。在分析了边务形势之后,吕坤提出了应对的办法。

吕坤建议,我朝应该采取积极主动的措施,派重兵援助朝鲜,同朝鲜军合力攻打倭寇,"夫我合朝鲜,是为两我,两我尚怀胜负之忧。倭取朝鲜,是为两倭,两倭益费支持之力。臣以为朝鲜一失,其势必争。与其争于既亡之后,孰若救于未破之前。与其以单力而敌两倭,孰若并两力而敌一倭乎"?②

---

①② 吕坤:《忧危疏》,《明经世文编》卷415,第4497页。

吕坤认为,现在明朝军同朝鲜军合力抗倭,未必握有胜算。如现在不援助朝鲜,朝鲜一定会被倭寇占领。朝鲜一旦失守,其形势对明王朝更加不利。若朝鲜成为倭寇的统治区,倭寇可能利用其有利的地理位置,利用朝鲜的资源、人口等条件,同明王朝争高低,更大的战争可能还要发生。与其将来以明王朝单方的军队应对更强大的倭寇,还不如现在明官军同朝鲜军合力打败倭寇。与其将来明官军应对被动的战争,还不如明官军现在主动出击。

对于抗倭援朝之事,当时朝中还有人持不同的意见,吕坤对此表述了自己的主张:"乃朝鲜请兵,而二三其说。许兵而延缓其期,或言为属国远戍,或言兵饷难图。谚曰,'小费偏惜,大费无益',今朝鲜危在旦夕矣,而我计必须岁月。愿陛下早决大计,并力东征。"①有的大臣提议,准备发兵,但延缓一些时间,观察朝鲜战争的发展势态之后再行动。也有的大臣说,远程发兵,军费花销太多。对于这些意见,吕坤都持异议。他认为,现在顾虑小的损失,将来的损失不可估量,现在朝鲜很危险,我朝必须抓紧时间援助,愿皇上早日下旨,派军队协同朝鲜军作战。

客观地讲,明官军同朝鲜军合力抗倭,对于朝鲜军来说是自卫反击,对于明官军来说是以攻代守,防患于未然,旨在夺取东北边防的主动权。

二、北部边关加强防御

明王朝的北部边关,最大的忧患是虏寇的入侵。而虏寇的骑兵来去迅猛,使边防驻军防不胜防。为了边关的安全,明王朝建立以来,在北部边关一直采取积极的防御战略。比如,修筑土石边墙,修建其他工事,保护边山森林等。土木堡之变以后,北部边关战事增多,边关防御显得更为重要。其实,自从明王朝建立以来,由于军队建设和地方发展的需求,对木材和耕地的需求量都加大,导致边关地域的森林不断地遭受破坏。至明万历年间,边关的森林破坏已经很严重,由于战事还时有发生,有时,虏寇骑兵还越过边山,对边关安全造成威胁。正因为这样,吕坤在《摘陈边计民艰疏》的第七部

---

① 吕坤:《忧危疏》,《明经世文编》卷415,第4497页。

分"议禁山以别利害"中表述了自己的观点,边关地区禁止砍伐树木,并且要植木造林。此外,还要修筑一些防御工事同禁山护林植木相配套,共同构成边关防御体系。

　　有关这部分的详细内容,在下面的专题"禁山护林植木"中做详述。

第五章　禁山、护林、植木

　　明王朝建立以后,晋北的雁门关、宁武关、偏头关一带驻守了大批军队。这一带自古是北方游牧骑兵入侵中原的主要途经之地,战国以来的多个王朝在此修筑以土石墙为主的军事防御设施。明王朝建立以后,继续加强这一带的边关防御体系建设,但防御工事的修建仍采用传统的方法,即修筑土石墙。①由于边关建设和地方生产、生活的需求,对木材的需求量加大,对耕地的需求量也加大。因此,边山森林不断地遭受破坏。森林破坏导致产生很多不良的结果,但在边关地区,备受人们关注的是国防安全。

　　比如,一旦关口及其附近的森林被破坏,游牧骑兵就很容易入关。为此,保护边关山林,成为国防建设的一项重要任务,而且越到明王朝中后期,这项任务显得尤为重要。在这种背景下,一些爱国官员和将帅为此做出了一些正义的举动。保护森林与肆意伐木是相对抗的,因此,山西巡抚与大同总兵之间多年来针对伐木纠纷不断。这种纠纷的一直延续,有多方面的原因,也显示出多种问题。吕坤,万历十九年(1591)上任山西巡抚,他特别关注三关一带的军事防御体系建设。他亲临这一带,走访百姓,了解民情,进入军营,了解军情,他察看那里的地貌、河流、森林植被等。由于他特别关注三关一带的对外防御情况,当他了解到这一带森林被大量砍伐,森林的军事防御功能大大减弱时,深感痛心。万历二十年,他上疏《摘陈边计民艰疏》,该奏折的第七部分"议禁山以别利害",②其内容是以保护、恢复边关山林为目的,对禁伐边山森林以及植木的"利"和森林被破坏的"弊",进行多方面

---

　　① 王轩:《山西通志》卷44《文物志·关梁考》,清光绪十八年刻本,北京:中华书局,1990年。
　　② 吕坤:《摘陈边计民艰疏》,《明经世文编》卷416,第4512页。

的论证,并提出了一系列关于边关生态防御体系建设的具体措施。笔者从几次在这一带田野调查的基础上,结合相关文献①拟对此进行分析。

第一节 晋北边关伐木严重

一、明初晋北边关森林广布

明王朝初年,晋北边关一带,生态环境较好。据弘治年间(1488—1505)兵部尚书马文升云:"自山西偏头、雁门、紫荆,历居庸、潮河川、喜峰口直至山海关一带,延袤数千余里,山势高险,林木茂盛,人马不通,实为第二藩篱。"②马文升所言,强调从偏头关至山海关一带,山脉绵延,地势险要,林木茂盛,当时还是北部边关重要的天然防护屏障。从中可以看出,在弘治年间,晋北边关一带森林还很茂密。

永乐四年(1406),为修建北京宫殿,朝廷派遣官员分赴天下各地采伐大木,右佥都御史仲成就被派往山西五台山督率军民采木。文献载:"右佥都御史仲成,四年命率山西军民采木于五台山。"③由此判定,五台山当时可采伐的大木还较多,如果再估算不可采伐的树木,可以推知,当时五台山森林覆盖度较高。据明代人说:"自古相传,五峰内外,七百余里,茂林森耸,飞鸟不度,国初尚然。"恒山一线的北楼、宁武一带是"林木葱郁。"④以上文献进一步证实,恒山、五台山一带在明初森林广布。直至嘉靖三十二年(1553),新任山西巡抚赵时春上奏朝廷时,有以下内容:"照得山西西南面一带山场,

---

① 本章中所引用的文献,如没有标注出处,都源于《明经世文编》卷 416,《吕新吾先生文集二》,《摘陈边计民艰疏》的第七部分"议禁山以别利害"。

② 马文升:《禁伐边山林以资保障事》,《马端肃公奏疏》,《明经世文编》卷 63,第 528 页。

③ 《成祖永乐实录》卷 88,永乐十一年夏四月癸亥修,第 2 页。

④ 顾炎武:《天下郡国利病书》,《续修四库全书》,四部丛刊三编手稿本影印,第 17 册《山西》,第 60 页。

千里赤地,俱各砍伐无木,唯五台山一带东北至紫荆关西北,至雁门等边关林木,密迩边外,旧时不敢砍伐,巍然尚存。"①由该文献得知,直至嘉靖中后期,五台山、恒山一带森林分布还较多。由于在明代,北方大部分地区,森林是随着时间的推移不断减少的。由此可进一步推知,在明初,晋北三关等边关地区森林分布广泛。

二、土地垦殖对森林的破坏

明王朝建立以后,王土内生产逐渐恢复,人口不断地增加。由于人口的大量增加,开垦规模也相应地扩大。因此,自明初起,政府重视组织屯田。山西代州雁门关就是屯田的有名地区之一,因为这一带驻军很多,驻军"以十分为率,以七分守城,三分屯田"。②是否有十分之三的驻军进行屯田活动,该文献记载的事实是否可靠?不需要去考证,因为在明代的不同时期,雁门关一带军人屯田的规模是不同的。因此,这里得出一个定性的结论,在明代的一些时期,山西北部边关一带,军人屯田的规模是较大的。

百姓也参与垦种,凡可种植的地方都陆续加以垦种。因此,森林、灌木丛进一步受到蚕食。15世纪末16世纪初,百姓垦田的规模日趋增大,对森林造成危害。为了保护边关山林,正德十年(1515)二月,"提督山西三关都御史陈天祥奏,雁门、宁武、偏头关,后有山隘峻险,以扼北虏。近因势豪伐木,居之冲其喇河堡、乔麦川、后无墩、壹烽堠,虏得径入,宜添设墩堠,使声势相援。其龙泉关、迤南、恶口石等地,俱有径路可通真定、顺德等处亦宜防禁。兵部议,令总制提督巡抚等官以时整饬,从之"。③从陈天祥所言可知,原来三关一带森林茂密,再加上山势险要,是易守难攻之地。由于长期的伐木,使得好多关口容易通行人马,这样北部游牧骑兵容易入侵。

从文献中还可以得知,伐木有两种情况。一种是为了得到木材而伐木,

---

① 赵时春:《乞禁五台一带伐木疏》,《浚谷先生集》,《四库全书存目丛书》集部第87册,影印万历三十五年刻本,卷4,第15页。
② 庞尚鹏:《清理大同屯田疏》,《明经世文编》卷359。
③ 《武宗正德实录》卷121,正德十年二月壬辰修,第2页。

另一种是为了开辟居民点和扩大耕地而伐木。以上文献对后者有较多的文字记述,具体叙述了一些居民点向边山森林里延伸,很多关口开辟成路径。该文献记载的目的,主要向后人表述,当时三关一带及其以东的天然防护林对京师的防御起着重要作用,由于森林被破坏,这种防御体系逐渐被破坏,因而兵部下令禁山护林。但从该文献可以进一步推知,居民点向森林里延伸,意味着在林地中必须开辟大量的耕地,因为农业社会的居民主要以种植业为谋生手段。进一步分析三关地区的自然条件,这一带以半湿润气候和半干旱气候为主,且缺少湖泊和经济林,因此,谈不上发展渔业和采集业。居民有时去山外贩卖木材,但必须避开官府的严查,其行动方可成功。因此,当时在边山一带土地垦殖的规模是较大的。由此可以推知,当时无序的土地垦殖,对森林的破坏程度是较大的。

同年四月,陈天祥又为边山一带垦殖之事上奏:"各边关禁例,砍伐木林者治罪,而未有开垦山场之禁,以故奸豪往往垦田立庄,道路日辟,关险寖夷,较之伐木,为患尤甚,乞一体重治。给事中黄钟亦言,自浑源以西至雁门、宁武、偏头等关三四百里皆为禁山,盖借林木以资形势。近年规利之徒斩伐平旷,致使盗贼逃窜、奸细出没,边关失险,夷狄乘便俱下。兵部议,谓此弊不独山西三关为然,紫金、倒马、居庸、龙泉等关亦有之达(鞑)虏,深入实由于此,宜令提督御史及镇巡官严加禁约,凡垦禁山毁关隘者悉以砍伐林木例治之,遇赦不宥,报可。"①

这次上奏,陈天祥主要针对禁山开垦之事,特别是一些地方豪强,霸占一个区域的土地,然后"垦田立庄",在边山区开辟道路,使一些险要之地,渐渐变成了能够自由、安全通行之地。当然,无论"垦田立庄",还是开辟道路,首先必须砍伐大量森林,因此他谈到,开垦土地,比单纯的伐木对森林破坏更严重。因此,陈天祥的奏言句句显示出危机感,禁止边山垦田,确实该立法了。从朝中官员对奏折的响应可以证实,陈天祥的奏言,其内容具有真实可靠性。如果站在整个北方国防线这个角度上看,除了三关以外,还有紫

---

① 《武宗正德实录》卷123,正德十年四月戊申修,第6页。

金、居庸、龙泉等关地势险要,在旧时林木茂盛时,其防御功能较强。砍伐树木、开垦林地成为北部国防沿线的一种普遍现象。因此,给事中黄钟的建议是,让整个北部国防沿线禁山护林,并且严惩伐木者,此次建议得到了皇上的批准。从该事实可以推知,只有伐木垦田达到一定规模,陈天祥才会上奏请求立法。从朝中官员的响应中还可以得知,王土的北部边防线一带土地垦殖的规模较大,对边山森林破坏较为严重,因而才请求发布禁令。

三、官方伐木

官方伐木包括两种类型。其一,是指官府组织的伐木;其二,是指军方组织的伐木。在明初,晋北边关一带,森林还较多。当时,朝廷营建宫殿府库,曾被指定为采木区之一。永乐四年(1406),因为修建北京宫殿,朝廷派遣官员分赴天下各地采伐大木。据《成祖永乐实录》记载:"右佥都御史仲成,四年命率山西军民采木于五台山……军民苦之,昔有官军百户亦被捶楚。"①

从文献中得知,边关附近的五台山成为官方伐木的主要区域,伐木给军民带来了苦役,说明伐木任务繁重,仅官军受到惩罚的就达百户,由此可以推知,此次伐木人数多、规模大。"永乐年间(1403—1424),决定在北京修建宫殿到正式迁都北京,历时十四年之久,以后又继续修建大量的庙、坛、园、府,大量木材从山西砍伐。"②永乐年间的迁都,北京大兴土木确实持续的时间较长,由于需要的木材很多,在全国的伐木地点较多,但山西靠近北京,山西又有多个林区,因此,山西成为伐木的重点区域是自然而然的事情。而恒山、五台山一带离北京更近,森林被砍伐是在所难免的。

据文献记载:"嘉靖三十年(1551),因内官监题请差官抽印木料,以备供

---

① 《成祖永乐实录》卷88,永乐十一年夏四月癸亥修,第2页。
② 邱仲麟:《明代长城沿线的植木造林》,《南开大学学报》(哲学社会科学版),2007年第3期。

应,曾动支京运银一四四六五两,行令五台知县杨启克,忻州同知王宦等采运。"①据雍正《朔州志》记载,杨启克任五台知县时,"世宗建三殿,采木于邑,募民伐山,得木二十万,时亢旱水竭艰挽运,克祷于天,曰'民力疲矣,愿赐之雨'。是夕,果大霈如注,木尽浮出"②。以上文献提到的伐木地点"邑"指恒山西段的北部山坡。二十万根木料,靠人力和畜力运回北京是很艰难的,当知县向天求雨时,上天呼应。由于雨急,河水猛涨,木料被河水漂至北京。根据采木地的地形和水系可以推知,当时木料是被灰河和桑干河(现为恢河和桑干河)水漂回北京的。五台知县和忻州同知,他们负责采运木材,根据他们管辖范围推知,宁武关至雁门关一带及附近区域是他们伐木的主要区域。从当时采运木材动支银两较多可知,此次伐木规模较大。

嘉靖三十一年(1552),工部派官员前往山西采木,文献载:"山西巡抚许论会同巡按御史李一瀚,令地方官'招募识木商人,及情愿上木殿实之家'。采买柁木三千根,散木、松木各四千根,松橡木一万根,运至张家湾报缴。"③以上伐木的数量,是一年之内在山西伐木的数量。那么,此次伐木地点是否有三关一带?从文献中很难推知,但此次伐木,对木料的种类要求严格,有柁木、散木和松木以及松橡木,而且对某一种类的木料规定了数量,且数量较大,由此可以判断,要完成此次伐木任务,应该在山西众多的林区挑选砍伐树木。三关附近的恒山、五台山区靠近京城,且利用水运很容易把木料运到河北大平原,因此,这次伐木地包括恒山、五台山区的可能性很大。

至于军方伐木,常常具有较大的规模。因为晋北三关一带及其以北的外长城沿线一带是明北部边防线九边重镇地区的一部分,驻军很多,仅是修建营房,或是建一些军事设施,就需要很多木材,再加上一些军官还有伐木营利的行为,从明王朝建立(1368)至万历年间(1573—1620),军方伐木的数

---

① 赵时春:《乞禁五台一带伐木疏》,《浚谷先生集》,《四库全书存目丛书》集部第87册,影印万历三十五年刻本,卷4,第14页。

② 《朔州志》,卷6《名宦·宦绩附》,清雍正十三年石印本,第416页。

③ 赵时春:《乞禁五台一带伐木疏》,《浚谷先生集》,《四库全书存目丛书》集部第87册,卷4,第14页。

量应该是很大的。有关军方伐木的一些事实,在下文的伐木纠纷中将要列举。确实,在明代,仅发生在晋北官方伐木的事件就很多。由于伐木的规模较大,森林减少的速度加快。

四、私自伐木

从明初开始,三关一带被朝廷和官军视为天然的防护屏障。因此,明初就有禁伐边山森林的相关禁令。《英宗正统实录》记载:"弛山西军民樵采禁,初以山西接边境,恐樵采通道路,以滋边患,故禁之。至是,按察司言,不便军民,故弛之。"①该文献至少可以传递两种信息。其一,在正统十二年(1447)以前有禁伐边山森林的政令。其二,在正统十二年取消了禁伐边山森林的政令。之所以发布禁令,是因为很多私自伐木者对边山森林破坏严重,给边防安全带来隐患。以后取消禁令,是为了方便边防官军和当地百姓。比如,他们可以在林中采伐一些木材,满足日常生活的需求,这已经不再是违法的了。但事实上,由于禁令的取消,使私自伐木者变得更猖狂了。此后,这种情况一直延续。越到明中后期,由于市场上木材的需求量增大,盗伐越来越严重。

比如,在明万历年间,北京的达官贵人及当地居民群起伐木,形成"百家成群,千夫为邻,逐之不可,禁之不从""林区被延烧者一望成灰,砍伐者数里如扫"的滥伐局面。由该文献中的描述可以得知,私自伐木者有很多类型的人,而且伐木者还相互勾结成群体,这样提高了伐木效率,并且他们有力量同禁伐者对抗和冲突。他们盗伐木材是掠夺性的,往往对森林造成很大的破坏。比如,他们首先连片砍伐树木,然后再挑选有用的木材,甚至烧毁未成材的树木。由此可知,私自伐木,对森林具有毁灭性的破坏。

明中叶以后,由于边关多战事,遂使森林砍伐问题日益受到瞩目。因此,在15世纪中叶以后,不断有官员奏请封禁边关的山林。弘治六年(1493)兵部尚书马文升奏言:"永乐、宣德、正统年间,边山树林无敢轻易砍

---

① 《英宗正统实录》卷152,正统十二年四月己未修,第11页。

伐,而胡房亦不敢轻犯。自成化年来,在京风俗奢侈,官民之家,争起第宅,木材价贵,所以大同、宣府规利之徒,官员之家,专贩筏木。往往雇觅彼处军民,纠众入山,将应禁树木,任意砍伐……贩运来京者,一年之间,岂止百十余万。且大木一株,必数十年方可长成,今以数十年生成之木,供官私伐之用,既今伐之,十去其六七,再待数十年,山林必为之一空矣。"①

  马文升的奏言,首先强调边山森林防御功能很强,回顾历史事实,证明了自己的观点;同时,他还讲出伐木容易长木难的道理,还描述了当时京师"争起第宅"的奢侈之风。他请求皇上下旨,应该制止私采和私贩木材现象。否则,边山森林减少得更快,边关安全面临更大的危机。总体来看,他的奏言是围绕私自伐木这一现象而谈的。

  由于伐木者众多,而且伐木是不间断的,因此,晋北边关森林在不断地减少,生态环境向恶性方向发展。当然风沙增多,土地荒漠化加快,在当时人们的心中不会考虑得太多。但是,边关森林减少,天然防护体系受到破坏,游牧骑兵容易入关,这一规律已被一些史实证明了。因此,当时的爱国官员和将帅为制止伐木做了很多事情,他们的正义行为,今人也应该称颂。

第二节 伐木纠纷一直延续

  边山森林是边关的屏障,保护边山森林是明代国防建设的一项重要内容。因此,一些正义的官员和将帅,一直在积极地制止边山伐木。根据前文分析,伐木有几种情况,对于奉旨伐木这样的事实,任何官员和百姓没有异议。对于私自伐木者,官员依照法令可以严惩,这样的事实很多。

  吕坤在奏折中举例:"嘉靖二十年(1541),臣邑人兵部侍郎胡守中,总督蓟州,曾伐边树作望敌楼,为给事中王尧日所劾,斩于西市。""晋王之幼冲,独能杖毙盗砍禁山校尉之陈乡,竖碑山庄,禁约诸校。"由以上历史事实可

---

  ① 马文升:《禁伐边山林以资保障事》,《马端肃公奏疏》,《明经世文编》卷63,第528页。

知,严惩边山私自伐木者,是国朝延续的制度。但对于军方伐木不断,究竟由谁来制止?带着这样的问题,笔者展开下文。

一、伐木纠纷的历史背景

皇木采办区域已延伸至南方地区。时至嘉靖中后期,南方一些地区成为皇木采办的区域。据《明世宗实录》记载:"嘉靖二十三年(1544)九月庚子,以督采大木事完,诏赏……湖广布政使陈则清、湖广副使卢绅、贵州布政使侯缄、四川布政司严时泰各十五两一表里,贵州副使翁学渊十两,知府蒙询、知县刘宪等各五两。"①以上文献中没有记载具体采大木的事,单从被奖赏官员所任职的地方,可以得知,湖广、贵州、四川等南方地区当时是采办皇木的地区之一。由此进一步推知,北方山区易采伐的大木不多了,因而三关一带的边山及附近区域的森林当时可能有较少区域属于官方指定的伐木区,况且边山森林有特殊的军事防御功能,因此,一旦有肆意伐木的行为,山西巡抚有理由制止或上告,可对手如果是大同总兵,只能引起伐木纠纷。

大同总兵伐木不止。根据《中国历史地图集》②中明代政区图及相关文献可知,三关一带以及以南地区当时属山西巡抚管辖,恒山、雁门关以北的朔州、山阴、马邑、应州等州县属大同总兵管辖。大同总兵,属于北部边关九边重镇驻军的一部分,它的首府及军营大部分驻扎于大同境内。因为大同总兵在朝中有很大的势力,因此,大同的一些官员甚至百姓往往亲近或投靠于大同总兵。根据历史文献记载,在明代,大同总兵曾多次指派大同的一些官吏或百姓,甚至直接派兵伐木于三关一带。而山西巡抚为了制止伐木行动,多次向朝中陈述其事实,请求皇上下旨,保护边山森林。这样,大同总兵与山西巡抚之间纠纷不断,人们习惯上称为大同与山西之间的纠纷。

二、一些伐木纠纷的事实

有关伐木纠纷,陈述以下几个历史事实。

---

① 《世宗嘉靖实录》卷290,嘉靖二十三年九月庚子修,第2页。
② 谭其骧:《中国历史地图集》第7册,北京:中国地图出版社,1982年,第56页。

自从正统十四年(1449)土木堡之变后,兵部在景泰元年(1450),奏请皇上下旨,要求禁伐北部边防线一带的山林,皇上批准施行。据《英宗正统实录》记载:"兵部奏,紫荆、居庸、雁门一带等关口绵亘数千里,旧有树木根株蔓延长成林麓,远近为之阻隔,人马不能度越。近年以来,公私砍伐,斧斤日寻,树木殆尽,开山成路,易险为夷。以此前日,虏寇不由关口俱漫山而入。乞敕各关守备,内外文武官严加禁约,仍差人巡捕,敢有仍前砍伐者治其罪,从之。"①兵部的奏言,强调了过去林木茂盛时的特殊防御功能,并且描述了当时树木被大量砍伐的状况,因此,虏寇避开关口的防御,直接漫越山地而入侵。同时,请求下旨要求相关的文官、武官,做好边山一带的护木事宜。皇上批准了这一请求,意味着禁伐北部国防沿线的森林这一政令已经发出。尽管政令曾经发布,但时过境迁,大同总兵不知是无视政令,还是觉得山高皇帝远,或是觉得过去的政令其行政效应已经消失。在以后的不同时期,多次派兵伐木于三关一带。

成化三年(1467),山西巡按御史状告大同总兵伐木营利。据《宪宗成化实录》记载:"宥彰武伯杨信罪,信为总兵官,先在大同私役边军伐木营利,为巡按御史所奏,诏令自陈,至是,信具陈伏罪,宥之。"② 从文献中得知,杨信作为总兵官,利用职权,为自己谋取私利。虽然他有罪过,但最后皇上还是宽恕了他,因为他如实交代了伐木的全部事实,为了顾全大局,对他没有停职处置,皇上大概希望他戴罪立功。这次伐木纠纷就这样结束了,但这次纠纷反映了山西这一方保护边山森林的强烈主张。

"嘉靖二十三年(1544),宣大总督翟鹏准许大同镇于北楼口山内采木,运送至边堡,修盖营房,但该镇军官至北楼口,不肯远赴深山砍伐,即于关口东西两坡,采伐大小木头万余株。后经山西巡抚与兵部会议停止。"③ 这次伐木,是大同军方为修建营房而备料,当然宣大总督会准许这一要求。但军

---

① 《英宗正统实录》卷189,景泰附录七,景泰元年二月己卯修,第3页。
② 《宪宗成化实录》卷39,成化三年二月乙巳修,第7页。
③ 邱仲麟:《明代长城沿线的植木造林》,《南开大学学报》(哲学社会科学版),2007年第3期。

方指派的大同地方官员,在具体伐木过程中,就近采伐,直接伐木于关口的东西两坡,破坏了关口的自然防护屏障。因此,在这一次纠纷中,朝廷否定了大同军方的这一次伐木行动,因而伐木行动很快停止。

嘉靖二十四年(1545),大同总兵周尚文向朝中申请,欲于僻山或山的南部伐木。雁门兵备道刘玺向宣大总督翁万达建议:"雁门东西十八隘口,多系通贼要路,山木禁例,始自国朝。"要告知周尚文,将所用的木材数量计算好,不必用自己手下的军人伐木,而指派大同府的官员,带领民夫入山砍伐。伐木的地点应在偏僻之处,这些地方即使无树木,人马也不能通行。被砍伐的木料缴官并用印烙记。之后,大同总兵再派军人前来搬运,不准带刀斧之类工具,由关口运出的木材,逐一计算。翁万达后上奏曰:"山西、大同两镇,相为唇齿,一于禁,则不便于大同;一于不禁,则不便于山西……山场褒阔,树木最多,若系紧要路口者,存之以捍虏,僻远无石疑者,取之以济用……敢有混砍盗砍紧要应禁树木者,照例问罪……"①

从翁万达的奏言可以看出,他想兼顾两者,达到一个理想的效果,既能使大量森林存在,保留森林的天然防御功能,又能满足大同军方对木材的需求。事实上,这种理想的效果很难达到,相反造成的结果是,鼓励大同总兵在三关一带继续伐木。而雁门兵备道刘玺的建议,其目的是一心一意保护边山森林,他推知禁止伐木确实很难,在这种情况下才提出了严格的伐木管理措施,由此可知,他在禁山护林方面用心良苦。

其实,大同总兵与山西巡抚之间在三关一带伐木与护木之争一直在持续。嘉靖三十八年(1559),大同总兵为修建营房而伐木,据《世宗嘉靖实录》记载:"山西雁门关北楼口大小石等处,山深木茂,为平型、紫荆关外蔽,伐山有禁令,典甚严然,奸民犹时时盗伐不止,会大同以修营房橛采北楼山木。巡抚都御史葛缙之乃闻上言,北楼一带,系燕晋咽喉,先年虏犯阜平,越紫荆,由喜峰以窥真保,皆从此入。今豪民伐木通道,浸成祸本,而其多辖大同。臣虽节行禁约,所有在司莫有协心奉行者。夫两镇唇齿之地,休戚相

---

① 翁万达:《及时修武攘夷安夏以光圣治疏》卷5,《翁万达集》,上海古籍出版社点校本,1992年,第124页。

关,不宜自分彼此,乞下明旨禁之。今后,悉按治豪民以法,其该镇修造,亦不得辄伐北楼山木。"①葛缙上奏,首先强调北楼一带,其地势险要,战略地位重要,保护这一带的森林,事关国家的安全。并建议,大同与山西应该共同关心三关一带的边防安全问题,双方要仔细体会唇亡齿寒的这个道理。如果各自为政,不从大局出发,这样就可能破坏国家的安全,损坏共同的利益。因此他竭力请求皇上下旨,禁伐北楼山木。

朝中对此事给予答复:"部覆伐山之禁,当如议申明。至于大同公用,但当择偏远之处量采足用,不许官吏因而为奸。上从,部议。"②分析朝中官员给予的答复,其目的也是想兼顾两者,其内容首先强调边山地区绝不能肆意伐木,这一制度要延续。但如果大同官军需要木材,可以在边山中偏远之处采伐一定的数量,在采伐过程中严禁官吏胡作非为以谋取私利。最后皇上同意了朝中官员的建议,下旨让相关部门详细地讨论此事。从实质上看,这次伐木纠纷,朝中偏向大同这一方,默许大同军方可以伐木。其实想兼顾两者,这种理想的效果在现实中是难以达到的。通过这次事件,大同军方伐木,似乎受到了王法的保护。笔者推知,这一次伐木纠纷,一定造成了较大的负面影响,其结果是,边山森林减少的速度在加快。

三、伐木纠纷的原因探析

以上几次纠纷的原因,山西巡抚吕坤在奏折中做了总结:"山西恃三关森林为藩篱,大同恃三关森林为材用,人情事体,本自难行。"从表面上看,双方都是为了各自的利益考虑,但实际上山西巡抚考虑的是整个北方国防线的安全,整个国家的安全。虽然大同府北边还有一道外长城,但三关一带的内长城防线凭借天然的优势更坚固,所以,守住三关一带,也就守住了晋北一带的国防线。而大同总兵错误地认为,三关一带的边防屏障与大同的安全没有关系。因为三关防护线在他们军营的南部。其实,大同的一些军人、百姓、官员,多数认为三关的安全同他们关系不大,基于这种片面认识,使他

---

①② 《世宗嘉靖实录》卷469,嘉靖三十八年二月癸亥修,第6页。

们的护林意识淡薄。但事实并非如此,很多历史事实告诉我们,在北方游牧骑兵的眼中最难突破的是三关防护线,因为这里地形险要、林木茂盛。而大同之北的外长城是很容易突破的。如果在三关一线很坚固的情况下单突破外长城意义不是很大,一旦发现三关一线易于突破,他们就会连续突破内外长城,占领并州,再向中原进发。

其实,从大同总兵,再到大同的官吏、百姓,他们都过低地估计了三关屏障对国家安全发挥的作用。因此,他们的目光只瞄准木材的经济利益。通过对比,进一步分析大同府和山西省官员的不同社会观念,导致其对待三关一带森林的两种截然不同的态度。因此,不间断的伐木纠纷,有其深深的社会根源。

四、伐木纠纷显现的社会问题

伐木纠纷的一直延续,表现出多种社会问题。笔者试以总结如下:

防护意识淡薄。中原王朝的很多国民,长期受封闭的农耕意识的影响,不仅没有向外进攻扩张的意识,而且防护意识还非常淡薄。

比如,大同的军人、官员和百姓对森林的防护功能理解得很肤浅,边防危机意识和国家安全意识在头脑中更淡薄。

自私封闭意识表现明显。部分国民在处理国家利益和地方利益,以及个人利益的关系上,表现出自私、狭隘和不明智。试想想,如果国家遭到外来入侵,一个地方得到再多的木材,那里的居民能安居乐业吗?而大同总兵没有全局观念,被指派的官员、军人和百姓,也被强烈的地方意识和自私意识所支配,表现在行动上是伐木不止。究其根源,长期自给自足的农业自然经济使国民思想封闭,目光受到限制,因而表现出以上特点。

区域之间的联系有待加强。从多次伐木纠纷的事实可以看出,大同府与山西省之间,相互合作较少。如果合作多一些,双方的感情加深了,相互依赖增强了,这样山西巡抚不至于多次上告皇上,双方打官司的次数会减少。这一点留给后人的教训是,不同区域之间应该多进行经济、文化等多方面的交流。这样,可以增进了解,减少冲突,加强合作,共同发展。

五、吕坤提出的解决伐木纠纷的措施

吕坤总结历史上伐木纠纷的原因，而且深入实地了解当时三关一带森林管理状况。比如，有些时候，属大同管辖的平民，"其寄住三关者，私擅砍伐禁山，俱被三关拿获，非聚众打夺，则不服拘问"。这是由军和政两系统的相互独立造成的，这种情况确实给这一带的森林管理带来困难。由于军不参政，政不管军，因此，三关一带，伐木纠纷在所难免。针对这些状况，吕坤上疏皇上，提出明确的管理办法。三关一带山林管理，要明确责任人。破坏山林者，不管当事人分属哪里管辖，同一标准治罪，地方官员不许庇护地方百姓，保护山林要军政相互配合，协作管理。吕坤上疏曰："伏乞勒下军门，将应开应禁林木，私伐擅伐军民议为定法，永远遵行。大同之民在三关境内者，属三关守备管束，邻三关境土，而欲伐禁山者，属三关守备拘问。"吕坤请求皇上下旨，应该让军方和地方官府相互协调，明确哪些地方是禁伐区，哪些地方可以适当伐木。如何惩治私伐和擅伐？应该确立为定法，人人应该一直遵守下去。三关一带的森林，应该明确规定由三关守备负责管理，大同的百姓、军人或其他地域的任何人只要破坏这里的森林，三关守备有权对他们拘留或问罪。如此明确的管理举措，确实能够解决长期以来一直存在的伐木纠纷问题，三关一带森林管理责任不明确的问题能够得到解决。

第三节 吕坤禁山护林新措施

明王朝建立以后，山西北部的雁门、宁武、偏头三关一带作为北部边防的战略要地，驻守了大批军队。这一带防御工事的修建仍用传统的方法，即修筑土石墙。吕坤上任山西巡抚以来，他深入实地，了解情况，因而对这一带的军营及边关防御情况了解甚多。

当他了解到这一带森林被大量砍伐，森林的军事防御功能大大减弱时，深感痛心。因此，在《摘陈边计民艰疏》的第七部分"议禁山以别利害"中，

对加强北部边关的防御提出了一些具体建议。

一、禁山护林的必要性

明代北部边关修筑边墙已延续多年,在那个时代,由于生产力水平较低。因此,修筑边墙所需的人力、财力数额巨大。吕坤在奏折中指出:"臣闻今之谈边者,以修筑墙垣为第一要务,故自款贡二十余年来,无岁不修筑矣,计共食盐菜之费,不减三百余万。"从以上文献得知,明王朝把修筑边墙作为边防建设的一项重要事务。但边墙的防御效果究竟如何?吕坤对此做了分析:"即使三关九百三十里为金城,一堞一军,须得三十六万人为守,即得人而守,亦不能坚,何者我无所不守?虏有所必攻,以厚集之兵,攻单薄之守,胜败之数,不问可知。"吕坤认为,即使我军用重兵把守边墙,由于边墙太长,总有防守的薄弱之处,敌方可以由此突破防线。

吕坤对边防建设提出自己的建议:"有省万倍之劳,无一钱之费,计五七年之功,俟三十年之后,享千百岁之利者,则禁砍伐严栽种是已。"他提出的办法既省钱,又省劳力,主要包括保护边山现有的森林,以及在边关一带大规模植木。他还设想,若干年以后,边关一带森林茂密,这种无土之墙——森林边墙其防御功能远远大于有土之墙,树木作为无人之卒,日夜把守,边关很安全。他在奏折中言:"三十年后,枝密阴繁,虏且疑其有伏,何敢深入?居民男妇牛马,此中皆可潜藏。即使发矢斫刀,树身皆可遮蔽,又且隐匿官军,出而杀贼,入而散林。我奈虏何,而虏无奈我何矣!虏即勇悍,岂能尽钁木根乎?岂能飞骑木末乎?此谓筑无土之边,列无人之卒,五十年后永不修筑矣。"吕坤的这些设想是建立在现实的基础上,如果边山一带到处是"枝密荫繁"的森林,若有外来入侵,我军利用森林做掩护,确能做到杀敌出其不意。居民利用森林,还可以躲避战乱。从吕坤的分析可知,在边山地区保护森林和大规模地植木,在当时的社会条件下,是很有必要的。他提出的建设"森林边墙"的建议,是具有创新性的想法,具有科学性。

二、植木具有可行性

严禁砍伐三关一带已有的树木,要做好这一事宜,只要管理措施得力,完全可以达到目的。关于三关一带大规模植木是否具有可行性，吕坤做了论证。他根据古代三关一带榆树、柳树等树木很多，推知这一带可以植木。他的依据是，万历八年(1580)，已入阁的张四维给当时的山西巡抚高文荐的回信中提到了三关一带可以大量栽植榆树和柳树这一事实。据文献记载："弘正以前，三关少警，则林深势阻耳，古称榆塞、柳塞，以二木者，易生且易林也。"①吕坤认为，既然弘治、正德以前这一带能生长榆树和柳树等树木，现在这一带至少可以广植这两种树。他建议"使沿边一带，除高险剧削，房骑难入者免栽外，其余冲路平梁、宽沟坡岭"都要植木。

笔者根据三关一带目前的自然条件分析，三关一带大部分地区可栽植树木。据《山西省自然地理图集》，②目前，三关一带大部分区域是大于400mm等降水量的区域，因此，可以生长乔木。

至于何种乔木生长较好，笔者在这一带做了实地考察。结果显示，地势低洼处，柳树长势好；海拔较高处，针叶林生长茂盛；其余地方榆树分布广泛，能够分布在多种地貌区。在恒山、管涔山的山顶，属于草原、草甸区和荒漠区，这些区域树木不能生长，主要是由于气温偏低所导致。需要说明的是，虽然明万历年间三关一带的气候同弘治、正德以前明初的气候以及目前三关一带的气候相比，都有一定的差异，但相互差异较小。在万历年间，这一带大量栽植榆、柳等树木，气候条件应该是适宜的。

关于边关植木的人力安排，吕坤建议，应当动用社会各界人士参与，并且建议制定奖励措施。他在奏折中言："督率军壮，每岁人栽十株；犯法罪人免赎，计其轻重，罚为栽数；土居军民，愿栽者计其多寡，示以价格。"这一建议较为合理，因为边关的安全同社会各界人士相关。在当时，三关一带驻军很多，如果每年每人栽十棵树木，对于每位军人来说，是一个小的任务，如果小事算大账，众多军人仅每年植木的规模也是很大的。犯法者罚其植木，既服罪人之心，又能创造价值。百姓植木，如果奖赏，还可以调动他们再次植木的积极性。吕坤这样安排，充分考虑了植木的可行性。由此说明，当时三

---

① 张四维：《复高凤渚》，《修麓堂集》卷18，《续修四库全书》影印清钞本，第19页。
② 《山西省自然地图集》，山西省地图集编纂委员会(内部资料)，1984年，第147页。

关一带进行大规模的植木,具有充足的人力资源。

由以上事实可知,吕坤当时充分考虑了植木的自然条件和人力条件,论证了植木的可行性。他依据前人张四维给当时山西巡抚的回信内容,实地考察三关一带当时的自然条件,于是提出了边山一带以栽植榆、柳等乔木为主等建议。笔者结合现代自然科学知识,又经过实地调查,发现吕坤调查的结果同笔者调查的结果很相近。因此,吕坤的建议在当时具有合理性以及可行性。

三、禁山护林植木的具体建议

在三关地区实施"禁山护林植木"是一项庞大的工程,它涉及社会的多个领域,需要做很多具体事宜,吕坤对此提出翔实的建议。

(一)植木的具体办法——灌乔结合种植

在三关边山一带能够植木的地方,应多栽植乔木,且灌木和乔木结合种植,这样防御效果更好。吕坤言:"弥山盈谷,二尺一株,纵横错杂,无使成行。树木初成,任其横生,戒勿剔削。直至拱把之时,留容身之高,贴树剔削,务令平光,以便吾民避虏。自容身之上,斜削横枝,状如锋刃,以拦戎马。"按照他的设计,不论山坡或谷地,尽可能都植木。大多数地方,树与树之间纵、横相距都为二尺。树在幼苗时期,任其生长。当树木长到一定高度之后,下部的横枝剪掉,以便人能穿行。此时,上部的横枝任其斜生,足可以阻挡戎马行进。以上谈到的植木和剪枝的具体办法像是植木专家提出的,很难想象作为山西巡抚的吕坤对林业基层了解甚多。

在三关边山一带植木,除栽植乔木外,还应多植灌木。吕坤建议:"至于山中荆棘朴㯶木坚多刺,如马茹茹者,种数不一,皆可御戎,亦令沿边居民遍植山谷。粗如鸡卵者,就地斜削,房生附出者,任其茂密,期以五年,斜削一次,斜削者如枪,马足难踏;茂密者如猬,羊裘易牵,但可二尺余深,虏骑自然畏阻。"从吕坤所言可知,灌木长成以后,具有特殊的防御功能。三关一带的地貌类型多样,①一些地貌区只能栽植灌木。比如,坡度较陡的地方,植树成活很困难,宜植灌木。对于有条件栽植乔木的区域,乔灌结合种植,形成的"立体防护墙"更结实、严密。灌木长成以后具有特殊的防御功能,一些灌木其枝叶上多刺。比如马茹茹等,如果种植密集,足可以使虏骑无踏足之地。

(二)同植木相配套的防御措施

在边关的一些特殊地貌区,乔木、灌木都不能种植,要做好这些地方的防御事宜,必须修筑一些工事。吕坤认为:"至于山壑水渠,不可种植,则列攒枪,迭炮石,当其前锋。掘品窖,掩钉屏,赚其归道。伏快枪,擂大石,夹于山顶,倘诱入羊肠之中,必歼诸牛角之内。我守者寡,则有余军,彼入者难,则有余惧。"他特别强调,在一些陡峭的山谷,或有溪流经过的地方,如果植木很困难,在较高的地方设置箭和炮的射击点,作为防守的最前锋。在一些人马可能经过的路口,挖掘一些坑洞,上面要有隐蔽设置,坑洞的底部,设置锐利的钉屏,人马一旦坠入其中,可使其毙命。在一些要道附近,要设置一些带有机关且一旦触动能自动击发的快枪。在一些山峰的顶部,要储备一些大石,借助地形,它们是很好的攻击武器。入侵者如果进入这些区域,我军定能以少胜多,可以将其全部歼灭。由以上详细建议可以得知,吕坤对真正的战场非常的熟悉,才能提出如此细密的防御措施。这些措施同植木相配套,可以进一步增强边关的防御功能。

(三)严惩伐木者

为了制止私自伐木,吕坤提出严惩盗伐者的一些具体办法。他建议,边关各区域驻守的官军,除了做好本区域的备战、防御之事外,保护森林也是其中的一项重要任务,各级地方官员要参与森林保护事宜。吕坤言:"并府州县官员,禁约该管官旗军民人等,不许擅自入山。将应禁林木砍伐贩卖,违者问发南方烟瘴卫所充军。若前项官员有犯,文官革职为民,武官革职差操,镇守副参等官有犯,指实参奏。其经过关隘河道守把官军容情纵放者,究问其罪。"他建议,地方官员对分管区域的森林要具体负责保护,禁止百姓

---

① 姚启明:《山西省地理》,《中国地理丛书》,太原:山西教育出版社,1994年,第40—42页。

和军人擅自入山。私自伐木者,应发派南方条件较差地区充军。如有违此禁令者,不论文官和武官都要严惩。对一些职位较高的官员,如有犯法者,要如实向上参奏。在一些重要关口,把守的官军对私自伐木者不能容情纵放,否则,追究其罪过。

以上建议主要是如何惩处一些官员,这抓住了处罚的主要对象。事实上,各地历代官员犯法所造成的危害远大于普通百姓犯法造成的危害。[①] 吕坤以身作则,还亲自处罚了一些伐木者。吕坤举例:"势豪罢闲乡官王干亨与同居兄弟伐山不下万株,罪恶不止一种,臣将其弟王坤亨等四人问法充军。"从吕坤的所作所为可知,他言行一致,他所提的建议自己已经付诸行动。

吕坤提出的"禁山护林植木"措施和实施方案,充分考虑三关及其周围边山地区的地貌类型以及地势的高低起伏状况,还考虑当地适宜生长的乔、灌植被类型。他的建议在当时具有可操作性和先进性。他提出的有关同植木相配套的防御措施,说明吕坤本人熟悉三关一带的地形,了解当时真正的战场,其措施具有可行性。他拟定的护林管理措施,在当时的社会条件下,具有可行性和有效性,对现代森林管理有一定的参考价值。

四、商人承包山林及历史借鉴

(一)承包山林的社会背景

吕坤身为山西巡抚,还亲临三关周围的多个地域,体察民情,了解多方面的情况。他提出的商人承包山林这一办法,是在充分调查和了解当时社会的基础上进行的,以下陈述其社会背景。

森林所有权和管理权不明确,林中乱事多。边山森林的主人是谁?在当时很多人的心目中是模糊的,人们只知道林地是明王朝疆土的一部分。再谈到边山森林由谁来管理,人们更不可知,究竟由军方来管理,还是由地方官府来管理,朝中没有做过明确的规定。这样边山森林区成为管理的盲

---

① 史辉:《历代"治贪术"》,《廉政瞭望》,2007年第1期。

区,于是很多乱事在林中出现。比如,林中流民潜藏现象常有发生。吕坤在奏折中指出:"犯法亡命,避役奸民,据深山为固巢,以林木为世产。延烧者一望成灰,砍伐者数里如扫。"确实,一些犯法者和逃避税赋的百姓,他们进入深山,并且长久定居。那么,林木以及林下的土地当然是他们生活的物质条件,这些人伐木垦田,把树木当成生活燃料和向外贩卖的商品,这样他们才能维持基本生计。林中流民究竟有多少？奏折中言:"地不属于有司,人不入于编户,山中聚结俱系各处流民,大约不止万家。"如此多的流民要生存,对边山森林的破坏,其程度是很深的。各类流民聚居于边关山林,这也是边关动乱的因素之一。如果森林所有权明确,管理责任更确切,流民潜藏现象会变少。

私伐缉禁困难,军方伐木导致伐木纠纷。官府采用了一些禁伐林木的办法,但效果不是很佳,正像奏折中所说"至于砍伐山林,最难缉禁"。因为个体以及小群体的私自伐木具有很强的灵活性,官方缉禁非常困难。由于森林所有权不明确,因而使得管理责任不明确,导致军方与地方官府之间的伐木纠纷时有发生。① 以上事实说明,无论私自伐木,还是军方伐木,都是很难制止的,吕坤的改革方案是在森林破坏很难制止的情况下推出的。

僧人在山中有独立的天地。森林管理遇到的又一棘手问题是,寺院的僧人不受官府管辖,他们有时胡作非为。吕坤在奏折中指出:"其五台山寺,诸僧不下数千,伐木奚啻百万,淫占妇女,窝聚矿徒,且自称寺系古刹不属州县,保甲难以命编。"由文献得知,僧人的一些自主行为,不仅扰乱了社会秩序,而且对边山森林造成了破坏。既然寺院不属于官府管辖,僧人的一些所作所为,官员有时无权干涉。因此,吕坤把以上事实作为奏折内容,其目的

---

① 明代的中后期,大同总兵与山西巡抚之间曾发生多次伐木纠纷。据《明实录》记载,典型的纠纷主要有以下几次:成化三年(1467),山西巡按御史状告大同总兵伐木营利,伐木被制止。嘉靖二十三年(1544),宣大总督翟鹏准许大同镇于北楼口山内采木,后经山西巡抚与兵部会议停止。嘉靖二十四年(1545),大同总兵周尚文欲于僻山或山的南部伐木,雁门兵备道刘玺向宣大总督翁万达建议,要求在专人的监督下于僻山处伐木,翁万达上奏后皇上准可。嘉靖三十八年(1549),大同总兵为修建营房而伐木,巡抚都御史葛缙状告朝廷,此次伐木纠纷,朝中偏向了大同总兵,默许他们继续伐木。

是提醒皇上关注这一事宜,并建议应该修改或补充相关的法令,把僧人及寺院的管理纳入正常的社会管理体系中。对于寺院周围的森林,其所有权也应该非常明确,并按一定的方式承包。这样,才有利于对森林进行保护及合理地开发利用。

(二)承包山林的具体方式

实施承包山林的地域范围及相关责任人。吕坤建议,距边关百里之内,严禁伐木。距边关百里之外的山林,要分片承包给商人。商人作为山林的所有者,对山林有开发的权利和保护的责任。他在奏折中言:"臣欲于沿边一带山峦,除百里之外,照前禁约,其百里之内,树木大小,不下千百万,论法则严禁为得,论势则概禁不能。与其纵恣奸盗,岁以为贫,不若课与商民,官收其利。"吕坤所言,严格限定了禁伐区域是百里之内,如此严格限定的目的,首先充分考虑了禁山的重要性,或者说,考虑了森林的军事防御功能。限定百里之内为禁山,这同在百里以外的山林实施林权改革是相配合的。这种配合可以通过反面假设分析,方可知其合理性。如果所有的边山,都规定为禁山,一定会出现诸如盗伐等很多社会问题。如果边山森林都被承包了,在边关防御问题上可能会出现漏洞。他提出的方案是一部分禁,一部分开。这样,既可以解决很多社会问题,又可以充分发挥森林的防御功能。他建议商人承包山林,这样做是选择了合适的责任人,因为商人往往具备了很多优势。比如,他们拥有一定的资金,有承包山林的经济实力,他们有能力把木材运到社会需要的地方,等等。

实施办法及验收成果。商人承包山林以后,如何管理山林?怎样对其合理开发利用?吕坤建议:"工部每有勘合采木,此山且禁且开,法令似难一切。合候命下该部容臣估计树木若干,计其满抱以上,即于树身号以价值,课与商民,任其留卖。有司催征价银,解入户部管粮衙门,抵充军饷。满抱以下,计其数目责令看守,每十年一估计。"他的建议,考虑了多方面的情况,除工部有大规模的采木行动,且任何法令都对他们没有约束力外,其余情况,相关部门对山林中的树木要做定量的评估。满抱以上的树木,在树身上标有价格,承包的商人对其有留和卖的自主权。官府向商人征收税银,以此来补充军饷。满抱以下的树木,其数量要严格统计,商人有义务看守,保证其不受破坏。每隔十年,评估一次,再次确定哪些树木属于禁伐或可伐。这样既保证了整体山林不受破坏,又使商人得到利益,军饷也得到补充,而且还能通过合法渠道把木材运到各地市场。

相配套的森林管理办法。被承包的山林如果受到侵害,商人有权惩罚其不法者。吕坤建议:"擅伐盗伐者,责成原课商民,拿获盗伐之人,坐贼问罪。"商人作为森林的所有者,对擅自伐木者和盗伐者应给予惩罚,这是官府给予的权利。还有,盗伐木材者往往不愿意同个人发生冲突,因为盗国家、盗集体少人管理,这是盗贼之道。如果盗贼少了,社会秩序自然会变好。对于距边关百里之内的禁山区,吕坤也提出了具体管理措施。他在奏折中言:"至于所留禁山厚百里者,竖石为界,严责守备等官,一面年年栽种,一面严禁砍伐。但有寸棘尺树盗砍伐擅烧灼者,俱照例问遣。"他提议,关于禁山区,也要分片管理,官府要派守备官。其职责是,一方面保护原有树木,另一方面年年要植木,还要对各种破坏森林的行为给予制止和惩罚。

如按以上的建议去实施,商人拥有森林的所有权,可以对森林进行长期的管理和利用。当然保护好山林,这是官府对商人的基本要求。由于森林的所有权明确了,森林管理的责任也明确了。由于管理的效果直接关系到自己的收入,这样也就调动了商人管理森林的积极性。这种管理方式导致的结果是好的,边山森林保住了,边关安全了,国家安全了。可见,其社会效益是很大的。这种管理方法使商人的商业利益得到了保障,况且由于商业利益的弹性很大,这样可以有效地调动商人的积极性。于是,国库的课税也增加了,官军的补给有了新的来源。这一点奏折中有总结:"庶商民之利可行,官军之供有赖。"这种山林管理办法在明代能够提出,足可以说明吕坤有超时代的智慧和眼光。

民与僧边关山区垦田的管理办法。前文中交代,曾经有众多流民进入边关山区垦田,而不受官府管辖;还有,寺院僧人也是处于独立的小天地内。针对这些情况,吕坤提议,出台新的法令以便扭转其事态,并具体建议:"至于开垦地土,属民者,照亩纳粮,以供军马。属僧者,减半起科,以资焚修。"

他的建议具有合理性,百姓垦田要纳粮,这是天经地义之事。僧人也是王土的居民,国家的安危也关系到他们的利益。因此,他们出资修筑边关工事,也是应该的。笔者认为,对流民和僧人加强管理,既有利于军饷的补充,更有利于边关的安全和社会秩序的稳定。

(三)目前林权改革的历史借鉴

从2003年开始,国内林权改革的试点逐渐增多。[①]目前,大规模的林权改革在全国已经展开。[②]中国地域广阔,各地自然条件和社会条件差异很大,因此,林权改革需因地制宜。明代山西巡抚吕坤设想的承包山林方案,其内容翔实,提出的一些具体措施,具有科学性和可行性,成为当时边山森林管理的合理性建议。这些措施可为目前很多地方的林权改革提供借鉴,其借鉴内容主要表现在以下几个方面。

森林所有者的职责要具体化。森林所有者的职责明确了,能够充分调动他们合理开发利用森林的积极性,从多方面看,其积极意义是很大的。[③]吕坤主张商人长期代管山林,在当时他做了全面的考虑,这样做可以充分利用商人的一些优势。比如,他们有经济实力,有调运、贩卖木材的经验等。而当今的社会条件比万历年间复杂得多,因此,山林的承包者可以考虑多个领域的人,但应优先让当地农民承包,因为森林同耕地一样,是农民的基本生产资料,一些地区的农民世世代代要依靠它。总的来说,根据当地的具体情况,承包者可以灵活地选择。但哪一片森林为谁所有、承包期多长、承包者需要尽哪些职责,一定要具体明确。

确定严格的伐木界限指标。目前,林权改革要达到的两个基本目标是,保护好森林和满足社会对木材的需求。因此,伐木是必然的,但哪些树木可以伐?哪些禁伐?这是问题的关键所在。吕坤的建议是:"估计树木若干,

---

① 于德仲:《赋权与规制——集体林权制度改革研究》,北京林业大学博士论文,2007年。
② [2008]10号:《国务院关于全面推进集体林权制度改革的意见》。
③ 徐怀卫、韩立达:《中国集体林权制度改革的路径依赖及选择》,《农村经济》,2009年,第3期。

计其满抱以上,即于树身号以价值。满抱以下,计其树木责令看守,每十年一估计"。他提到的"满抱"是指树干的围长大致为普通成年人的身高。根据人的体形特征,普通的成年人或小孩,如果张开两臂,其两手末端之间的长度大致接近于本人的身高。"满抱"以上可伐,"满抱"以下不可伐,每一类都要详细统计其数目。这里得到的启示是:对已承包森林的伐木情况,一定要确定严格的伐木界限指标,包括哪些树木是可伐的,以及可伐树木的数量。不过,要做好这一事宜,一定要尊重一个原则,就是具体问题具体分析。比如,承包的森林处在什么气候区?林地的地貌类型如何?森林内的建群种是什么?林地内的植被覆盖度多高?林地内的土壤发育,以及地下水情况如何?等等。这些都是确定伐木界限指标所考虑的内容。

森林所有者开发森林要有一定的自主权。对森林所有权的改革,官府应当从宏观的方面制定一些管理法规,但如果限制规则太多,就会影响承包者开发森林的积极性。①从吕坤建议中的"计其满抱以上……任其留卖",给我们的启示是:对山林的管理开发利用,承包者应有一定的自主权,以便发挥他们开发创新的积极性。比如,规定了在一定时期内的伐木数量的上限后,具体伐木数量,可由承包者自作主张。承包者在林区应有发展林副产业的自主权。例如,在华北落叶阔叶林内可饲养梅花鹿;在一些高海拔的林区可以人工培植蘑菇等菌类植物;根据不同林区的自然特征,在林下可以种植不同种类的药材,等等。

被承包的森林受法律的保护。前文中谈到,吕坤建议承包山林的商人,官府应给予惩罚森林破坏者的权利。这给我们的启示是:目前虽然森林被个人承包,但自始至终受国家法律的保护。因此,相关部门应制定较为详细的保护被承包森林的法规。

总的来说,吕坤提出的商人承包山林这一建议,其内容具体翔实,充分考虑了当时社会的多个方面。笔者细致分析认为,这一建议无论从设想的创新性,还是从内容的具体性,都可为目前国家的林权改革提供一定的历史

---

① 贺东航:《我国集体林权改革的问题研究》,《理论研究》,2008年第4期。

借鉴。

晋北的雁门、宁武、偏头三关一带,自古是北方游牧骑兵入侵中原的主要途经之地,战国以来的多个王朝在此修筑以土石墙为主的军事防御设施。在明代中后期属边关要地,于是,更加强了这一带的防御体系建设,但防御设施仍以修筑土石墙为主。三关一带在明初森林相对较多,这一带的森林是天然的防护屏障,可以作为土石边墙的天然辅助设施,能够防御北方游牧骑兵的入侵。随着各地经济发展的加快和人口的增加,社会对木材和土地的需求量增大,因而各类伐木者不间断地砍伐边山林木,导致这里的森林不断地减少。与此同时,森林的军事防御功能渐渐减弱。

为了边关的安全和国家的安全,一些爱国官员竭力保护边山森林。比如,他们多次上奏皇上,请求下旨,要求立法护木。大同总兵自以为在朝中有特殊的地位,拥兵自重,因此多次肆意伐木;而山西巡抚不畏强权,坚持正义,这样引发了山西巡抚与大同总兵之间长期的不间断的伐木纠纷。这种纠纷的延续,显现出多种社会问题,同时给执政者警示,如何协调"保"与"用"二者的关系,新的森林管理制度需要尽快建立。

吕坤是万历年间的一位爱国官员,作为山西巡抚,他严格履行自己的职责。他在实地调查和总结历史经验教训的基础上,提出三关防御的新方案。他提出建设"森林边墙"的设想,并上奏皇上。他上奏的《摘陈边计民艰疏》,其中的第七部分内容对"禁山护林植木"提出自己的观点。吕坤论述了禁伐边山森林的"利",讨论了破坏森林的"弊"。具体内容是,王土的北部边关多年来一直修筑土石墙,它的防御效果不是很佳。保护三关一带现有的森林,并且在边山地区大量植木,形成的"森林边墙"其防御功能远大于土石之墙,并且可以节省大量人力、物力。笔者认为,吕坤提出的建设"森林边墙"的建议,是具有创新性的设想,具有科学性。

吕坤从当时的自然和社会这两个方面论证了植木的可行性。他针对三关一带当时的自然条件,以及历史时期生长的树木种类,建议边山一带应以栽植榆、柳等乔木为主,可以大规模地推广植木。笔者在实地调查的基础上,进一步论证了其合理性。

吕坤对"禁山护林植木"做了具体的建议。他提出乔木和灌木结合种植,其防御效果更好。同时要采取多种措施。比如,在边山一带应该修筑一些防御工事同植木相配套,共同起到御敌的作用。同时,要制定森林保护的惩处措施,特别要严惩犯法的官吏,是惩治盗伐者的一项重要措施。边山森林管理,军政要相互配合,不同林区的管理责任要分工明确。笔者分析认为,吕坤的建议是一个生态防御体系的构建方案,他建议的造林措施和实施方案,在当时具有其先进性和可操作性。他拟定的护林管理措施具有可行性和有效性,对现代森林管理有参考价值。

商人承包山林是吕坤建议中的核心内容,其中的每一部分具体翔实,而且具有可行性。在边山一带,让商人承包山林,具有多方面的益处。如果按吕坤提出的建议去做,不仅利于森林管理,也利于森林的开发,还可以使森林的防御功能不断加大,同时能够显现多种社会功能,也能为朝中缴纳更多的课税。商人承包山林的具体内容,可以为目前国家的林权改革提供一定的历史借鉴。吕坤设想的这项边关生态防御工程,如果能得到很好的实施,不仅能起到防御侵略者的作用,而且还有改善生态环境、产生经济效益等多方面的效果。

第六章　强吏治　严执法

第一节　吏治主张及实践

一、强化吏治的必要性

吕坤所在的时代,官场秩序紊乱表现在多个方面,吕坤在不同的著述中揭露了当时吏治的弊端。

"官满为患"是社会的一大弊端。吕坤曰:"谓安民故,建此多官。官满天下,民益不安。"①设立官职,建立官制,其目的是通过管理来稳定社会秩序,为百姓排忧解难。但现实是官员太多,官满为患,百姓的苦难和不安加重了。官员数量多,朝廷给予的俸禄就多。这些俸禄其实最终来源于百姓,是耕织的劳动者创造的。官员数量多不利于管理,却直接导致内斗,争权夺利更激烈一些。裁减官员可减轻百姓负担,利于吏治。吕坤的呼声也是百姓的呼声,这呼声揭发了当时官场的一大症状。

官员不作为现象较为普遍。吕坤言:"为政之道,以不扰为安,以不取为与,以不害为利,以行所无事为兴废起敝。"②他认为对处理政事,多数官员以平稳为准则。若不侵扰百姓,百姓相对是安全的。不向百姓索取,觉得已经给予了他们利益。若百姓们平淡地、安静地生活,认为已经给百姓带来了福祉。若如此做官,确实是"无害"官员,但不是有责任心的官员。吕坤继续论

---

① 吕坤:《呻吟语》卷七《振扬风纪箴》,《吕坤全集》,北京:中华书局,2008 年。
② 吕坤:《呻吟语》,《吕坤全集》,北京:中华书局,2008 年,第 815 页。

证:"不伤财,不害民,只是不为虐耳。苟设官而惟虐之虑也,不设官其谁虐之? 正为家给人足,风移俗易,兴利除害,转危就安耳。设廉静寡欲,分毫无损于民,而万事废弛,分毫无益于民也,逃不得'尸位素餐'四字"。①若官员不伤财害命,只能排除"残暴、狠毒"。只是不"残暴、狠毒",这不是设立官制的目的。官员的职责是维护家家户户丰衣足食,不断革除一些不适应时代的风俗,组织百姓应对灾难,给民众谋求福利,成为百姓安全的使者。若官员品行端正,性格和平,个人欲望不多,但苟且度日,不为百姓做大事,导致各业发展势头较弱。从表面上看,这些官员是"好官员"。其执政的结果是没有伤害百姓,但是却很少做对百姓有利的大事,社会不需要这些不作为的官员。因此,考查官员应着重衡量其是否做了有利于民众的大事,应该免去只求平稳而不作为的官员。

封建社会历代官员欺压百姓成为社会常态。吕坤言:"为守令则泰然肆于民上,而安养教化全不举行,及俗眼上官,谁不推引以结他日之恩。为监司则安然浑似闲身,而民生吏治略不关情,惟奔走俗尘,仅了簿书,以塞目前之责。为抚按则侈然惟知尊崇,而官常民隐漫不精察,但交结津要,收恩避事,以保富贵之身"。②一些地方官员置百姓生死于不顾,不过问农事,更不参与教化之事。对上司逢迎巴结,只铭记官场结交之恩恩怨怨。作为负责监察的官员,好似置身官场之外,他们不关心吏治效果,更不关注百姓生活,而竭力关注"所做的事是否违反官方条文"?"发生之事是否需自己承担责任"? 巡抚及其他高官关注最多的是自己显赫的社会地位和身份,百姓痛苦及官场运行关心较少,心中的要事是安顿上司,收取钱财,稳定官位,以保富贵延续。吕坤的态度是,欺压百姓的官员们都应该受到惩治。

士大夫阶层贪图享受。吕坤经过社会调查,得知士大夫们贪图享受的行为:"士鲜衣美食,浮谈怪说,玩愒日时,而以农工为村鄙。女傅粉簪花,冶容学态,袖手乐游,而以勤俭为羞辱。官盛从丰供,繁文缛节,逐奔世态,而

---

① 吕坤:《呻吟语》,《吕坤全集》,北京:中华书局,2008年,第829页。
② 吕坤:《实政录·明职篇》,《吕坤全集》,北京:中华书局,2008年。

以教养为迂儒,世道可为伤心矣。"①谈道士大夫奢侈之风,吕坤感到痛心!整日吃喝玩乐,夸夸其谈,炫耀自我。一边贪图享受,一边鄙视创造财富的劳动者。贵族妇人整日梳洗打扮,花费更多时间、精力于外貌修饰、游玩,形成了以挥霍为荣、勤俭为辱的扭曲荣辱观。官场繁多、琐碎的无用礼节消耗大量的财力、物力、人力,导致巨大的社会浪费。轻视文化、艺术学习,排斥道义、修养提升,形成整体腐化、堕落的社会风尚。吕坤建议对士大夫阶层贪图享受的行为应给予制度上的约束。

在上述陈述中,吕坤从官员数量规模,从做官任事方式,对待百姓的态度,以及贪图享受的生活方式等方面,谈到了吏治的弊端,从多个角度论述了强化吏治的必要性。

二、忧世万千,百姓为首

吕坤崇尚"实心""德慧",建议官吏"忧世""济世"。他慨叹:"有忧世之实心,泫然欲泪。有济世之实才,施处辄宜。斯人也,我愿为曳履执鞭。若聚谈纸上,微言不关国家治忽,争走承中众辙,不知黎庶死生,即品格有清浊,均于宇宙无补也"。②他认为,为官者要为世事忧虑,为百姓着想,为王朝做实实在在之事,社会需要这样的实干者。如果只高谈阔论,不实心做事,只讲客套话,不关心民生,不论能力如何,这样的官员对社会是无益的。吕坤强调:"为政之道第一要德感诚孚,第二要令行禁止。令不行禁不止,与无官无政同,虽尧舜不能治一乡,而况天下乎"。③为官者要品行端正,以德服人。德先行,方可发政令。政令重在落实,如落实为空等同"无官无政"。

君王的天职是为民做事。吕坤言:"天之生民,非为君也。天之立君,以为民也,奈何以我病百姓!夫为君之道无他,因天地自然之利而为民开导撙节之,因人生固有之性而为民倡率制裁之。足其同欲,去其同恶。凡以安定之使无失所,而后天立君之意终矣。岂其使一人肆于民上而剥天下以自奉哉!"②天地造化,百姓出现,不是为了君王。而人世间"设立"君王是为了天

---

①②③ 吕坤:《呻吟语》下,《钦定四库全书》。

② 吕坤:《呻吟语》卷五《治道》,《吕坤全集》,北京:中华书局,2008年。

下的民众。君王不为百姓做事,则丢弃了为君之道。君王的天职是助民众享天地自然之利,同时教喻百姓明白道理,遵守社会规则。君王要率先自我克制、自我约束,同时对侵扰社会秩序者给予惩治,并且抵御外来入侵。君王的责任重大,君王是人间秩序的维持者。如百姓过上幸福、安定的生活,便胜任自己的天职。君王设置了朝廷,朝廷于各地设立官府,官吏与官府为朝廷效力。既然君王的天职是为民做事,那么,官吏关爱百姓是真正的效忠君王。

深思圣人言论,体察爱民之情。吕坤曰:"养民之道,孟子云:'老者衣帛食肉,黎民不饥不寒。'韩子云:'鳏寡孤独废疾者皆有养也。'教民之道,孟子云:'使契为司徒,教以人伦,父子有亲,君臣有义,夫妇有别,长幼有序,朋友有信。'"①吕坤敬佩古代圣人,心中切记所言:全社会的人尊重老者,使衣食丰盛,他们可幸福度日。天下百姓都要脱离饥寒,各类无生存能力的残疾者都得到社会的照顾。社会要普及伦理道德,有血缘关系者重亲情,家族中要有辈分、长幼之分。社会上人与人之间要讲诚信、义气,这便是社会的伦理秩序。吕坤感叹道:"予每三复斯言,汗辄浃背,三叹斯语,泪便交颐。嗟夫!今之民非古之民乎,今之道非古之道乎,抑世变若江河,世道终不可反乎。抑古人绝德,后人终不可及乎。吾耳目口鼻,视古人有何缺欠?爵禄视势,视古人有何靳啬?俾六合景象若斯,辱此七尺之躯,腼面万民之上矣!"②对圣人之言,如反复琢磨、体会,对心灵是一种震撼。圣人高尚的品行,给后人树立了楷模。面对圣人的德行,更多是惭愧、鞭策。

吕坤抨击无视百姓疾苦的官吏。当时的官员们只为自己着想,"饥者汝饥,寒者汝寒,尔自尔民,我自我官"。③一些官员确实自私到极点,饥饿、寒冷是百姓的事,与我无关。你当你的百姓,我做我的官爷,各行其程。从言辞中得知,吕坤对此深恶痛绝。官吏与百姓命运是相关的。吕坤言:"宇宙之内一民一物,痛痒皆与吾身相干,故其相养、相安、料理皆是吾人本分。"④他

---

① ② 吕坤:《呻吟语》下,《钦定四库全书》。
③ 吕坤:《呻吟语》卷七《公署箴》,《吕坤全集》,北京:中华书局,2008年。
④ 吕坤:壬辰六月《谕属吏文》。

认为,官员的命运与天下百姓的命运是紧密相关的,天下设立官员本是为百姓做事的,官员生来是依赖百姓的,百姓安全是官员安全的基础。

建议改变官场之风,建构为民做事的官场秩序。针对官场秩序,吕坤感叹:"吾党泄泄沓沓,以苟富贵,世道倾颓,万物愁叹,将遂任其所终乎。倘一深思,可为恸哭。天生此身,岂为酒肉之囊,锦绣之架哉。天生此民,岂为士夫之鱼肉,官府之库藏哉。倘一深思可为大愧,本院无能振援,罪之魁也,诸君子千万努力。"①确实,当时的朝中官员行为懈怠,他们苟且做事,贪图钱财。官场之风日下,天地为之愁叹,任其发展,何时可终结?官吏们生来就是酒肉为食、锦衣裹体?众多百姓生来就是被士大夫奴役?生来就是作为官府的财产?这样的世道,作为官员的吕坤感觉自己做得不够,他号召天下的官吏要为民做事,关爱百姓,形成一种爱民的风尚,建构为民做事的官场秩序。

三、遇事杂乱,正事优先

天下人都应干正经事。针对当时社会不同阶层的人们对待"做事"不积极的行为,吕坤言:"百姓只干正经事,不怕衣食不丰足。君臣只干正经事,不怕天下不太平。试问有司庶府,所职者何官?终日所干者何事?有道者可以自省矣。"②吕坤建议,天下的人都要各守其分,干好自己的事情,社会就会和谐。百姓要做好"种田、耕织"之事,君臣各负其职责,天下便有了秩序。朝廷所辖的各级官府的官吏要自我反省,所干之事是否为正经事,是否为分内之事。若天下人都以"正事优先"为准则,那么,整个王朝都会人人丰衣足食,处处平安乐土。

吏治"公"字当头。吕坤言:"公、私两字是宇宙的人鬼关。若自朝堂以至闾里,只把持得'公'字,便自天清地宁,政清讼息。只一个'私'字,扰攘的不成世界。"③人与人之间相互合作构成一个社会。在这个社会中,大家共同生产,共同抵御灾难,可达到大众安居乐业。人们在合作的过程中要把握

---

① 吕坤:《呻吟语》卷 217,《吕坤全集》,北京:中华书局,2008 年。
②③ 吕坤:《呻吟语》下,《钦定四库全书》。

好"公"与"私"。如果大家以"公"优先,众人合力就使得整个社会秩序井然。若大众以"私"为重,人们之间的内斗就会消耗社会的创造力。若有激发因素出现,社会则变为"混浊"乃至大乱。

为官者要做好小事。吕坤认为:"居官要有五要:休错问一件事,休屈打一个人,休妄费一分财,休轻劳一夫力,休苟取一文钱。"①官吏的职责是为民做事,不能轻视一件很小的事,很多小事的组合就是大事。作为一位称职的官员,要做好一件件小事,积少成多干好所有的事。若所有的官员都做好自己该做的事,整个王朝就会走向兴盛。

吏治要有作为。吕坤言:"为一郡邑长,一郡邑皆待命于我者也。为一国君,一国皆待命于我者也。为天下主,天下皆待命于我者也。无以达其望,何以称此职?何以居此位?夙夜汲汲,图维之不暇而暇于?于安富尊荣之奉,身家妻子之谋,一不遂心而淫怒,是逞耶?天付之以生民之寄,宁为盈一己之欲哉?试一反思,便当愧汗。"②

作为官员,要有一种使命和责任,应该做好自己分内该做的事。对于"待命于我"的事"无以达其望"是不称职的。如果只考虑"安富尊荣"和"身家妻子",违背了"天付之以生民之寄"。官员们要多反思,要有作为,为黎民百姓,为大明王土,为整个王朝的安危付诸切实的行动。

"正事"是一个不确切的概念,对于不同社会层次、不同职业的人,其内涵差异很大。官吏一心做公事,当然是正事。百姓的很多小事是官员们应该做的正事。不作为的官员是不干正事的官员。社会上不同职业、不同层次的人做好分内的事当然是正事。吏治所遇的事情很多,但是都应以正事优先。

四、吏治实践讲求"灵活""效率"

吏治是朝廷控制国家、管理国家的基本途径,能否推出有效的吏治措施,直接关系到吏治的效果。由于吏治的对象是社会的方方面面、各行各

---

①② 吕坤:《呻吟语》下,《钦定四库全书》。

业,因此,吏治的措施是否得当,关系到社会治理的成败。在吕坤的著述中,提出了自己的吏治主张。①

(一)官员尽可能就近升迁

在万历年间,交通工具较为落后。北方地区,马车是主要的交通工具。文中之所以要提到交通工具,是因为官员的升迁事宜同它密切相关。官员从一地升迁到另一地,往往是举家迁移,家人、仆人跟着,财产也要搬走。交通工具必须发挥大的作用,才能满足其搬迁的需求。而很多人和财产搬迁,需要很多交通费用,这样不仅给王朝带来巨大的负担,而且给百姓带来很多苦役。对此,吕坤做了描述:"臣惟百姓之差,驿道为重,而驿道之差,轿扛为重,招募贫民,一日才得银二分耳,一身衣食八口供养取给焉,驿道官常例造册工食循环使费取给焉。"分析吕坤所描述的内容可以得知,官员升迁,驿道事多,百姓差苦,收入甚少,官员得利,朝廷财产遭受损失。面对这些情况,吕坤做了假设:"夫弃妻子而之官,人情之所不堪也。"如果官员升迁搬家,抛弃家人,这样的官员太没有人情了。可眼前的情况是,"携妻子而旅困,圣王之所不忍也"。如果拖家带口,长途搬迁,人困马乏,朝廷的财产要受到损失,皇上对此目不忍视。为此,吕坤提出自己的相关建议。

吕坤提出,官员尽可能就近升迁,搬迁费用才能减少。他把全国分为三个单,他们分别是:南单、中单、北单。如云南、贵州、广州、福建五省为南单;南直隶、浙江、江西、四川、湖广五省为中单;北直隶、山东、山西、河南、陕西五省为北单。全国分为三个区域以后,官员升迁尽可能在本区域内进行。当然,官员升迁京师例外,中部区域可以灵活一些。不同区域间,相邻地区可以升迁,总的原则是,尽可能就近升迁。奏折中有其详细的建议:"三单各自论俸,不得以北单人升南缺,亦不得以南单人升北缺,惟中单尽可通融,如陕西之于四川,湖广之于广西,四川之于云贵,接壤之区,升迁亦便。"从吕坤所言得知,他身在山西,心系整个王朝,当时身为山西巡抚的吕坤,为明王

---

① 该部分中的"官员就近升迁""鲁人治鲁,宋人治宋"中所引用的文献,如没有标注出处,都源于《明经世文编》卷416,《吕新吾先生文集二》,《摘陈边计民艰疏》的第二部分"酌升迁以苏民困"。

朝的大事操劳,他的行为实在感人。

官员要尽可能就近升迁,吕坤从原因上做了进一步的论述。他总结了就近升迁的六大好处。其一,节省搬迁中人力、马力的费用开支,即"省驿道夫马供支之累"。其二,免去官员及家人长途跋涉的疲劳。即"免本官长道跋涉之苦"。其三,便于官员早日上任履行职责,即"赴任近而历俸早"。其四,避免官员在异地上任不适水土的现象,即"无水土不习之病"。其五,避免出现同地方百姓交流中的语言障碍。吕坤建议:"南人习南官语,北人习北官语,听讼晓谕,不费词说。"吕坤这一小的建议是否合理,笔者不敢轻易下结论,但如按此建议实施,至少可以消除官员同百姓交流的语言障碍。其六,官员可以减少在路途中消耗的时间,可以把更多的精力投入到自己所做的事中去,即"道路不耽日时,职业不至久旷"。吕坤如此细致地分析,可以说是从全方位的角度进行的。由此可以得知,如果"官员就近升迁"这样的措施被朝廷推出,将有利于百姓,有利于明王朝。

(二)倡导"鲁人治鲁,宋人治宋"

根据多年基层执政经历和历史经验,吕坤明确提出了"地方自我管理"的设想。他认为,今朝的一些地方官员,可以用当地人。大到"总督",小到县令以下的官,用当地人是可以的。他首先举了一些历史事例来论证。吕坤言:"臣尝考之古人,鲁人为鲁司冠,宋人为宋司城,宗族亲戚皆其所治,未尝有不行之法。汉朱买臣、张镇周皆治其乡人,未尝有可避之嫌。"以上都是地方自我管理成功的一些事例,"鲁人治鲁,宋人治宋",西汉朱买臣、隋唐张镇周管治家乡都曾获得成功。这些地方官员,他们对其宗族内的人和亲戚管理得很好。这些成功的历史经验,我们应该借鉴。

吕坤在他的奏折中建议:"今总督宣大山西,未尝不用山西人。总督蓟辽保定,未尝不用真定人"。对于州县内职位较低的官员,从外地较远的地方挑选,更没有必要,他继续言:"彼府卫首领州同州判吏目,县丞主簿典史权统于印官,职分于一臂,弹丸郡邑,有何事权,而必须隔省除授,于二三千里之外哉?"在他的建议中,从总督到地方小官,可以大胆地起用当地人,传统的"异地做官"这一模式在有些地域应该打破,不妨使一些地域的吏治方式发生改变,或许有利于该地区的治理。

笔者认为,地方自我管理有不少优点。其一,当地人从小对家乡的方方面面很熟悉。熟悉一个地方的域情民俗,这是治理好一个地方的前提。其二,对于建设自己的家乡来说,当地人进行组织管理,有时责任心更强。其三,在廉洁自律方面,很多百姓无意识地对他监督。其四,宗族、亲戚、家乡人同官员有先天的血缘关系和乡土感情,因此,他们会主动积极地配合他的工作,使他的管理措施能够顺利地实施。当然这种管理方式,一定有其弊端,在其运行的过程中要注意克服。从以上分析可知,吕坤在明万历年间,能打破时代的约束,对"地方自我管理"提出一些明确的建议,说明吕坤高瞻远瞩,是一位具有超时代眼光的政治家。

五、后世官员对吕坤吏治主张的重视

后世官员推崇《实政录》。清代雍正年间(1723—1735)官员尹会一极为推崇吕坤《实政录·明职》,他在巡抚河南期间,要求下属官员按照吕坤的《明职》内容严于律己。他谈道:"近阅宁陵吕新吾先生《明职》各条,先得我心,而其言之痛切,尤能廉顽立懦,启聩振聋,爰亟援梓,印装多帙,通行饬发司道府厅州县,以及佐杂等员。公事之余,即取一条细加观览,各明厥职。自无旷厥官,循良辈出,治化可期,本都院与有荣施矣。"①尹会一细阅《明职》各条,内心受到震动。他认为,若能按《明职》各条施行,可使贪婪的人变得廉洁,使懦弱的人坚定信念,也可唤醒糊涂与麻木不仁者。他利用巡抚之职对各州县下令,印刷《明职》多册,分发各级官员。尹会一建议下属官员学习后明确自己的职责,期望一些保守求稳的官员在奉公守法的基础上,变得具有开拓创造力。河南巡抚尹会一对吕坤《实政录》的推崇,是对吕坤吏治主张的肯定,从他的话语中得知其社会价值。尹会一认为,如能按照吕坤《实政录·明职》的细则实施,河南的吏治能够取得好的效果。至清同治年间,吕坤《实政录》进一步受到推崇,同治皇帝令内阁大臣必读该书,并以此

---

① (清)尹会一:《抚豫条教》卷一。

为准则施行其行政职责。

吕坤的一系列吏治主张及吏治实践总结如下:在明中后期,社会官满为患,朝廷需拿出巨额俸禄维持官场秩序的运行。官员们大多以私利为重,一心为朝廷做事的官员较少,官员不作为成为一种风气。职重官员扩充势力,地方官员横行乡里,官吏欺压百姓成为常态。在社会贫富差距不断扩大的背景下,士大夫阶层贪图享受愈发严重,官场秩序多方面紊乱对强化吏治提出了要求。吕坤建议,为百姓着想、为民做事是吏治之首。人世间安排君王就是为民做事,君王设立的百官当然要遵守君王的旨意。吏治遵循的一个原则是"正事优先"。首先,官员先做正事,其次,引导民众也做正事。若整个社会"公"字当头,弱化"私"字,社会便井然有序。为官要做好一件件小事,方可走上有作为之道。

吏治要讲求"灵活""效率",他建议,要出台一些有效的吏治措施。官员要尽可能就近升迁,这样可以减少搬迁费用,减轻百姓负担,减少国家财产支出。具体来讲,官员就近升迁的好处有:减少交通费用,减少百姓的差役,等等。一些级别小的官员和驿道官员,尽可能在本地挑选。官员途经一些地方要免去一些接送的礼仪。很多地域可实行地方自我管理,有利于地方的发展,这是提高吏治效率的办法,很多历史事实已证明了这一点。在一些地方要尝试实施,然后再推广别处。官员就近升迁和地方自我管理,都是提高吏治效率的办法,从前者到后者,吏治效率越来越高。当然,任何吏治措施的推广,既有有利的一面,也有不利的一面,如果加强管理,在实施过程中,不断地完善监督机制,其不利的方面会显现得越来越小。

第二节　公平执法,维护正义

良好的社会秩序是各行各业发展的前提,是王朝稳定的标志,吕坤从政多年,他深知这一点。在他的著述多处,对社会秩序的建立提出了不少建设性的意见,以下主要挖掘其中的部分内容。

一、强力执法与道德教化相结合

吕坤强力执法,感化了土豪。"万历甲戌,廷对授襄垣令,襄垣剧尚严明。明年调大同,大同贫,尚抚字,培植柔良,裁抑豪横,两地甚德之。先是襄垣土豪被公大创,几毙,去之日送数百里曰:蒙创悔今,而后不复犯法矣。"①吕坤升进士,在朝廷上真诚地应对了皇上的咨询,后授予襄垣知县。执政襄垣期间,注重建设公正严明的社会秩序。在大同执政,注重对百姓安抚体恤,培植善待百姓的官员,惩治地方恶霸。两地的百姓忠心拥戴这位父母官。离任襄垣之时,被他重创的土豪送行之言很诚恳:得到您的惩罚是幸运的,因此有了改过自新的机会,以后再不会触犯王法了。

吕坤执法讲究策略。他认为:"宽人之恶者,化人之恶者也。激人之过者,甚人之过者也。"②吕坤总结的这些吏治方法源于他从政的实践,如果对做错事的人给予宽大处理,可以从道义上感化他,使他有了悔改的契机。教唆他人作恶,助力他人错上加错,这种行为的罪恶甚过他人的过错。

吕坤强调道德教化与自我约束的重要性。他谈道:"五刑不如一耻,百战不如一礼,万劝不如一悔。"③对于犯错误者,最好应该是通过有礼节的教育让他感到"做错事是一种耻辱",这远甚于对他施刑。以礼相待并感化一些犯错误者,这种教化效果远甚于对他惩罚。让他"自我感觉后悔"甚于"多次劝告"。强调道德感化并不是要放弃刑法,刑法可作为道德感化的一种补充。对于一些少数顽固不化者,仍然要施加刑法。他强调:"礼行则刑措,刑行则礼衰。"在大多数情况下,通过道德教化可避免施用刑法。如果过多地施用刑法,礼节就被社会渐渐地放弃了。

吕坤教育人们"知足""安分"。吕坤言:"造物有涯而人情无涯,以有涯足无涯,势必争。故人人知足,则天下有余。造物有定而人心无定,以无定撼有定,势必败。故人人安分,则天下无事。"③他告诫世人要"知足"和"安

---

① (清)沈佳:《明佳言行录》卷九,《钦定四库全书》。
②③ 吕坤:《呻吟语》卷五《书集·治道》,《吕坤全集》,北京:中华书局,2008年。
③ 吕坤:《呻吟语》卷四《御集·世运》,《吕坤全集》,北京:中华书局,2008年。

分"。社会的物质财富、生存空间是有限的,人们的欲望是无止境的,故人们之间的相争是必然的。大家都学会"知足",天下人可共度太平之日。社会本是有规矩、有秩序的,人们之间的思想差异较大,而且是多变的。一些不轨之人试图改变有序的社会,注定不能成功。如天下大众都安分守己,社会可正常有序。

吕坤强力执法展示了正义的力量,给予邪恶重重的打击。他执法讲究策略,融入了暖暖的道德教化,使犯法者心服情动,甚至达到了感化的效应。他建议全社会的人们做到"自我约束",建立"知足"意识。如果人人安分,个个守纪,方可达到本来应有的社会秩序化。

二、执法要公平

要建立好的社会秩序,惩治犯法者,这是必须采取的措施,但往往惩治的效果不佳。有的犯法者被惩治以后犯法更狂了,有的犯法者被惩治以后冤声不断。究其缘由,主要是执法不公。万历年间的吕坤,根据当时的社会情况,提出了这个问题。他在《忧危疏》里指出:"刑法者,所以平天下之情,服罪人之心者也。应轻应重,太祖既定为律,情重罪轻。列圣又增为例,如轻重可以就喜怒之情,则律例不得为一定之法。"①吕坤的观点是:刑法对天下每个人都是公平的,天下有不平之事,刑法可以为其做主。所以,平不平之事,服罪人之心,这是刑法的作用。而当朝的情况是,因为人情因素,出现执法不公的现象,使先皇所定之法肆意受到践踏和动摇。

为了证明自己的观点,吕坤列举了当朝的事例:"臣待罪刑部三年矣,每见诏狱一下,持平者多拂。上意甚则加重而降司官,从重者皆当圣心,故司官每迁就以逃谴怒。如近日李吉等,本非把持也,而必欲拟军;张泽等预纳局料也,而必欲追银。此皆真屈真枉,臣等不敢执奏,而陛下安知其冤?"②吕坤在刑部做官期间,对执法不公的现象了解较多。当一些案子判决以后,一些人为执法不公而倾诉冤情。对执法不公现象可以找到一些原因。比如,

---

①② 吕坤:《忧危疏》,《明经世文编》卷415,第4496页。

如果执法官员不按上级官员的旨意办,可能官职要丢掉。如果皇上对一些案子下过旨意,执法官员就完全按旨意办,这就更谈不上执法公平了。很多执法官员为了保护自己,首先要迁就上级官员的人情。这样,执法不公就成为自然而然的事了。李吉、张泽等人都是执法不公的受害者,他们的冤情很重,这种现象实在不合理。吕坤最后向皇上建议:"臣愿陛下俯从司寇之平,勉就祖宗之法,而囹圄之人心收。"①他希望皇上真正重视执法这一严肃之事,下一些旨意,令相关部门推出一些应对的监督措施,使之尽可能达到公平。同时,还要进一步完善祖宗留下来的法令,并且严格执行。这样犯法者受到惩处也心服口服,执法者可以真正为不平之事撑腰做主了。

执法拒绝私情,吕坤以身作则维护王法公平。"知大同时,以人命坐抵其姻。王家屏系邻邑大绅,向公言之。答曰:'狱已成,不可反'。嗣家屏任吏部,与僚友曰:'天下第一不受请托,无如大同令也。'"②针对此次人命案,向吕坤求情的不是普通人,而是有威望的绅士,他依然拒绝。当事人王家屏任吏部官员后仍要宣传吕坤的执法公平事实,在明末社会背景下,吕坤确实可称为"天下第一不受请托"者。吕坤曰:"若自朝堂以至闾里,只把持得公心定,便自天清地宁、政清讼息。"③吕坤认为从上到下,所有的官员都持有公心,摒弃私心方可服众人。于是百姓冤声息,天地间秩序井然。

维护"执法公平"从整顿执法乱象做起。吕坤描述了监狱内执法情况:"近日有司疏于治狱,有狱卒要索不遂凌虐致死者。有仇家买求狱卒设计致死者。有众盗通同狱卒致死首犯以灭口者。有狱霸放债逼凶,满监尽其驱使,专利坑贫因而致死者。有无钱通贿断其供给,有病不报,待其垂死而递病呈,或死后而补病呈者。"④"牢头狱霸,行暴殴人,当衣夺食,放钱卖饭。或囚饭入门而本囚未得入口,或囚粮到狱而本囚不得露恩。污秽不肯扫除,疾病不报调理。忍寒受热,叫号不彻于公堂。抱屈含冤,心事难白于官府。女

---

① 吕坤:《忧危疏》,《明经世文编》卷 415,第 4496 页。
② (清)沈佳:《明佳言行录》卷九,《钦定四库全书》。
③ 吕坤:《呻吟语》卷五《书集·治道》,《吕坤全集》,北京:中华书局,2008 年。
④ 吕坤:《实政录·明职》,《吕坤全集》,北京:中华书局,2008 年。

监纵吏卒奸淫,轻犯将重匣凌虐。如此做官,必有一天祸。"①以上陈述的事实是:狱卒索要钱财,如未遂,多名囚犯含冤而死。还有,牢头、狱霸索取钱粮,牢头、狱卒奸污女囚,等等。狱中执法过程中发生的事实让人们几乎不敢相信。狱中的囚犯受到如此对待,对他们而言,能够产生何种心理触动?这根本不能达到改造、教育的效果,只能让他们的身体受到折磨,心理产生创伤。于是他们对社会产生了不满,一些囚犯甚至产生报复社会的心理,为社会动乱留下了隐患。牢头、狱卒草菅人命,这是挑衅、践踏王法的行为,一些囚犯含冤而死,他们的亲人可能要做出一些意想不到的报复行为。如此下去,可能产生连锁刑事案件,对社会秩序产生巨大的冲击。若多地出现动乱行为,整个王朝的安全会受到影响。

三、慎抄没之举

中国古代一直延续的一个不成文的规矩,朝中争权斗争失败的官员,往往全家要被抄没。至明万历年间(1573—1620),这种规矩仍然延续。由于这种规矩的存在,朝中官员不仅关心自己官场上的前途,而且还担心家中人的安全。因此,官员们常常人心不稳。为了保护自己,为了保护自己的家族,跟随哪一派,反对哪一派?这个选择成为他们最重要的事情,他们把自己应该做的事情往往放在了一边。面对这种情况,吕坤在《忧危疏》中,严肃地提出了"慎抄没之举"的建议。

吕坤首先对"抄没"的残忍做了描述:"宅一封,而鸡犬猪羊大半饥,主人一出,而亲戚骨肉不敢收留,加以官吏法严,兵番搜苦,臣曾见之掩目酸鼻。"②由以上描述可知,"抄没"确实是惨无人道的做法,主人犯法,全家人受到牵连,家里的财物也受到没收,亲戚也受到影响。这样使很多无辜的人受害。这种做法无论从道义上,还是从法律上讲,都是太不公平了。吕坤接着说:"自抄没法重,株连数多,坐以转寄,则并籍家资,诬以多赃,则互攀亲

---

① 吕坤:《实政录·明职》,《吕坤全集》,北京:中华书局,2008年。
② 吕坤:《忧危疏》,《明经世文编》卷415,第4498页。

识。"①利用"抄没"这种举动去惩处正犯的全部家人,这有点太严重,把家里的很多财物都诬陷说成是赃物,而一些人还要提供伪证,说亲眼见到主犯收取赃物,这真是落井下石的举动呀!

吕坤发出感叹:"此岂正犯之家,重罪之人哉?一字相连,百口难解,陛下知之当必怜之矣……慎抄没之举,而都下之人心收。"②

他以感叹的方式向皇上建议,抄没这种举动,应该把它作为历史的垃圾,连坐这种制度早该废除。惩治犯法者,罪犯的家人也受到了惩治,很多无辜的人受到了牵连,而且遭到了不幸,从情感上来讲,连皇上也一定会可怜这些无辜受害的人。从法律上讲,这是一种严重的执法不公现象,因为罪犯的家人不一定有罪呀!因此,为了稳定官员之心,为了使其家人也安心,废除陈旧的规矩很有必要。明王朝要有好的社会秩序,整个社会各阶层稳定这是一个很重要的条件。

社会秩序的稳定是王朝稳定的基础,吕坤的"公平执法"建议是针对明代后期的社会问题提出的,对当今社会不无借鉴意义。吕坤认为,强力执法应与道德教化相结合。教育民众要"知足""安分",通过道德教化达到"自我约束",整个社会逐渐规范化、秩序化。犯法者必须严惩,这是维护王法尊严的基础。在执法中拒绝私情,才能做到执法公平。只有执法公平,犯法者受到惩罚后方能心服口服,王法才能真正去除社会上一些不平之事,这样才能维护法律的正义和尊严。吕坤建议整顿各行各业的违法乱象,作为官员的他一直是以身作则。"抄没之举"让很多无辜者受害,践踏了王法的公平。这些无辜受害者多为贵族阶层的人,其中的一部分为社会的精英人物。"抄没之举"这种做法让很多社会精英无辜受害,不利于社会发展。为了稳定官员之心,为了使社会精英阶层稳定,"抄没之举"这种历史的垃圾早该清除。

---

①② 吕坤:《忧危疏》,《明经世文编》卷415,第4498页。

第七章　备荒防乱稳秩序

第一节　贮粮备荒

一个王朝要稳定发展,必须保障物资供应,特别是粮食供应。身居政坛多年的吕坤深知这一点,以下是与此相关的建议。

一、京师的物资供应不能间断

他在《忧危疏》里强调,京师的物资供应不能间断,如果出现相反的情况,王朝会步入混乱之中。吕坤言:"京师者,朝廷腹心之地也……今京师贫民不减百万,九门一闭,则煤米不通,一日无煤米,则烟火即绝,如有庚戌之事,京师戒严,虽有仓场,止足官军守御之用。"[①]吕坤强调如果煤米等重要物资供应中断,首先在贫民人群中会出现饥荒。如果这种局面延续下去,会导致大的混乱。对混乱局面,吕坤做了描述:"暴民聚众凌夺,奸民设机骗诈。"[②]为了避免上述现象的发生,在前文中叙述的关于加强农业和商业发展建议时,已提到一些办法。比如,让皇店、官店在商业流通中发挥其作用,让民间商人多来往于京师。总的来说,要开辟多种物资供应渠道,以保障京师的物资供应不能间断。吕坤在他的著述的多处强调,王土内各地都要稳定,各地都要发展。吕坤特别强调要加强京师物资供应,主要因为吕坤在其奏折中强调了京师是王朝最重要的地方,即使多地出现大的灾荒,京师的物

---

①②　吕坤:《忧危疏》,《明经世文编》卷415,第4497页。

资供应也不能间断。单从这一角度思考,贮粮备荒是很重要的事宜。

二、"三仓"是"贮粮备荒"的基础

吕坤提出了修建"三仓"的建议。三仓指"两利仓""乡会仓""自救仓"。"两利仓"由官方出钱修建,谷物也由官方购买。"遇谷贱之年,尽数籴买。每年春散,分为三等。极贫平借,至秋抵斗还仓。次贫息借,至秋加二还仓。稍贫赊借,以春放之值,收秋成之谷。其三借多寡之数,悉令乡甲长保催,以防逋负。其仓分立于乡村远近之间,以便出纳。不五年而粟倍,倍则以额粟还官仓,以倍粟为社本。凶则当年缓三借之征,大凶则极贫免还,寡妇孤儿之贫者免还,流移者免还,息借、赊借者待丰而还。"①"两利仓"一利百姓安全度荒,二利朝廷战备贮粮。它的修建和运行可督促官员为百姓做事,为官员救助百姓提供"平台"。分发贮粮时,依据贫困的差异对百姓的救助方式不同,对极贫者救助的力度大。各地分散设立,以方便救济。依不同年景谷物收成的差异,详述了不同的救济方式,特别强调建仓的主要目的是应对"凶年"和"大凶年"的可能到来。

"乡会仓"修建的资金由民间筹集,谷物的钱由大家出资。"救命会钱,一月两会,谷量其力,多者一会钱百或五十,以次差减,极贫者钱一十,立为薄,以约中殷实者掌之,不许放借以起争端。须谷贱之年尽数籴买,露囤一处,不必敛散,以防侵冒。至大凶之年,誓神报官,照本分给,各救身家。好义之人不愿分领者,官给旌奖。"②"乡会仓"是民间集体备荒的一种方式。为鼓励积粮,制定了"多积多领"的方式,积粮和分粮由官府直接掌控。入粮者能够分到的粮如果愿意献给他人,官府要奖赏。该仓的修建和运行鼓励绅士为大众备荒,督促富人为穷人备荒。

吕坤建议,除特别贫困的家庭都要建"自救仓"。"中人以上之产,每岁所入,分为四项。先计粮差之用几何,次计凶荒之被几何,次计衣食之资几何,次计应酬之费几何。岁有余,则增凶荒之备。岁不足,则省应酬之费。

---

①② 吕坤:《实政录》,《吕坤全集》,北京:中华书局,2008 年,第 1125 页。

甚者,宁减衣食之资,而凶荒之备勿减分毫。盖一日一食,犹不至死。十日无食,必不可生。此民间第一要务。乡约报其数目,邻佑稽其虚实。积多者另加优奖,浪费者罚谷入官。"①"自救仓"是自我备荒,减少奢侈浪费的一种办法。吕坤要求每户贮粮情况要如实报备官方,邻佑负责核实报数的虚实情况,官方对"积多者"和"浪费者"要奖罚分明。

吕坤修建"三仓"的建议,得到了朝廷的认可。万历四十年(1612),户部官员官应震曾说备荒之事,建议让整个王朝推广吕坤的"三仓"建设方案。

官府筹建"两利仓",拨银收购丰年粮。

绅士捐粮"乡会仓",带动大众早备荒。

家家修建"自救仓",乐岁节粮凶年享。

吕坤主张建"三仓",户部奏请天下仿。

建仓贮粮,仓官职责重要,丰年贮积,百姓荒年有粮。吕坤对修建仓库、保管粮食事宜所提的建议细致入微。修建仓库要选在地势较高且干燥通风的地方,地基要砖石修筑。他强调:"谷积在仓,第一怕地湿房漏,第二怕雀入鼠穿。"因为雀鼠"既耗我谷,又遗之粪""仓中之地,务使干燥,上防雨湿,下防水浸。晾窗常要透风,又要编竹小孔,以防雀入。墙壁常要坚塞,又要铺板糯灰,以防鼠盗"②。"谷忌湿",所以要找干燥的地方。在窗户上用"竹篦"遮挡,防鸟雀进入。砖与砖之间用糯米、石灰浆黏合,凝固后很结实,以防老鼠进入。"近仓不可作秽恶,近仓内不可畜鸡猪。"③鸡猪的粪便给粮食掺杂异味。因此,粮仓周围要维持一个好的环境,确保粮食的安全贮存。

粮食要常翻动、吹晾。没有亲身体验,吕坤是不会提出以下建议的。建粮仓时,"每一廒五间,俱以板断隔。五间自西而东,常空闲一隔。每于湿盛之月倒廒一遍,将东第四隔量入第五隔,以次递量,空第一隔,量完报数。及至明年,又自西第二隔量入西第一隔,以次渐而东,量完报数,又空东第五

---

① 吕坤:《实政录》,《吕坤全集》,北京:中华书局,2008年,第1125页。
② 王国轩:《吕坤全集》,北京:中华书局,2008年,第908页。
③ 吕坤:《答毕东郊按台》,《明经世文编》卷416,第4518页。

隔"。①如此整体挪动谷物的位置,如发现潮湿可及时吹晾。

仓官责任重,放谷催收难。选择仓官人选,需要特别慎重。能胜任者既需责任心,还需品德好。吕坤言:"为仓官者,收时要极干极净,量时要极早极平。""盛暑连阴之月,禀讨官钥,将谷翻上倒下,务使熏蒸湿热之气得以宣泄。每岁如此三翻,米谷自不红腐。至出放之时,升合不欠。出纳之数,册籍要明。"②仓官收粮时要观察仔细,收购的粮食干净。勤于检查,随时排除隐患,一年之内保持谷物的干燥。发放谷物公平合理,发放数量如实入册。"凡本官经手仓库,务令催完,缴取实收,查盘明白,方许离任。不,则虽行取亦须留催。"③发放的谷物一些需要按时缴回,对此仓官要负责。每一任仓官职责需明确,对经手的谷物账目要明晰,催回该缴回的谷物后方可卸任。

三、关于"贮粮备荒"应多做些具体事宜

吕坤认为,王朝各地在正常年间要贮粮备荒。只有这样做,遇到灾荒之年,百姓方可度日,社会才能秩序井然。他在《答毕东郊按台》中陈述了自己的观点。贮粮备荒意义重大,吕坤对此有自己的看法:"今天下吏治,有重于民生者乎？民生命脉有急于积贮者乎？仓库如洗,虽十尧舜不能活一饿夫。珠玉如山,虽人与千金,不如给一升粟,读我公祖积谷一刻。"④

他的看法是,贮粮备荒是关系到民生问题的大事,作为官员,应该对此重视,如果没有备荒,遇到灾情,即使像尧舜那样的能人也没有能力去救活一个人的性命。在那种情况下,堆积如山的金钱是没有用的,一升粟、一点谷的价值很高,因为这些东西此时能救人性命。

救荒无好的办法,但备荒可以采取好的措施,这是吕坤的观点。

事实确实是这样。当真正的灾荒降临之时,社会已没有正常秩序,只能盲目地发放粮食,发放药品,有些地方只能给流民建粥厂,以解燃眉之急。

---

① 王国轩:《吕坤全集》,北京:中华书局,2008年,第168页。
② 同上,第908页。
③ 同上,第168页。
④ 吕坤:《答毕东郊按台》,《明经世文编》卷416,第4517页。

而在正常年景,有稳定的社会秩序做保障,可以做好备荒事宜。吕坤提出以下建议:备荒要发动社会各种力量,吕坤言:"不拘大小镇店、庵观、寺院随处建设煮粥,放赈之时,就近百凡便宜。"在各地要充分利用已有的设施,调动各行各业的人,在人口集中的地方建一些粥厂等救助设施,平日要设立救灾组织,一旦有灾荒,便可就近放赈。

吕坤以身作则参与具体备荒事宜,初入政坛重视灾荒防御。他在山西襄垣担任知县时"设法积谷,立河仓以备修筑,民不知役"。[①]他做了一些预防灾荒的事,修筑河仓,囤积谷物;还做了一些减轻百姓负担的事,导致当地的百姓对"徭役"的概念淡薄。他在执政的几个地域,除了制定一些备荒制度,还利用职务之便,很多情况下亲自参与备荒事宜。吕坤任"山西按察使"期间,同家乡河南宁陵县的一些绅士合创"同善仓",在丰年购买粮食贮存,在饥荒年间向贫者施出。创设者们都捐出银两及自家的一些剩余粮食,吕坤庄园捐出的钱粮最多。

吕坤建议山东、河南的百姓要学习秦晋百姓的备荒办法。吕坤是河南人,曾经在山东、山西、陕西执政。因此,他了解这些地方的很多情况,他指出:"秦晋之民,家多盖藏,山东、河南皆无岁计。"他建议山东、河南居民也应该像陕西、山西居民那样,家家贮粮,户户备荒。这样做,既有利于自己,又有利于朝廷。

他还建议普通百姓做备荒的事。吕坤言:"我劝你一日应吃十文钱,只吃九文,便饿不死。每日攒得一文,一年可攒三百六十文。遇着谷贱时,可籴两石。忍上三年,可攒五六石谷。再养鸡猪,或攒糠菜,或与人家做工,吃了饱饭,又得几文工钱。多少随时积攒,不消十年,永无忍饥受冻之理。"[②]对于普通百姓而言,钱财要一点一滴攒起,一日一日积累。平常年份所积之钱在丰年可买谷,贮存的粮食可为灾年备用。多养家禽、家畜,积攒糠菜也可辅助备荒。这是官员吕坤亲自宣传备荒的具体内容。关于节俭是重要的备

---

① 郑涵:《吕坤年谱》,郑州:中州古籍出版社,1985年。
② 王国轩:《吕坤全集》,北京:中华书局,2008年,第953页。

荒措施,吕坤强调:"贫富无他,在勤俭与不勤俭。"①确实,农耕社会的百姓只要勤劳、节俭,出现贫困的可能性较小。吕坤就如何通过节俭来备荒做了阐述:"圣贤美德俭为先,菲饮恶衣禹且然。口腹十愆昔所戒,衣裳三慎古来传。饥寒但免即为福,保暖生余是弃夫。肯把糟糠做珠玉,怎教八口死凶年。"②古代圣贤们把更多的精力用于关心民众,而自己生活简朴,不贪图享受,成为后人的楷模。

要落实好征粮、储粮工作。储粮是备荒的主要环节,而储粮的前提条件是征粮,而征粮是官员们很难完成的差事,当差事未能完成时,"或称官更吏改,卷籍不存;或称逃流亡故,无人赔补"。针对这种情况,吕坤建议:"凡本官经手仓库务令催完,缴取实收,查盘明白,方许离任。不则虽行取亦须留催。"③他的建议是让某一具体官员责任明确,完不成征粮任务,最好不要离任。即使离任了,原来的征粮任务还需今后完成。如果这一建议朝廷统一发布,各地的官员会自始至终有一种责任心去完成自己的差事。

清查社仓储粮的多少。各地粮仓数目巨大,做完储粮之事,每一粮仓储粮的多少,要向上级相关部门汇报。在汇报过程中,有时出现瞒报和虚报行为,因此,做好清查社仓储粮之事,有时会碰到一些麻烦。吕坤在基层了解到这方面的一些情况,对此他发表自己的看法和建议:"社仓之法,委官查盘,则多骚扰问罪之累,全不查盘,只肥利己徇情之人,谓宜有司岁一亲身查盘,不许委佐领教职,以滋弊窦。"④他认为,如果派官员去清查社仓,可能会发现有舞弊的情况,如去问罪,便有很多骚扰之事的发生。如果不去清查,舞弊现象会更加严重。所以,主官要亲自动身,一年查一次,不许派自己的手下官员去办理此事,以防止可能出现漏洞的现象。

寺庙作为收留贫弱者的场所。吕坤对修建寺庙、求神拜佛有自己的看法。他斥责:"修盖庙宇,铸塑神尊,金碧辉煌,栋梁巍耸,要福不得,惑众实

---

① 王国轩:《吕坤全集》,北京:中华书局,2008年,第677页。
② 同上,第1258页。
③④ 吕坤:《答毕东郊按台》,《明经世文编》卷416,第4518页。

多。"①"想你平日空盖了许多寺庙,塑画了许多神像,打了许多醮事,烧了很多金银,哪个神灵救得你?"②他认为在寺庙上投入大量的钱财是浪费的一种表现,面对灾荒,神灵也无可奈何。事实上,求神拜佛,使大众受到迷惑。既然寺庙已经存在,作为一种大的建筑物,可以收留一些无家可归者。他建议:"旧坏者改为公用,新整者改为约所。"③寺庙可作为朝廷救灾、社会救灾的应急场所,是一些无家可归者避难的地方。

吕坤提议,在粥厂要指派郎中给众人熬药。他强调:"瘟疫颇多,若不早治,渐至死亡。每场设医生一人,制药二人,预备时病汤散,即于调理。不惟救济一人,恐伤传染多命,仁人不可不加之意也。"④他指出,在赈灾过程中,对疫病既要防止扩散,又要及早治疗。粥厂是人群聚集的地方,既煮饭又熬药。方便所有就食者都能喝药,以防疫病传染多人。保护大众生命是仁爱百姓最重要的表现。

吕坤对贮粮备荒之事提出如此详细的建议,源于他做事精心的态度,也源于他多年基层执政的经历。确实,贮粮备荒不仅可以救饥民,而且能救天下百姓,救一个王朝。如果做好了这一事宜,不仅可以备荒,而且可为军队备战。

四、备荒、赈灾的宣传与制度化

利用职务之便,吕坤对备荒、赈灾做了大量的宣传事宜,并且尽可能使相关的做法制度化。

食草救荒需谨慎,真情叹作《毒草歌》。吕坤在山东担任济南道右参政期间,山东发生灾荒,饥民食野草、树皮。由于大多数百姓不识毒草,因食毒草者死亡众多。吕坤查阅了一些药书、农书,对当地有毒的草一一注明,哪些草可食,也一一注明,他利用行政职务普及这些常识,对百姓的爱戴细致

---

① 王国轩:《吕坤全集》,北京:中华书局,2008年,第1002页。
② 同上,第955页。
③ 同上,第1003页。
④ 吕坤:《实政录》,《吕坤全集》,北京:中华书局,2008年,第974页。

入微。看到很多因食毒草死亡的饥民,他伤心之余,作《毒草歌》。他在序言中谈道,万历十六年(1588),"山东饥,盖二年旱也,草根、树皮剥掘殆尽,又食及野草。幸无毒,不问苦辛生熟。面黑者如铁,黄者如土,殍者横野不复收。余行部日,见道间青草二三中,花且实矣,蔚然独存。问之,对曰:'此莞花鬼曰也,有大毒。使入喉,能即死幸甚。往有食者,吐泻懊憹终日夜,裂肝肠,竟不死,其难堪视死甚矣。'何敢食?余抆泪儿代之歌"①。吕坤作《毒草歌》,其缘由是他亲历灾荒年,目睹灾荒景,看到百姓食树皮、草根后,脸色变黄、变黑。人们误食毒草后疼痛难忍的凄惨模样,上吐下泻,肝肠疼痛,求生不能,求死不得。死去的人众多,荒野尸体遍布。吕坤作此歌,是为了向当时的百姓们做宣传,提醒他们有选择地食草,避免中毒。

看了《毒草歌》,更是催人泪下。"柳头尽,榆皮少,岂是学神农,个个尝百草?但教饥饿缓一刻,那论苦辛吃不得。嗟嗟毒草,天胡生此,既不延我生,又不速我死。速死岂不难,长饥何以堪。"②这首歌的内容首先描述了人们为了生存对树和草的剥掘,这是无可奈何的饥民做出的唯一的生存选择。苍天有眼,让我的爱民不要忍受饥饿吧,再不要让他们吃苦了!大地为何生长那么多毒草?人们吃了要遭受慢性的折磨,最后痛苦地死去。既然一定要毒死人,为何不给饥饿难忍的民众来个痛快的选择?为何如此残忍?吕坤如此伤心和感叹,确实说明了他对广大的百姓怀有深深的同情,对处在灾荒中的百姓真心地爱护。

吕坤作《毒草歌》,其目的是为了达到更好的宣传效果。他想提醒普通百姓,平日多了解野外的草种,得知那些可食,那些不可食。待到饥荒年间,就不会误食毒草,达到维护健康,保护生命的目的。

赈灾是全社会的事,上至天子,下至普通百姓,人人需觉醒,自己做好自己该做的事。他在《忧危疏》里建议万历皇帝,朝廷应该从多方面减少不必要的开支,节省钱财、物资备用于荒年。

朝廷浪费巨资同百姓备荒相冲突。吕坤上奏曰:"今天下之苍生贫困可

---

①② 吕坤:《去伪斋集》,《吕坤全集》,北京:中华书局,2008年,第556页。

知矣？自万历十年(1582)以来，无岁不灾，催科如故。臣久为外吏，见陛下赤子冻骨无兼衣，饥肠不在食，垣舍弗蔽，苦澡未完，流移日众，弃地猥多。留者输去者之粮，生者承死者之役。君门万里，孰能仰诉？今国家之财用耗竭可知矣。数年以来，寿宫之费几百万，织造之费几百万，宁夏之变几百万，黄河之溃几百万，今大工采木费又各几百万。土不加广，民不加多，非有雨菽涌金安能为计。"① 吕坤对朝廷浪费巨资提出自己的观点，列举了朝廷的一些巨大开支项目，指明朝廷花销浪费严重，库存银两即将耗尽。同时叙述了灾年百姓饥饿、流离的场景。当时吕坤主要强调，朝廷浪费巨资是百姓贫困的重要因素。民不聊生的百姓更谈不上备荒，若再有较大的自然灾害发生，百姓的生活状况将更为凄惨。

吕坤利用职务之便颁布"赈粥法"。吕坤巡抚山西期间，制定"赈粥法"。当灾情出现，官府、富家需设粥厂，并制定奖赏措施。

他强调，必须杜绝以下现象发生："官到，鸣钟散粥。未到，则枵腹待至下午。官去，随撤厂平灶，寂然矣。皆耳闻目睹之事，由是推之，民安得不困，国安得不忧？后世官长赈粥可不视此为戒哉。"② 吕坤颁布"赈粥法"时身任山西巡抚，至少当时整个山西区域已推广该法令。依据调查得知，以往散粥时，应付上级的敷衍之事较多。他专门强调应杜绝这些现象发生，这也写入"赈粥法"的内容之中，以警戒后世官员以此为鉴。

赈灾过程需公平合理。灾荒出现时赈灾便会启动，为防止一些官员徇私舞弊，吕坤在实际调查的基础上制定了《放赈十禁》："一禁衙役请支，二禁通学借支，三禁里老总支，四禁不贫冒支，五禁久待迟支，六禁欠家夺支，七禁斗级弊支，八禁不明乱支，九禁收不查支，十禁不还不支。"③ 他用以上"十禁"，杜绝官差以种种理由开支，限制一些地方豪强挪用资金。还要求富裕者不能冒支，不能把银两久存于衙门，对一些欠债者不能动用赈银。他重点强调官府不得以"合理借口"弊支、乱支。这"十禁"是他多年来从政经验的

---

① 吕坤：《忧危疏》，《明经世文编》卷 415，第 4495 页。
② 《山西巡抚吕坤赈粥法》，《钦定康济录》卷四下之二，《钦定四库全书》。
③ 吕坤：《实政录》，《吕坤全集》，北京：中华书局，2008 年，第 963 页。

总结。

备荒、赈灾的关键是具体落实。为了让各地百姓有备荒行动,吕坤颁布多种条文,令各地官员实施。这些措施不仅加大了宣传力度,同时使备荒、赈灾逐渐制度化。

五、"贮粮备荒"真的有必要吗

吕坤认为,饥荒发生的原因不只是自然灾害,还需考虑人为因素。他谈道:"丰年忍饥,凶年饿死,未必皆岁之罪也。"[①]如果丰年还饥饿,一定是懒惰造成。耕种者不欺骗土地,土地是不会亏待人的。凶年出现饿死现象,可能是平日备荒较少,再加救灾不力所导致的。

吕坤从家庭、社会、朝廷几个层面谈到"贮粮备荒"的必要性。从家庭层面讲,让每个人都有备荒的意识和行为。一旦有灾荒,每户都能得到救灾物资。真可谓"家家有救民之资,人人有备荒之策"[②]。吕坤对个人备荒的必要性进行了如下的论述。

平日备荒不奢侈,学习鸟鼠备冬粮。吕坤作《救命会劝语》,建议百姓在平常年景节俭储粮。"想那好年成时,胡使乱费只嫌窄,䌷衣布裳只嫌丑,吹笛打鼓还嫌不中听,好酒好肉只嫌不中吃。却将那平日吊下的留在这时用,怎到的吃榆皮、草根还饿死了。俗语说,爷有不如娘有,娘有不如在手。只望百姓们口那肚攒随贫随富,除了纳粮当差外,宁好少省使俭用,宁好淡饭粗衣,好歹多积些救命谷,多积些救命钱。宁为乐岁忍饥人,休做凶年饿死鬼。且如老鼠盗杂粮,积在穴中没时备用。鸟雀衔楝子,藏在树里冬月防饥。你曾见荒年饿死多少鸟鼠?人生过日,倒不如鸟鼠见识,可叹可叹!"[③]吕坤将百姓平常年份的富足生活同饥荒年间的极端求生行为做了对比。一种场景是:穿"䌷衣布裳",吃"好酒好肉",听笛声鼓音,日子富足,心中无事。另一种场景是:谷仓空,锅无饭,牲畜亡,人逃荒,剥树皮,挖草根。到后

---

① 王国轩:《吕坤全集》,北京:中华书局,2008年,第1707页。
② 同上,第953页。
③ 吕坤:《实政录》,《吕坤全集》,北京:中华书局,2008年,第955页。

期,人躺荒野,饥饿而死,野狗啃人肉,狐狼觅死尸。吕坤感叹奢侈者的无知,对只图一时享受而不为灾年备荒的人们感到悲哀,这些人远不及鸟鼠的见识。多积救命谷,多攒救命钱,好年景多节俭,遇灾年有饭吃。这里吕坤谈及备荒的重要,并以鸟鼠备粮为例,提醒人们要有危机意识,并且付诸行动。

从社会层面上讲,"宇内之重,无重于民生矣"①。在整个社会,民生是重中之重。"积贮之法,非独救饥民,正以救死民。"②贮存粮食可使一大批百姓在荒年免受饥饿,也可把众多饥民从生死线上挽救回来。救助的大多是农耕者,救助的是社会财富的创造者。那么,积贮之法利于稳定社会,助力社会发展。从道德视角看,"救饥""救死"显示了一个村落、一个地域,以及整个社会在患难时人们之间互帮互助的社会风尚。

从朝廷层面上讲,"王政之急,无急于积贮矣"。③贮粮是王朝施政最要紧之事。否则,一个王朝可直接或间接毁于一次规模巨大的自然灾害中。"非独备荒岁,亦以佐军也。"④贮粮让百姓稳度荒年,如遇不到荒年,可养兵兴军,助力朝廷稳固江山、开疆拓土。"救荒无奇策,正欲备有善政耳。"⑤救荒找不到奇特的妙方,只能采用最原始的贮积办法。救荒的实施程度及效果是一个王朝是否"善政"的显示。

"贮粮备荒"对于救助百姓、稳定社会、王朝安全等多方面具有重要意义。一个王朝要一直保障物资供应,因为物资供应是社会发展的基础,物资供应有多种途径、多个办法。他具体建议,京师的物资供应不能间断,因为京师是王朝最重要的地方。为防患于未然,各地要做好贮粮备荒事宜。"三仓"建设能够充分调动全社会的力量,组织全民备荒,同时为耕者谋利,为食者造福。"自救仓"能够挖掘众多百姓的力量,攒丰年的粮食。"乡会仓"可动用一些绅士、富豪的力量贮积富人们多余的粮食。"二利仓"可利用朝廷

---

① 吕坤:《实政录》,《吕坤全集》,北京:中华书局,2008年,第950页。
② 同上,第1124页。
③ 同上,第950页。
④⑤ 吕坤:《去伪斋集》,《吕坤全集》,北京:中华书局,2008年,第167页。

的银两购买粮食。

关于贮粮备荒,吕坤建议王朝各地要做好具体事宜。救荒很紧急,备荒方法多,且有充足的时间、精力。备荒重在发动社会力量,重在具体落实。除了需建造各类粮仓之外,征粮、储粮也较为棘手。寺庙等地可作为收留贫弱者的场所,设立粥厂要选择交通方便且人口密集的地域,粥厂运行需防止疫病流行。备荒、赈灾的重要性需要广大民众得知,官方有责任加大宣传力度。同时,动员全社会的人参与。从朝廷节省巨资到普通百姓的衣食节俭,都需制度化。赈灾过程的每项事宜需制订详细的条文,官方要依据实施的效果明确奖赏制度。官员吕坤以身作则,作《毒草歌》提醒百姓不要误食毒草。为了备荒,他上奏皇上,下到基层,渴求把备荒、赈灾制度化。他亲自起草、颁布《赈灾法》《放赈十禁》,以制度化的形式指导官员、百姓做好备荒、赈灾事宜。

从家庭、社会、朝廷多个层面讲,备荒的必要性很强。当灾荒出现时,依据灾情合理启用"三仓",使百姓缓减饥饿,甚至摆脱死神的威胁。如没有发生灾荒,可利用多余的贮粮养兵兴军。备荒能够让全社会的人团结一体,共同防御外敌入侵。同时让全社会的人建立危机意识,养成节俭的社会风尚,推动社会发展。

在明万历中期那样的历史背景下,吕坤提出这些建议,对当时的社会发展来说,其警示性是及时的,也是必要的。这些建议对现代社会的防灾、救灾,也有重要的借鉴及参考价值。

第二节　预防动乱

一、动乱的根源

社会动乱表现形式多样,起因更是千差万别。若究其深层次原因,不同的动乱有一些共同的因素在起作用。

极贫、极富者是"乱"的制造者。吕坤曰:"天下之利,天下之所以相生相养者也。天不立君,君不建百官,则天下之利归豪强、归贪暴。而豪强贪暴者专利,则生势以役群,动而分天子之权。贫无赖者失利,则相聚以求所欲,而启天下之衅,是利不可不均也。"①天下的利益属于大众,天下人分工不同,相互依赖才构成社会。若天下无官制,社会秩序会出现紊乱。一些豪强、暴徒横行天下,他们对利益的索取贪得无厌。若成为极富者,便势力壮大,发展地方武装。若有动乱机会,可乘势而起。一些贫者,当生存出现危机之时,便集聚寻求生路,成为动乱的启动者。一些极贫者甚至丢掉社会伦理道德,更不顾王法,直接肇乱。可见,贫富差距大是动乱的重要原因。

吕坤曾对当时社会贫富不均现状做了描述:"天下苍生,富者十无二三,贫者十常八九。饥肠瘦面,破帽烂衣。或给帖充斗秤牙行,或纳谷作梁籴经纪,皆投身市井间,日求升合之利,以养妻孥。此等贫民,天下不知几百万矣。"②吕坤为官期间,常走进民间。在上述文献中,对贫困者的气色、穿戴做了形象描述,这些人每天在忙碌中奔波,可得到的是区区小利,勉强能使妻儿糊口。在平常年份,居多的贫困者也能正常生活。若出现较大的自然灾害或社会出现异动,贫困者出现生存危机的可能性较大。他们往往成为社会秩序不稳定的因素。

为盗是百姓无可奈何的生存选择。吕坤对社会灾难发生时为盗的主要原因做了分析:"枵腹菜色,盗亦死,不盗亦死。夫守廉而俟死,此士君子之所难也,奈何以不能士君子之行而遂诛之乎?此富民为王道之首务也。"③百姓为盗作乱多出于无奈,当人们的食物匮乏之时,会竭力寻找求生的机会。盗取粮食,出于求生本能,人们常常会响应的。针对百姓为盗,朝廷只施用武力镇压的方式,是不能解决根本问题的。采取措施让百姓衣食丰足,是解决百姓为盗作乱的根本原因。

---

① 吕坤:《去伪斋集》卷七《杂著·势利说》,《吕坤全集》,北京:中华书局,2008年。
② 吕坤:《去伪斋集》卷二《辨洪主事参疏公本》,《吕坤全集》,北京:中华书局,2008年。
③ 吕坤:《呻吟语》,《吕坤全集》,北京:中华书局,2008年,第847页。

以上内容为吕坤所总结,当然,他提及并强调发生动乱的因素远不止这些。比如,他还强调:民生是社会的重中之重,保障民生是稳定社会的根本措施,等等。

二、预防动乱的办法

社会动荡不安时后果极其严重。当天下大乱时"唯有邱民难收拾,虽天子亦无躲避处,何况衣冠"①?大乱发生时受苦受难最严重的是百姓,他们的衣食不能得到保障,生命安危时时存在。天下动乱程度较深时,天子也无藏身之处,缙绅、名门世族都不可避免流亡,王朝的生存出现危机。社会动荡后果的严重性,从众多历史事实中能够证实。

当动乱已经发生,调集官军平定,这是主要的应对措施。当动乱还没有发生,采取措施预防动乱这一任务更艰巨。吕坤在《忧危疏》的开头强调:预防动乱,迫在眉睫。他首先提出,目前国家的乱象已形成:"臣闻治乱之兆,垂示在天,治乱之实,召致在人。窃见元旦以来,天气昏黄,日光暗淡,占者以为乱征。当今天下之势,乱象已形,而乱机未动,天下之人,乱心已萌,而乱人未倡。今日之政皆播乱机而使之动,助乱人使之倡者也。"②

吕坤认为,上天会显示治乱的征兆,但真正治乱的因素是人。对于后半句,无须怀疑,但对"上天会显示治乱的征兆"这个结论,笔者试做如下的分析。由于受传统文化的影响和受时代的限制,吕坤相信天意。他认为,天会保君保民,天也会弃君扰民。除此之外,吕坤还有"人可胜天"的思想。他认为,人们只要发挥自己的主观能动性,也可以改变天意。从以上文献中得知,吕坤已经看到乱象已形成,在"乱机未动""乱人未倡"的情况下,可以用良策治国,改变这个天意。吕坤所言,当前的主要任务是排除动乱隐患,对可能作乱的人引导他们走上正路。吕坤提出的这个改变天意的主张,是"人可胜天"思想的体现。由此可知,吕坤的思想既受时代的影响,又在一定程度上冲出了时代束缚圈的界限。

---

① 吕坤:《呻吟语》卷五《书集·治道》,《吕坤全集》,北京:中华书局,2008 年。
② 吕坤:《忧危疏》,《明经世文编》卷 415,第 4494 页。

要排除动乱隐患,必须了解哪些类型的人可能作乱,吕坤对此做了分析。他把可能作乱的人分为四类,分别是:无聊者、无行者、邪说者和不轨者。"一曰,无聊之民,饱暖无由,身家俱困,安贫守分,未必能生。世变兵兴,或能苟活,因怀思乱之心,以缓须臾之众。"①第一类,是指一些生活极度贫困的人,如果一直安分守己,生存很难。他们有时想,当天下乱了以后,他们也许能找到更好的生存途径。"二曰,无行之民,气高性悍,玩法轻生,或结党而占窝开场或呼群而斗鸡走狗,居常爱玉帛子女,为法所拘,有变则劫掠奸淫,惟欲是遂。"第二类,是指一些不法之民,他们相互勾结,坏事无所不为,他们中有的被官方拘留,或曾经被拘留过。他们在想,如果社会乱了以后,他们的长处更能发挥出来,比如,想办法占有更多的社会财富,或大胆地干一些坏事等。"三曰,邪说之民,白莲结社,黑夜相期,教主传头,名下成千成万,越乡隔省,密中独往独来,情若室家,义同生众,倘有招呼之首,此其归附之人。"第三类,是指一些信邪教影响的百姓。他们受人煽动,误入歧途。比如,当时白莲教派的规模很大,在王朝多地很有影响,如果天下有变动,归附的人会更多。一旦社会有动荡,这一类型的人会被一些人煽动和利用。"四曰,不轨之民,怀争帝图王之心,为乘机起衅之计,或观天变而煽惑人心,或因民愁而收结众志,惟幸目前有变,不乐天下太平。"第四类,是指一些有争帝图王之心的人,他们平日拉帮结派,收买人心,寻找夺权的机会。这些人唯恐天下不乱,只有待到天下大乱,他们的阴谋才能得逞。

以上的四种人,吕坤认为,他们的行为有很大的弹性,如果采取措施,收其人心,他们则能变成对社会有用的人。如果失其心,他们的行为对社会可以造成极大的危害。他在奏折中指出:"此四民者,何代无之,圣王约己爱民,损上益下,则无聊者归恩,无行者守法,邪说者无所售其奸,不轨者不得行其智,四民皆我赤子。一失其心而堕其计,四民皆我寇仇。"②吕坤建议皇上要制定一些损上益下的爱民政策,四种人皆可收其心。贫困的人们感恩得到了救助,一些社会无赖受惠变得遵纪守法,一些受邪教影响的民众没有

---

①② 吕坤:《忧危疏》,《明经世文编》卷 415,第 4494 页。

地方聚众捣乱,一些图谋不轨者没有机会举行影响社会秩序的行动。

笔者认为,皇上如果按吕坤所言去做,四种人都可变为明王朝的赤子,那么,当初制定的"损上益下"的政策,事实上是"益上益下"的政策,因为国家内部如果是秩序井然,这既有益于百姓生活,又益于君王统治。如果对这四种人不采取收其心的措施,或者采取的措施不当,他们的行动对王朝的破坏可能造成不可想象的后果。

富人济穷人是民间秩序稳定的办法。吕坤建议,富人与穷人应和睦相处,两类人天然不能分离。吕坤曰:"敛群不足铸我有余,富者之事也。损我有余益彼不足,仁者之心也。井田堙而圣王之政远矣,眷彼穷黎,余盖伤心焉。曰:嗟嗟斯世,安得富者仁,又安得使仁者富?"①

他认为,向穷人敛财是达到富贵的主要办法,富人要用多余的钱财救助穷人以显仁心,方可达到社会相对公平。他呼吁处于社会上层的人要关心黎民百姓,富人要变得更仁慈,仁慈者或可致富,社会则会变得秩序井然。

预防动乱,要总结历史上正面和反面的经验教训。吕坤分析,元朝的统治者为什么失去天下?明太祖朱元璋为什么能夺取天下?得出的结论是:前者失去人心,而后者得人心。他在奏折中言:"昔者,胡元疆土大于我朝,未乱之先,天下全盛,我太祖以布衣单身,提三尺剑唾手而得之者,何?四民之心,胡元失之,而太祖收之也。"②吕坤认为,即使王朝很强大,但如果统治者失去人心,江山很容易丧失。根据吕坤的分析,要预防动乱,必须稳定天下各类人的心。要稳定人心,必须做更多有益于百姓的事,针对具体事宜,要灵活地采取措施。从长远来说,预防动乱,这是一项艰巨的任务,一定要认真地总结历史上正面和反面的经验教训。

道德教育更胜于王法教育,二者都是预防动乱的长远措施。吕坤言:"弭盗之末务,莫如保甲。弭之本务,莫如教养。故斗米十钱,夜户不闭,足食之效也。"③吕坤认为,预防盗贼横行最重要办法是保障百姓的衣食,满足

---

① 吕坤:《去伪斋集》卷九《阮台阳墓志铭》,《吕坤全集》,北京:中华书局,2008年。
② 吕坤:《忧危疏》,《明经世文编》卷415,第4494页。
③ 吕坤:《呻吟语》,《四库全书》本。

他们的基本生活需求。其次是道德教育,让全社会的人树立"和为贵,善为宝"的道德意识,构建"人人和睦相处,处处和谐不紊"的道德秩序。最后是完善保甲制度,预防一些顽固不化者伺机捣乱,对一些有预谋的作乱者给予惩罚。

以上是吕坤对预防动乱提出的具体建议。总而言之,在保持社会平稳的前提条件下,把可能发生的动乱平静地处置在萌芽状态,这是最佳的应对办法。

动乱发生的原因是多方面的。社会贫富严重不均,是导致动乱的一个重要原因,极贫、极富者往往是动乱的制造者。当百姓的生存出现危机的时候,他们被迫寻找生存的渠道,为盗是他们无可奈何的生存选择。预防动乱是一项长期的、艰巨的任务,吕坤提出了预防动乱的多种办法,他归纳了可能作乱的四种人:无聊者、无行者、邪说者、不轨者,针对这四种人分别采取不同的措施,把可能发生的动乱消灭在萌芽状态。预防动乱要总结历史经验教训,稳定人心是重中之重,得人心者得天下、稳天下。富人济穷人是民间秩序稳定的办法。道德教育更胜于王法教育,二者都是预防动乱的长远措施。

第八章 立德育人扶弱

第一节 立德为先,办学育人

一、德育为先

吕坤认为,德育是教育的重中之重,他制订的"五禁十戒"是重视德育教育的具体表现。"五禁"内容如下:"一禁成群戏耍,二禁彼此相骂,三禁毁人笔墨书籍,四禁搬唆倾害,五禁有恃凌人。此处人五禁,犯者比读书加倍重责。"①吕坤认为,如违背了"禁"的内容,是不可容忍的。"成群戏耍"容易越过界限出现争斗;"彼此相骂"可导致冲突,可能引发不测;"毁人笔墨书籍"是侮辱人格、侵犯财产的表现;搬弄是非、坑害他人,不亚于谋杀;以势压人,几乎要超越道德的极限。

关于"十戒",吕坤言:"学者立身,行检为重。一戒说谎,二戒口馋,三戒村语谣言,四戒爱人财物,五戒讲人长短,六戒看人妇女,七戒交结邪人,八戒衣服华美,九戒捏写是非,十戒性暴气高。犯者比读书加倍重责。"②"戒"的内容是一个人在修养过程中所要防备和警惕的。"说谎"是不诚信的表现;"口馋"是自私的行为;"村语谣言"扰乱公共秩序;"爱人财物"侵害他人利益;"讲人长短"破坏人与人之间的关系;对妇女不尊重属于流氓行为;"交结邪人"可能误入歧途;过分讲究穿戴是生活奢侈的表现;"捏写是非"是有

---

①② 吕坤:《社学要略》,《吕坤全集》,北京:中华书局,2008 年。

意破坏团结的行为;"性暴气高"是不尊重他人的极端表现。

"五禁十戒"都属于道德范畴,"禁"比"戒"的程度要深,违"五禁"的任何一项内容都属于道德败坏。"十戒"中的各项要尽力做好,如一一都能遵守,说明个人修养正在走向成熟。

创作《好人歌》,建议人人做好人。吕坤的《好人歌》激人反省,给人指路。"天地生万物,惟人最为贵,人中有好人,更出人中类。好人先忠信,好人重孝弟;好人知廉耻,好人守礼义;好人不纵酒,好人不恋妓;好人不赌钱,好人不尚气;好人不仗富,好人不倚势;好人不欠粮,好人不侵地;好人不教唆,好人不妒忌;好人不说谎,好人不谑戏;好人不闻言,好人不谤议;好人无歹朋,好人没浪会;好人不村野,好人不狂悖;好人不懒惰,好人不妄费;好人不轻浮,好人不华丽;好人不邋遢,好人不跷蹊;好人不强梁,好人不暗昧;好人救患难,好人施恩惠;好人行方便,好人让便宜。"①

人作为天地万物中最尊贵者,应该具有天地中最尊贵的品德,这是万物造化本应该出现的结果。人人争做好人,这才遵循万物造化的规律。不同的人在争做好人的过程中,有的脚步较快,这些人是楷模。忠心、诚信、孝敬是做好人的基石,懂廉耻、守礼义是做好人的开端。纵酒、贪色最为忌讳,赌博、斗气好人不沾,仗势欺人品行不端,公平买卖诚信交易。教唆间接侵害他人的行为,妒忌是心地狭窄的显示。调皮戏弄是侮辱人格的表现,诽谤直接损害他人的名誉。不与社会的无赖结帮,远离粗暴鲁莽,不狂妄自大。做事勤快讲求实效,谈吐举止文雅,穿着打扮有节。对弱者不强横凶暴,要待人真心,表里如一。热心救济患难者,助力他人显慈悲,行道让路便他人,心地坦诚天地宽。吕坤创作《好人歌》首先是吕坤内心世界的真实写照,由此得知,"构建道德新秩序",是吕坤一直所倡导并投身于实践的想法。他希望全社会个个做好人,人人讲道德。

二、吕坤重视办学

注重儿童启蒙教育。吕坤在《社会要略》里建议:"初入社学,八岁以下

---

① (民国)张文治:《国学治要》,《理学》卷二,北京:北京理工大学出版社,2014年。

者,先读《三字经》,以广见闻,《百家姓》以便习用,《千字文》亦有义理。"让孩子们的学习遵循"由易到难"的规律,达到既要增加见闻,又要明白事理的效果。

续写父亲作品,传承儿童启蒙教育思想。吕坤在儿时,协助父亲吕得胜完成了《小儿语》《女小儿语》,在潜移默化中接受了儿童启蒙教育思想。之后,站在父亲的肩膀上,完成了《续小儿语》《演小儿语》,同时加深了儿童启蒙教育思想的自觉性。父子二人的作品是一套结构完整的儿童启蒙教育书籍。吕坤续著父亲作品的姊妹篇,传承了儿童启蒙教育思想,也是长辈基业传承的具体体现。在他为官期间,向执政区域的学堂推广这两本书,让儿童启蒙教育在多地不断地普及。

为官期间,积极兴办社学。吕坤在任襄垣知县时,给民间贫困家庭子弟提供读书机会,一改多年的贵族家庭子女读书的传统。他在任大同知县时,办社学,让普通百姓学文化;宣传军事教育,建议全民习武。山东执政时立社学、创书院。他"崇文教,恤孤寡,伸武备,禁邪党,立社学,创书院"[1]。该文献是后人做的总结,有一半言辞强调文教。其中文辞的排序显示其执政的逻辑。首先让整个社会崇尚文教,特别关照没有自我生存能力的人,提倡全民习武,再防邪党扰乱社会秩序。当出现稳定有序社会之时,加强文化教育成为重中之重,立社学、创书院是具体的行为表现。担任山西按察使时,撰写《风宪约》《刑戒》等书,倡导各界推广刑法教育,普及刑法知识,让人们先懂法,再守法。

吕坤强调学校在社会中的地位重要。他在《实政录》里谈道:"天下之治乱系人才,人才之邪正关学校。譬之器物,学校其造作处,庙堂其发用处。譬之菽粟布帛,学校其耕织处,海宇其衣食处也。"[2]吕坤认为,天下治理需要精英,精英的思想、道德、能力与学校教育关系甚密。学校的功能可比作制造器物的场所,器物的质量及精美程度在于学校的制作工艺。学校也可比作耕地、织布的地方,学校是广大民众精神食粮的来源地。

---

[1] 《山东通志》,民国四年重印本。
[2] 吕坤:《实政录》,《续修四库全书》。

吕坤认为,学校可为社会建设提供一些建设性的建议。他谈道:"公论出于学校,古人称学校云有发头陀寺,无官御史台,言清苦正直也。"①吕坤建议提升学校的地位,学校的师生们可找到社会发展的不足之处,可为不同行业的发展献言献策,要鼓励师生们多参与社会建设。

吕坤晚年在家一边著书,一边讲学,自我撑起了一所学堂。目前在河南宁陵民间,"沙随夫子"这一称号仍然不绝于耳,家乡的人们不会忘记这位终身治学严谨、热心授徒的学者。

三、吕坤的女德教育思想

明代后期,社会对女子的约束程度很高。即使是较为富裕的家庭,女子读书的机会较少。当时的社会流行有《古今烈女传》《内训》等关于女子道德教育的书,这些书籍的语言大多不够通俗。从内容而言,一些是纯理论的,一些是纯范例的,可读性都较差。对于读书较少的女子们而言,这些书籍不过是纸张与笔墨的组合体而已。鉴于这些原因,吕坤撰写了《闺范》一书。该书既有范例,又进行论证,还有附图以及说明。其文字浅显,语句通俗,适合于大众读者,在当时社会得到好评。书传入宫中,深得郑贵妃称赞,她派人作序,并再印多册推广。

在《闺范》②中,关于女子道德教育,吕坤详述了以下几个方面:

女子之道。作为女子,要孝顺、守正、守身。"女子在娘家作闺女,所尽'女子之道',与男子相同,即奉敬孝长于父母。"在这一点,女子与男子平等。

守正需终身。吕坤谈道:"守正待求,不惟从一而永终,亦需待礼而正始。命之不谷,时与愿违,朱颜无自免之术,白刃岂甘心之地。然而一死之外,更无良图,所谓舍生取义者也。"在当时的社会背景下,妇女地位很低。由于受时代的局限,吕坤延续了传统的"从一而终"的思想。有时候,家里出现一些不测,妇女可以一死留"烈女"之名,这是所谓的"舍生取义"。"义"是传统社会的妇女道德。其实,这对当时的妇女是很不公平的,贬低了妇女

---

① 吕坤:《实政录》,《续修四库全书》。
② 吕坤:《闺范》,明万历二十四年郑氏宝善堂刊本。

性命的价值。

女子守身是遵守女德的基本规矩,吕坤对此做了较为通俗的表达:"女子守身,如持玉卮,如捧盈水,心不欲为耳目所变,迹不欲为中外所疑,然后可以完坚白之节,成清洁之身。"把守身之女比喻为"玉卮""盈水",称守身者具有"坚白之节""清洁之身"。这样的比喻对"当时的妇女去遵守女子道德"给予了巨大的鼓舞。

为妇之道。女子出嫁后应遵循妇人之道。吕坤曰:"妇人者,优予人者也。温柔卑顺,乃事人之性情。纯一坚贞,则持身之节操。至于四德,尤所当知,妇德尚静正,妇言尚简婉,妇功尚周慎,妇容尚闲(娴)雅。四德备,虽才拙性愚,家贫貌陋,不能累其贤。四德亡,虽奇能异慧,贵女芳姿,不能掩其恶。"温顺是为妇之首,还要终身笃守高尚纯正的品质。说话要简明,表达要婉转。做事谨慎,三思而行。穿着打扮朴素文雅。如注重"德"修养,其他方面的一些不足不会遮挡其品行。若"德"丢失,其他再多的优点也不会掩饰其人品的缺陷。

慈母爱子意,姊妹手足情。吕坤言:"母不取其慈,而取其教,溺爱姑息,教所难也。"作为母亲,最重要的是教育孩子,"教"重于"慈"。"慈"要把握一定的度,如果过分溺爱,会使孩子依赖的心理一直持续,不利于孩子的"自立""上进"。"姊妹,女兄弟也,气分一体,情自相关。先王以妇人为内家也,每割恩焉,然亲爱出自天性,则休戚岂同路人。取其笃情重义者,不敢尽以中道律之也。"姊妹从一个母体产生,"气分一体",互相关爱,理所当然。先王已树楷模,对本家以外的妇女也要关心,更何况是情同手足的姐妹,关爱程度更应甚于"路人"。

妯娌互善,姑嫂融洽。妯娌来自不同家族,而后融入同一个家中。吕坤曰:"异性而处入骨肉之间,构衅起争,化同为异,兄弟之斧斤也。"妯娌之间如相互恩怨,可直接使兄弟之间的情感破裂。如果相互友善,能够加深兄弟之间的手足情。

姑嫂之间应如何相处?"舅姑之女,兄弟之妻,分莫亲,情莫厚也。"吕坤建议,嫂子对长辈要孝敬,耐心教育子孙,善待家族内的人,默默地做善事,注重名节。姑姑本为族内人,应遵守家规,主动同嫂子友善,不为小事而争执。"父母无终身之依,姊妹非缓急之赖,继父母而亲我者,谁也?"姑嫂走到同一个家庭,新的"亲""情"需建立,相互融洽需要双方的主动。姑嫂之间和睦相处,是整个家庭和睦的重要环节,可增强家族的凝聚力。

吕坤反对买卖婚姻。他认为:"婚娶而论财,夷虏之道也。"在婚事面前,以钱财作为第一要事,这是承接落后地区的风俗,需要移风易俗。对于择偶,他认为:"凡议婚姻,当先察婿与妇之性行及家法何如,勿苟慕其富贵。"对待婚姻大事,要相互了解双方性格,特别要注意其行为、习惯,"察"需要一定的时间。双方的家庭教育情况要知晓,切勿只羡慕其钱财。

第二节 关爱社会的弱势群体

一个强盛的王朝在社会多个方面都表现出一定的优势。在明代后期,社会弱势群体是否得到朝廷政策上的关照,这里先不谈这个问题。以下单从官员吕坤对社会弱势群体的关爱方面做一陈述、论证。

一、关照弱势群体的具体措施

明廷曾规定:"凡鳏寡孤独及笃疾之人,贫穷无亲属依倚,不能自存,所在官司应收养而不收养者,杖六十。若应给衣粮而官吏剋减者,以监守自盗论。"[①]对于各类不能自食其力及生存能力较弱的人,朝廷规定,官府必须救助,同时严惩不收养残疾人的官吏,还要处罚克扣钱粮的相关责任人。吕坤在山东做官期间,为社会弱势群体谋生路,其具体办法纳入规章制度。若腿残疾,"跛者令结巾、织履、编席、刊木,稍足自存矣"。若眼睛残疾,不能自立,"瞽而六十以上、十四以下者皆入养济,一体存恤矣"。身体好只是眼睛残疾,"令老师宿儒作劝民歌曲,若百家小令、九宫大调、鼓板说书、钵盂宣

---

① 怀效锋:《大明律》,沈阳:辽沈书社,1990年,第48页。

卷,择其鄙俚亲切有关风化者,募辞师群而教之"①。如合理安排使用,残疾人也可为社会创造财富。腿不能正常行走,可用手做一些编、织、结之类的细活;眼睛看不见,可发挥想象力丰富的特长,表演一些快书、曲子等,还可训练说唱艺术,参与一些民间艺术活动。官方要派送一些先知者集体教授他们。让残疾者做力所能及的事,挖掘这类劳动力资源,可为社会做事,助力文化传承。

吕坤立法关照不能自食其力者,根据年龄及残疾程度给予不同的救济方式。吕坤建议特别关照的对象是六十岁以上无儿女老者,以及十二岁以下无父母兄弟儿童,还有眼睛和四肢残疾的人。他强调:"本院前有宪约,令瞽目残肢之人,年六十以上,鳏寡无依者,收养济院,照例给与衣粮。"②至于十三岁以上,五十岁以下的残疾人,据残疾特征,授予不同的生存技能。"其五十以下,教以各般生艺。"③眼睛残疾者,教说唱艺术;下肢残疾者,教编织手艺,等等,让各类残疾者都能为社会做事。同时,社会要给予他们热心的关照。

五十岁以上,六十岁以下的残疾人在农闲季节可集体生活在冬生院。具体建议为:"每年十月初一日起,至第二年三月初一日止,凡本处或迷乡六十以下五十以上无目残疾之人,不必给谷,皆令止宿其中。"④五十至六十年龄段的残疾者,还有一定的劳动能力,但比较弱。设立冬生院,可利用农闲时间给予他们救助,延续他们的劳动能力。在这里,让他们的生活有了保障,延续了生命,恢复了体力,开春便成为农耕者。当然,从社会道义角度来讲,救助社会的弱者是理所当然的。吕坤认为:"大率严督一年,在残疾者终身可自存活,可省国家岁岁米布之给。"⑤若地方官员照以上细则实施,且上司严于督查,可挖掘残疾者的劳动能力,使其成为自食其力者,还可减少朝廷开支,为王朝积蓄财力。

扶济宗族内的弱者,强化血浓于水的情感。宗亲是中国社会一种维系人们关系和稳定社会秩序的血缘关系。吕坤有较强的宗族意识,他关照族

---

① 吕坤:《子平要语引》,《去伪斋文集》卷三,《吕坤全集》,北京:中华书局,2008年。
②③④⑤ 吕坤:《实政录》,卷二《民务》,《续修四库全书》。

人的多个方面。吕坤言:"一族之人,不无富贵贫贱。""富者须分所有以赈贫,贵者量所能以逮贱。"①他认为:族内人人平等,一个宗族是一个大家庭,不分富贵贫贱,强者帮弱者,富者帮贫者。这种思想是族内互助的基础。

吕坤建议助力族内的孩子读书,"子孙可教而家贫者,以族中之先进教族中之后进。置之籍,时其考课。不堪为师者,择异姓教之,务俾有成。苟且冒滥,误人子弟,主者有罚"②。族内的贫家子弟,要求学于族内的先知者,在族内掀起助学之风。如族内找不到为师者,可诚邀异姓先生,必须让孩子读书有成。在此,以防误请滥竽充数的先生。

吕坤提议,众人要为族内有冤者申诉。"含冤负屈者,素纪大善,为之公救。其所犯以罪,及素无善状者,入地为孝田,计其罪之轻重为差赎救。"③族内的人有冤而无力申诉,族人要尽力协助。不过,协助的程度有差异。平日待人友善者,大家要给予更多的帮助。

吕坤要求族内的人在"公用仓"借贷方面严格遵守规则,在规定期限内还谷,"过三日不还,不准再借。损失者补还,不补者纪过,不准再借"④。对族内人严格管理是对族人的爱护,又给世人一种示范。吕坤作为一名官员,他以身作则,遵守制度。

吕坤强调宗族意识观念的建立,建议形成宗族内互助的风尚。他从助力童孩教育、为冤者申诉,到灾荒期间的救助,从多个方面谈具体事宜的做法,提出扶济宗族内弱者的办法,体现了血浓于水的情感。

吕坤建议"富人济穷人"。客观地讲,贫富差别是各个朝代都有的现象。历史上的社会动荡曾多次打破贫富格局。但是,当旧的贫富格局打破以后,新的贫富格局很快就会建立。历史上农民起义军曾多次提出"均贫富"的口号,事实上,贫富均等是穷人的理想。一些人提出这样的口号,是号召和组织人员的一种手段。吕坤是一位实事求是的官员,他立足于时代,又站在时代的前沿,他在多年的执政经历中,了解了许许多多的穷人和富人,对二者的关系也做了一些探讨。

---

① 吕坤:《睦族礼》,《吕坤全集》,北京:中华书局,2008年。
②③④ 王国轩:《吕坤全集》,北京:中华书局,2008年,第1389页。

吕坤在上疏《摘陈边计民艰疏》时,提出了自己的观点:富人要济穷人,同时,穷人要助富人,只有二者关系协调,社会才能走向和谐。在该奏折中,吕坤首先分析了二者的关系。穷人和富人是相互对立的,又是相互依赖的,奏折中言:"则卖酒饭贫民,甚者寡妇慵人,亦当火夫,呼天呼地,赴诉无门,此宇宙间一大不平之事也。且火甲等夫,以防盗贼,盗贼之志不在贫穷,享富贵之荣。而役贫民以护身家,又滥免以图供意,仁乎不仁乎?彼贫者固能为盗者也,而役之以护身家,智乎不智乎?"① 以上所言,首先说出了穷人和富人对立的一面。他指出,一些人要做一些繁重的体力杂活,有时找不到地方,他们的衣食住都没有保障,实在是太可怜了。而另外一些人,占有社会上的大量财富,享受荣华富贵,社会上贫富差别太大了,这是天理不公啊!可谁又能改变这种不公平呢?部分人也试图做过一些尝试,结果造成了两类人的冲突。比如,一些人组织起来,抢夺或偷盗另外一些人的财产。而这样的冲突,又使穷人和富人联合在一起。比如,一些富人雇佣穷人去看护他们的家产,而穷人出于生活所迫,而受雇于富人的门下。

吕坤进一步论述了二者相互依赖的一面。富人家业大,需要雇佣很多穷人,穷人为了生存,被迫投到富户门下做事,而富人为了成就更大的家业,雇佣很多贫民,二者的这种依赖关系是必然的。这种必然的依赖关系,构成了社会发展的基础条件。历史事实证明,社会的贫富差别是客观存在的,其原因是多方面的。无论穷人还是富人,都必须面对这种事实。穷人与富人的相互依存,构成了复杂的社会。

吕坤对富人如何救济穷人提了一些建议。他建议把富人闲置的房屋让给穷人,《奏折》中说:"宗师士大夫之家,闲房虽数十处,开店招商,院子虽数百家,僦居佃地。"为了让天下无房的人有住处,他接着言:"府第官宅,除本身住坐外,士夫乡庄除大者一处外,应否将别店余庄编入火甲。"②吕坤认为,天下的房子应该首先满足天下人居住,然后才应该把剩余的房子用作他用。富人应该把剩余的房子编入火甲,按一定的方式分给穷人。吕坤的设想使

---

① 吕坤:《摘陈边计民艰疏》,《明经世文编》卷416,第4505页。
② 同上,第4504页。

笔者想起了杜甫的诗"安得广厦千万间,大庇天下寒士俱欢颜"。仅从吕坤的这一点建议,足可以说明他心中装有百姓。他想建立一个有秩序的、天下人都能安居的社会。

吕坤又建议,保留祖宗留下来的传统,迁富户到京师。他在《忧危疏》里说:"祖宗时常徙富户以实京师。以富民者,贫民依以为命者也。"①其实,祖宗留下的这个传统是以富济贫的办法。因为只有富户才有能力扩大家业,这就需雇佣很多贫民,从客观上讲,贫民有了糊口立足之地。还有,富户有能力投资发展一些产业,这样很多贫民可以就业,于是,他们有了谋生之路。因此,把一些富户迁入京师,他们可以同贫民结成各种各样的依赖关系,相互得到了利益,同时,富户带来的一些钱财,可以投资在不同的行业,推动京师各业的发展。

吕坤在其奏折中,没有直接提到穷人如何助富人。事实上,穷人投奔于富人门下,穷人被富人所雇佣,这些都是穷人助富人的事实。仔细分析吕坤的论述和建议,笔者洞察到吕坤的愿望是,社会上的富人和穷人要和睦相处,要相互合作,富人济穷人,穷人助富人,尽可能减少对立和冲突,社会才能更加和谐。

二、关爱弱者的道德化、制度化

社会对弱势群体是否关心,是一个王朝的社会道德准则构建与否的标志。吕坤曰:"帝王为政,首重鳏寡孤独,加意疲癃残疾,曰无告之民,言哀苦之情无一可告诉也。"②

吕坤认为,各类残疾人是社会的弱势群体,这类群体整体劳动生产能力很低,有的生活甚至不能自理。当遇到困难时,他们中的大部分找不到申诉哀苦之情的地方。一个兴盛的王朝对残疾人是理应关心照应的,这是由于兴盛王朝已经构筑起规范的社会道德准则。那么,反过来讲,社会对弱势群体是否关心,是一个王朝的社会道德准则构建与否的标志。

---

① 吕坤:《忧危疏》,《明经世文编》卷415,第4497页。
② 吕坤:《实政录·宪纲十要》,《吕坤全集》,北京:中华书局,2008年,第1125页。

吕坤《围裙词》显露关心贫困者的真情实感。《围裙词》描述了穷苦的百姓卖儿的场景和卖儿后的幻觉。"赋急室空,百计无处。我身难卖,卖我儿女。儿女牵衣,暗暗常啼。一行一顾,割我心脾。卖银输官,官买围裙。华屋锦座,罗绮销金。上有小儿,燃花戏耍。疑是儿身,不觉泪下。不知真儿何处饥与寒?争似画儿筵上喜翩跹?呜呼苦复苦,筵上人知否?"①该词的言语中处处流露出吕坤对卖儿者的同情,这是他把深入民间的所见所闻,以诗词的形式再现出来。"儿女牵衣,暗暗常啼",这场面让人心痛。"一行一顾,割我心脾",母亲看到这种情景,感觉像割了自己的心脾,失去儿子的母亲心痛难忍。以卖儿之银买了一件围裙,围裙上展现了一个虚幻的场景。华丽的房屋内处处是贵重的摆设,有个小儿快乐地戏耍……她泪满眼眶,朦胧地看着这个小儿,越看越像自己的儿子。擦干泪水,回到现实,心痛又生。我真正的儿子在哪里?是否受饥受寒?期盼他能像画上的孩子一样蹦蹦跳跳、喜笑颜开。最后,吕坤向富贵阶层的人呐喊:"天下有多少受苦受难的人,富贵者,你们是否得知?"《围裙词》的全文是吕坤内心真情实感的表达,显露的思想同他为官时期的行为是协调一致的。

吕坤在执政期间,行政管理规范化、制度化,同时把关爱弱势群体提升到制度层面。光绪《山西通志》对此做了客观的总结:"正己,自藩臬及承差吏胥,皆有明职条约,馈遗赎羡尽杜绝之,尤加意蒙养孤茕无依者,复严边防迤,后遵成法,不废。"②"尤加意蒙养孤茕无依者""后遵成法"这些言语总结到位。上文中,他对不能自食其力的人关照方法具体、明确,既考虑了年龄段,又考虑了残疾的程度,还考虑了他们对社会的贡献能力等,这些都是关爱弱势群体规范化的具体表现。他对下属各部门明确规定关照弱势群体要成为一种长期施行的任务,是这一事务制度化的表现。为了鼓励社会上更多的人对弱势群体的关照,他论述了富人与穷人相互依存是客观存在的事实,富人要多帮扶穷人,穷人要多助力富人,二者相互关照,才能构建稳定、和谐的社会。

---

① 吕坤:《围裙词》,《吕坤全集》,北京:中华书局,2008 年。
② 光绪《山西通志》卷 86,北京:中华书局,1990 年。

吕坤重视德育教育。他认为，德育是教育的重中之重，他制订的"五禁十戒"是重视德育教育的具体表现。他创作了《好人歌》，建议大家都做好人。他注重儿童启蒙教育，这一点受父亲影响较大。在他执政的区域兴办社学，他认为，学校的师生们可找到社会发展的不足之处，可为不同行业的发展献言献策，要鼓励师生们多参与社会建设。吕坤在撰写的《闺范》中，对女子道德教育进行了详述。作为女子，要孝顺、守正、守身，女子出嫁后应遵循妇人之道。吕坤认为，母亲和女儿之间、姐妹之间关系要和谐，因为血浓于水。妯娌之间互善，姑嫂之间融洽，因为有缘才由不同家族融入同一个家中。吕坤反对买卖婚姻，强调"男女之间思想、性格是否相融"，是组成家庭考虑的主要因素。

社会对弱势群体是否关心，是一个王朝的社会道德准则构建与否的标志。官员吕坤在执政期间一直关照社会的弱势群体。他亲自制定了多种相关条文，把关爱弱势群体提升到制度层面。他还关照宗族内的弱者，对他们给予更多的帮扶。学者吕坤所撰的《围裙词》显露出他关心贫困者的真情实感，所表达的思想同他的所作所为相一致。吕坤还提出了一个非常实在的建议，具体是富人济穷人，穷人助富人。他首先提醒人们要认识贫富差别的客观性，其次建议富人和穷人尽可能加强合作、减少冲突、和睦相处，整个社会才变得和谐。当然，作为一名封建社会开明的官吏，他的许多思想初具民生萌芽，但历史局限使其忽视了阶级矛盾这一社会重大问题。

第九章 社会环境建设方案的实施及相关评价

第一节 社会环境建设方案的总结分析

一、吕坤构建的社会环境建设方案的主要内容

吕坤构建的社会环境建设的方案着眼全局,对社会的多个领域进行了细致的分析,涉及多方面的内容,并且根据实际情况,提出了很多可行性建议。随着这些建议不断地被落实,其社会影响越来越大。吕坤的很多建设性主张,对于当时社会治理显得及时、重要,对目前的社会发展有很多借鉴意义。

(一)农桑为首、各业协调、合理利用土地房屋

一个王朝要发展,首先必须把农桑业、商业搞上去,万历年间的吕坤已经认识到了这一点。在他的多个著述中,农桑业和商业的发展是他强调的重点,同时他提出了调整行业之间比例的建议。

农桑业是各行业之首。不同种类的农作物适宜生长在不同类型的土地上,各地需因地制宜充分利用好各类型的土地。民众要优先农耕,抢夺农时。在不能耕种的土地上栽植树木,优先栽植一些经济价值高的树种。若条件具备,尽可能推广灌溉、掘井技术。积粪肥以备农耕,是提高谷物产量的重要措施。

减少一些不实用物品的生产,有利于劳动力的转移和银两的转移,使行业之间的比例更趋于合理。国家在非常时期,加强矿业的发展是稳定社会的有效措施,同时可以把劳动力组织起来为王朝创造财富。吕坤提出的调整行业之间的比例的措施,其目的是让各地合理利用土地和劳动力。

富户的多处房屋应采取一些合理的方式,让无房的百姓居住。土地等财产较多的人应多为朝廷纳税。对一些优免政策的制定和实施,一定要慎重对待。对皇子分封土地,其数量一定要适中。这些措施的提出,都是针对土地、房屋和劳动力的合理分配而言的。这几个因素的相关性也很强。比如,在当时,赋税和土地、劳动力的关系很密切。如果房屋能够合理分配,各地劳动力的分配也会趋于合理。

吕坤提到了一些商业发展的建议。比如,开放关口等交通要道,使商路畅通。让官店、皇店发挥商业主导作用的同时,制定一些严格的管理法规,引导他们正常营业。对整个王朝的食盐市场要统一管理等。之所以强调商业的重要,是因为商业是联系其他行业的中间环节。

(二)军人强化武艺兵法、全民习武、抚恤贫军

明万历中后期的社会背景是,边防危机四起、内乱频繁。作为山西巡抚的吕坤也分管一方的军队。他的精心任事的态度和强烈的爱国、爱民之心驱使他重视军队建设。军人在强化武艺的同时,要注重兵法学习。比如,如何设伏军队,如何布阵,等等。通晓兵法是将才具备的必要条件。

加强军队后备军培养的主要的方式是各地练乡兵。通过这些方式,百姓方能团结合作。他们的体质增强了,武艺提升了,兵法学会了,民间一些优秀的将才脱颖而出。此外,还能使百姓的自我防护能力增强,进一步推进军民团结。

"抚恤贫军"使军队的物资供应变得充足。通过这种方式,军人的生活必需品得到较为充足的供应,军人有了好的身体,他们的心理才能得到安慰。军人有了好的身体和良好的心理,他们为朝廷效力的积极性方能提高。这些建议紧扣当时军队建设中的几个薄弱环节,这些建议在当时来说是很及时的。

(三)建设"森林边墙",防御北部边关

吕坤建议,在北部边关一带建设"森林边墙",其具体内容有:灌木同乔

木结合种植形成的防护墙更结实严密。在边山一带修筑一些防御工事,同森林相配套,更增强了边关的防御功能。吕坤提出这个设想以后,对其必要性和可行性做了论证。

建设"森林边墙"的必要性很强。他认为,边山地区保护好现有的森林,并且继续植木,形成的森林边墙,其防御功能远大于土石墙的防御功能。其次,论证了晋北边关一带植木的可行性,至少这里榆树、柳树可以大量种植,因为三关一带的气温、降水等自然条件适合于栽植这些树木。当"森林边墙"建起以后,确实能显现多种效益。当时军方最关心的是森林的防御功能,如果边关一带森林边墙非常严密,北方游牧骑兵无法入侵,那么将会有很大的社会效益显现,即明王朝的北部边关安全了。明代的人们对生态效益这个概念比较模糊,但客观地讲,当大量的森林覆盖在北部边关一带,诸如,局部小气候改变和地下水增多等生态效益,是很明显的。

边山林区要把森林分片承包给商人,而且要定期检查管理效果。当商人承包山林以后,他们可以一边保护森林,一边开发利用。比如,贩卖木材等。这样商人的收入增加了,林业课税也增加了。这样做,对王朝和森林承包者都有利。另外,当森林承包以后,林中匪贼现象会减少,盗伐木材现象会减少,这一带的社会秩序会变好,这当然是好的社会效益。由以上总结可知,"商人承包山林"这种做法可以显现多种效益,该建议是高明的见解。

(四)强化吏治,社会协调和谐

吏治是朝廷控制一个国家,管理好一个国家的基本途径。具体建议有,官员要尽可能就近升迁,这样做益处多。一些地域实行地方自我管理,是提高吏治效率的办法。吕坤的建议还有,建立良好的社会秩序。因为只有社会秩序良好,社会各业才能有条不紊地发展。对此,他提出了一些具体措施。

富人和穷人应该多合作、少冲突,这是他的又一建议。具体来说,富人要济穷人,穷人要助富人。以上四部分内容是相互联系的。比如,保障物质供应是搞好吏治、建立好的社会秩序、富人和穷人和睦相处的前提条件。吏治搞好了,社会秩序才有变好的可能,富人和穷人才有相互合作的社会条件，物资供应才能正常有序。

良好的社会秩序和社会上富人和穷人和睦相处，是社会治理要达到的目的。如果真的人人和睦相处，社会各个层面秩序井然，那么，和谐稳定的社会治理目标就达到了。

（五）公平执法，强化道德教化

社会秩序的稳定是王朝稳定的基础，吕坤的"公平执法"建议是针对明代后期的社会问题提出的，只有执法公平，正义和尊严才能得到维护。吕坤认为，强力执法应与道德教化相结合。教育民众要"知足""安分"，通过道德教化达到"自我约束"，使得整个社会逐渐规范化、秩序化。犯法者必须严惩，这是维护王法尊严的基础。在执法中拒绝私情，才能做到执法公平。只有执法公平，犯法者受到惩罚后方能心服口服，王法才能真正去除社会上一些不平之事，这样才能维护法律的正义和尊严。吕坤建议整顿各行业的违法乱象，作为官员的他一直是以身作则的。

"抄没之举"让很多无辜者受害，践踏了王法的公平。这些无辜受害者多为贵族阶层的人，其中的一部分为社会的精英人物。这种做法让很多社会精英无辜受害，不利于社会发展。为了稳定官员之心，为了使社会精英阶层稳定和整个社会稳定，"抄没之举"这种历史的垃圾早该清除。

（六）全民贮粮，预备未来灾荒

"贮粮备荒"能够救助百姓、稳定社会，保障明王朝安全。物资供应是社会发展的基础，物资供应有多种途径、多个办法。京师的物资供应不能间断，因为京师是王朝最重要的地方。为防患于未然，各地要做好贮粮备荒事宜。"三仓"建设能够充分调动全社会的力量，组织全民备荒，同时为耕者谋利，为食者造福。"自救仓"能够集合众多百姓的力量，积攒丰年的粮食。"乡会仓"可动用一些绅士、富豪的力量贮积富人们多余的粮食。"二利仓"可利用朝廷的银两购买粮食。

各地要做好备荒的具体事宜。备荒需发动社会力量，重在具体落实。除了需建造各类粮仓之外，征粮、储粮也较为棘手。寺庙等地可作为收留贫弱者的场所，设立粥厂要选择交通方便且人口密集的地域，粥厂运行需防止疫病流行。官方有责任加大宣传力度,同时动员全社会的人参与。赈灾过程的每项事宜需制订详细的执行条文,官方要依据实施的效果明确奖赏制度。官员吕坤以身作则,作《毒草歌》提醒百姓不要误食毒草。他上奏皇上,下到基层,渴求把备荒、赈灾制度化。他亲自起草、颁布《赈灾法》《放赈十禁》,以制度化的形式指导官员以及百姓做好备荒、赈灾事宜。

备荒的必要性很强。当灾荒出现时,依据灾情合理启用"三仓",能使百姓缓减饥饿,甚至脱离死神。如没有灾荒发生,可用多余的贮粮养兵兴军。备荒使全社会的人团结一体,共同防御外敌。备荒让全社会的人建立危机意识,养成节俭的社会风尚,推动社会发展。

(七)缩贫富差距,稳定人心,预防动乱

动乱发生的原因是多方面的,社会贫富严重不均是导致动乱的一个重要原因,极贫、极富者往往是动乱的肇始因素。当百姓的生存出现危机的时候,他们被迫寻找生存的渠道,为盗是他们无可奈何的生存选择。

预防动乱是一项长期的、艰巨的任务,吕坤提出了预防动乱的多种办法。富人济穷人是民间秩序稳定的办法。富人要尽可能帮扶穷人,消除他们对衣食的担忧。当然穷人也要助力富人,让其稳定所从事的行业。整个社会要尽可能缩小贫富差距,穷人与富人能够和谐相处,可稳定一方。

吕坤归纳了可能作乱的四种人:无聊者、无行者、邪说者、不轨者,对这四种人分别采取不同的措施,把可能引发的动乱就会消灭在萌芽状态。预防动乱要总结历史经验教训,稳定人心是重中之重,得人心者得天下、稳天下。吕坤强调德育教化的作用,教育人们要崇尚美德,多做好事不做坏事。多帮人不害人,多做对民众有益的事。当然对扰乱社会秩序者要严惩,对违法者以王法条文惩处。道德教育更胜于王法教育,二者都是预防动乱的长远措施。

(八)重德教,更强调女德教育。办社学,给更多人读书机会

吕坤重视德育教育。他认为,德育是教育的重中之重,他制订的"五禁十戒"是重视德育教育的具体表现。他创作了《好人歌》,建议大家都做好人。他注重儿童启蒙教育,这一点受父亲影响较大。

在他执政的区域兴办社学,他强调学校在社会中的地位重要。学校可让人们学文化、懂道理,可学到不同行业的专业知识,可以给更多的人读书的机会。社会教育不可替代学校教育。学校的师生们可找到社会发展的不足之处,可为不同行业的发展献言献策,要鼓励师生们多参与社会建设。

吕坤在撰写的《闺范》中,对女子道德教育进行了详述。作为女子,要孝顺、守正、守身,女子出嫁后应遵循妇人之道。吕坤认为,母亲和女儿之间、姐妹之间关系要和谐,因为血浓于水。妯娌之间互善,姑嫂之间融洽,因为有缘才由不同家族融入同一个家中。吕坤反对买卖婚姻,强调"男女之间思想、性格是否相融",是组成家庭考虑的主要因素。

(九)关爱弱势群体,天下人和谐共存

社会是一个大的系统,这个系统能够稳定运行,是系统内的多个要素都在起作用。在不同的时空条件下,不同要素在社会系统中所发挥的作用是不同的。社会弱势群体是社会系统中不可缺少的一部分,这个群体是客观存在的。社会对弱势群体是否关心,是一个王朝的社会道德准则构建与否的标志,强盛的王朝往往更关照社会的弱势群体。

官员吕坤在执政期间一直关照社会的弱势群体。他亲自制定了多种相关条文,把关爱弱势群体提升到制度层面。他还关照宗族内的弱者,对他们给予了更多的帮扶。学者吕坤所撰的《围裙词》显露出他关心贫困者的真情实感,所表达的思想同他的所作所为相一致。

吕坤还提出了一个非常实在的建议,具体是富人济穷人,这是关爱弱势群体的一种表现。吕坤强调更多的是要帮扶一些因身体残疾而劳动能力较弱的穷人。他提醒人们要认识贫富差别的客观性,富人要伸出援助之手帮助穷人渡过难关。富人和穷人尽可能加强合作、减少冲突、和睦相处,整个社会才变得和谐。关爱社会的弱势群体,让这一类人在社会上生活得相对较好一些,鼓励他们做一些力所能及的事,也能为社会创造财富,让天下所有人和谐共存。

二、方案的多角度分析

(一)从方案内容的具体性这个角度去分析

从内容的具体性这个角度分析,吕坤的建议分两部分,可议论的部分和可实施的部分。由于吕坤执政多年,因而他较多地了解到社会各个阶层、各个领域的实际情况,他不是一个空想的理论家,因此,在他的建议中就单独议论部分基本没有,只是做某一具体建议的时候,中间插一些议论部分,以对建议的具体内容做一些辅助性的说明。

可实施的部分包括两种情况。

一种,是利用当时的条件马上可以实施。大部分建议属于这种情况。比如,调整赋税建议,减少不实用物品生产的建议,整顿食盐市场的建议,谨慎免粮免税的建议,"精器械以求实用"的建议,"兴武教以养将才"的建议,练乡兵的建议,贮粮备荒建议,官员就近升迁建议,禁山护林植木建议等。

另一种,是只有具备了一定的条件,才能实施。比如,合理分配房屋建议,要实施此建议,首先,对富人进行思想教育,让他们提高助人的积极性。其次,还需要对穷人进行组织管理等等,很多条件具备以后,才能实施。再比如,要实施"鲁人治鲁、宋人治宋"即当地自我管理这个建议,万历皇上等朱氏皇家的人思想观念必须做一定的更新,如愿意放权,相信一些民族的自我管理能力等,只有具备一定的条件,此建议方可实施。还有,执法要公平这一建议,如果马上实施很困难,执法人员公正意识的培养,监督机制的完善等条件具备以后,方可实施。

(二)从方案内容的创新性这个角度去分析

从建议的创新性这个角度分析,吕坤的建议分两种情况。

一种,是在吕坤做建议之前,原来就有这样的事实,他做进一步的强调。这样的建议很多。比如,抗倭援朝建议,从万历二十年(1592)开始,明军抗倭援朝,吕坤于万历二十五年(1597)再次强调。禁山护林植木建议,过去很多人提过,明朝建立以来,弘治年间兵部尚书马文升、正德年间官员陈天祥等都有过相关的建议。还有,重农桑的建议,历朝历代提此建议的人很多。

饥荒年间扩大矿业的规模,历史上有过先例,下文要做举例。明代以前,保甲制度已经实施,这就是练乡兵的先例,吕坤也强调这一主张。文中交代,陕西人、山西人在历史上就有贮粮备荒的习惯,吕坤建议山东人、河南人也应积极地贮粮备荒,国家也应该有组织地贮粮备荒。这一方面的事例很多。

另一种情况是,原来没有这样的事实,吕坤首次提出。有关这一类型的建议,笔者不敢轻易举例。因为中国历史发展悠久,积淀了丰厚的文化遗产,即使笔者认为一些建议可能是吕坤首次提出,并且一直找不到相关的古人对这一方面的陈述,也不能贸然下结论。

三、方案内容的举例分析——吕坤的开矿建议合理吗

万历二十五年(1597),吕坤在《忧危疏》中提出,在饥荒年间要扩大矿业的规模,这样使很多饥民可以度过灾年。在正常年景,要对矿业规模有所控制,防止更多的农业劳动力转移,以保证农业生产正常有序。吕坤这些建议的提出有依据吗?以下列举一些事实来说明。

据《明实录》记载:"河南巡抚陈登云极言,两河饥民骨肉相食……请据副使王任议暂许开矿以救旦夕。"[①]该事实是在非常年景,大多数百姓在衣食不能满足的情况下,把他们组织起来,国家统一发给他们救济物资,同时让他们开矿,为国家积累财富。类似奏请开矿的事件还有,万历二十五年三月,"山西巡抚魏允贞奏,西河王知炜欲于安邑县、解州、绛县等处差仪实开矿,富峪卫指挥王守信欲于平定州山等处开矿,请并归。太监张忠开采为便。不报"[②]。以上是山西巡抚出面,请求皇上准许在山西的一些地方开矿。当然,这次开矿的目的主要是为地方积累财富。同时魏允贞许诺,要重新整顿矿业秩序,让朝中太监张忠在山西各地任意选择一些地方开矿。请求的结果是,皇上没有批准,在该奏请的批示上,皇上有多方面的考虑。笔者认为,开矿能使大量的农业劳动力转移,这也许算一个重要的原因吧。

在对待开矿一事上,很多官员持反对意见,以下列举一些事实。据《明

---

① 《神宗万历实录》卷271,万历二十二年三月丁亥修,第5页。
② 《神宗万历实录》卷308,万历二十五年三月甲午修,第5页。

实录》记载:"浙江抚按刘元霖、唐一鹏以观海卫孝丰诸暨八宝等处,矿山遣官开采。各上疏言,浙滨海近倭,防倭必不能防,矿请停,以消内外隐忧。"①以上两位官员反对在浙江沿海一带开矿,因为这一带倭寇经常入侵。如果开矿,会使大量民众聚集于此,存在安全隐患。这些隐患的显现有多种可能。比如,一旦倭寇入侵,很多民众会惊慌失措,引发内乱,此时倭寇可以趁乱掠夺。再比如,由于一些原因,如果开矿的民众内部出现了动荡,此时倭寇可能趁机入侵,等等。由此可以看出,二位官员的奏请是合理的。确实,在一些存在国防安全隐患的地带,不能大规模地组织民众开矿。

户部的一些官员也对沿海一带开矿表示担忧:"户部给事中程绍言,倭变、矿变势难兼防,乞停浙江、山东沿海开采。"②其实,程绍言所担忧的也是内乱同外来入侵同时出现,一旦有这种情况发生,国防安全面临更大的挑战。

以下列举的史实是,开矿的官员同地方百姓的冲突。据《明实录》记载:"以奏矿指挥贾臣诈为敕印,骚扰地方,遣官旗逮问,仍命钦差官员开防,随从毋得从容生事。"③从以上文献可知,开矿官员假传圣旨,利用职权,扰乱地方正常生产、生活秩序。朝中得知后,对犯法者严惩,警告其他钦差官员以此为鉴。

以上列举了多个事实,从中既看到开矿对社会有利的一面,比如,为王朝积累财富,同时能安置灾民,稳定人们的生活。同时,又看到了其对社会不利的一面。比如,使很多农业劳动力转移,影响正常的农业生产秩序。在沿海一带开矿,给海防带来安全隐患。开矿有时同当地的生产、生活形成冲突,等等。因此,吕坤对开矿之事既没有提出要严格禁止,也没有建议无限制地扩大规模。对此事他考虑了多方面的情况。总的来说,吕坤提出的关于开矿方面的建议,在当时具有相对合理性。

---

① 《神宗万历实录》卷308,万历二十五年三月甲辰修,第9页。
② 《神宗万历实录》卷309,万历二十五年四月癸亥修,第4页。
③ 《神宗万历实录》卷309,万历二十五年四月甲子修,第4页。

第二节 社会环境建设方案的实施情况

一、根据实施程度分类举例

根据建议的实施程度,把吕坤的建议分为以下三种情况。其一:完全没有实施,如:"慎抄没之举"。其二:实施了建议内容的一部分,大部分建议属于这种情况。其三:完全被采纳,如:抗倭援朝。吕坤的建议是综合性的建议,是关于社会环境建设的一个总体方案,他的建议大多数不是具体的建议。关于他的建议是否被实施,我们很难从历史文献中找到一些明确的具体的事实,或者说,很少能找到一些具体事实。只能通过分析一些历史事实,洞察吕坤的一些主张是否落实于此,通过细微的剖析,看一看落实程度如何?以下就吕坤建议的实施情况做一些分析。

(一)一些内容完全没有被实施

吕坤建议的"慎抄没之举"没有被实施。他提到的"慎抄没之举",是为了稳定朝中官员之心,稳定整个贵族阶层。此建议的主要内容是,朝中争权斗争失败的官员,本人应该受到惩治,他的家不应该被抄没,家人不能无辜受害。针对此建议,万历皇上没有接受。直至万历后期,仍有一些官员当官场命运出现转折的时候,全家被抄没。

吕坤提出了"鲁人治鲁,宋人治宋",即当地自我管理,这个建议没有被实施。自从万历二十年(1592)吕坤提出这个建议以后,此后相关的文献中没有找到有关"地方自我管理"的事例,但是不能以此来得出结论,一定没有这一方面的事例。但至少可以肯定,这种吏治方式很少。朝中对吕坤这一建议,没有做实施方面的安排。

对于这一情况,笔者做如下分析。以朱氏皇家为代表的明王朝最高统治阶层继承了秦汉以来形成的封建中央集权制。对于"地方自我管理"这一种管理方式,首先皇家不会接受。在皇家眼里,这是对中央集权制的冲击。

前文中对万历十六年(1588)至万历十九年(1591)内乱史实做了统计,至少这一时期,王土内乱频繁,而吕坤于万历二十年提出这个建议。仅考虑内乱这一点,朝中不会推出"地方自我管理"这个吏治措施。吕坤提出这样的主张,想建立一种吏治效率很高的理想的管理秩序,在当时是超越现实的。

(二)一些内容被完全实施

吕坤提出的"抗倭援朝"建议被实施了。从万历二十年(1592)开始,倭寇多次侵入朝鲜,明王朝军队几次援助朝鲜抗击,但倭寇一次次卷土重来。吕坤建议以重兵抗倭援朝,以夺取东北边防的主动权。通过两国合力抗倭,最后击败了倭寇。相关文献记述:"万历二十七年(1599)四月,征倭告捷。""二十七年七月,给事中杨应龙勘报东征功次。"①这是一个铁的事实,不能否认,吕坤的抗倭援朝的建议被完全实施了。关于这一内容,笔者还要做以下说明。吕坤主张抗倭援朝,在当时还有许多官员赞成这一主张,甚至很多百姓也力主出兵。因此,这里绝无给吕坤追加抗倭功劳之意,只是客观地叙述一个事实。当时,像吕坤一样主张抗倭援朝的很多人,他们为国家利益的共同主张和意愿得以实现。

吕坤提出的"不要给福王分封太多的土地"的建议被实施了。万历年间,福王封国河南,福王请求皇上赐庄田四万顷,朝中大臣意见不一,皇上对此事也拿不定主意。当时,吕坤已辞官回乡,但他仍然要为国家大事操劳,他上疏《福府庄田议》,该奏折从不同角度论述了分封土地数量过大,会带来很多的不良后果。奏折转到朝中,作为材料之一,朝中官员们对此事做了讨论,众官员说服了皇上,分封的土地数量最后减少。对以上事实,《明史》做了记载:"福王封国河南,赐庄田四万顷。坤在籍,上言:'国初分封亲藩二十有四,赐田无至万顷者。河南已封周、赵、伊、徽、郑、唐、崇、潞八王,若皆取盈四万,占两河郡县且半,幸圣明裁减。'复移书执政言之,会廷臣亦力争,得减半。"②从该文献可知,吕坤的正确主张被采纳了。结合前文分析过的《福府庄田议》还可以得知,此次事件的处理,吕坤是作为普通百姓参与,他所做

---

① (清)谷应泰:《明史纪事本末》卷62《援朝鲜》,北京:中华书局,1977年。
② (清)张廷玉等:《明史》卷225,北京:中华书局,1998年,第5937页。

出的功劳,历史永远不会忘记。

(三)大部分内容实施了其中的部分

该部分论述的开始,笔者要做一些说明。严格地说,"吕坤的建议被实施"和"吕坤的主张变为现实"这两个概念不同,前者是指听了吕坤的建议,按照吕坤所言去实施。后者是指吕坤的主张在社会上被落实,落实的原因可能是听了吕坤的建议,也可能是听了别人的建议,也可能是实施者自己的主意。总的来说,其他人的主张和吕坤的主张是一致的,这个主张经过实施已变为现实。此时也可以认为,吕坤的主张变成了现实。关于吕坤的建议,这里还要做一些交代。他的建议是一些综合性的建议,关于具体事务的建议较少。因此,要在众多的历史事件中找出具体哪些事件是听了吕坤的建议而实施的,确切地说,这样的事例很少。因为吕坤是明王朝官员中的一员,在朝中人才众多,献言献策的官员很多。一些政策的落实,一些事务的操作要经手很多人。虽然是这样一种情况,但笔者仍然要总结吕坤建议的落实情况。要完成这一事宜,只能先了解吕坤有哪些主张,然后在众多的历史事件中寻找有关这些主张的落实情况。面对这些相关的历史事件,如果客观地评判是这样的:这些事实的落实,是包括万历皇上本人在内的,众多官员和百姓的集体智慧的结晶。在这里,如果要排除吕坤的智慧和功劳,那是不公正的。正是因为这样,笔者仍然要以历史文献为线索,寻找吕坤建议的落实情况。

吕坤"富人济穷人"主张的落实情况。吕坤提出的富人济穷人的这一建议中,他没有具体指出如何做,而是从宏观的角度叙述了穷人和富人应该建立一种和谐的相互依赖关系。在富人济穷人的同时,穷人也在助富人。而且还提出了一些原则性的事项。比如,富人应该把多余的房屋以较为合理的方式转让给穷人,在穷人有难的时候,富人要伸出援助之手。吕坤的这些主张,既具有合理性,又具有可行性。那么,在以后的历史事实中,如何能找到这些主张的实施情况?根据以上总结,我们要追寻什么时候穷人有难,什么时候穷人需要帮助。以下列举的事实是万历二十二年(1594)春,由于青黄不接,河南饥民饿死者甚多,皇宫里的人捐银救助灾民的史实。

据《明实录》载:"今彼处甚是荒乱,有吃树皮的,有人相食的。"圣谕曰:"皇贵妃闻说,自愿出累年所赐合用之积以施救本地之民。奏朕,未知可否?朕说,甚好。且皇贵妃已进赈银五千两,朕意其少,欲待再有进助,一并发出。"①从以上文献可知,河南灾情严重,众多饥民有难,需要帮助。皇贵妃是皇上身边的主要人物,她自愿捐赈银达五千两,但万历皇上劝她再多捐一些。皇上和皇贵妃的所作所为,为朝中官员和地方官员做了很好的榜样,为富人助穷人行动做了示范。在这里,笔者做一大胆的推测。继贵妃捐银之后,朝中官员和地方官员一定掀起了一次大规模的捐赈活动。因为贵妃等宫里人的捐助行动,在当时的官场上无形中给朝中和地方官员施加了一些压力。试想一想,拿一个区域来讲,如果巡抚解囊相助,知府、知县哪一位会怠慢呢?另据记载,"两宫圣母闻河南饥荒,发内帑银三万三千两"②。因此,这次河南灾荒,皇上身边的人率先济助,因而导致了一次整个王朝的富人助穷人的行动。

一些历史事实证明了笔者的观点,据《明实录》记载,大学士王锡爵等称:"欲捐俸薪,甚见忧国,为民至意。"③王锡爵作为朝中重臣,愿意把皇上给予的俸禄,捐献给穷困的百姓,以表达爱民之心和忧患王朝之意。由此,再进行推测,此次救灾助贫事件从朝中至地方,以官员为主的富人对穷人的援助波及整个王朝,其规模较大。

二、吕坤利用职务之便落实自己的主张

吕坤一直主张节省开支,减轻百姓的负担。在万历二十年(1592)年底,他为皇后忌辰之事上奏,他的主张得到批准。据《明实录》记载:"孝慈献皇后忌辰祀于奉先殿,礼部尚书罗万化疏辞新命,不允命抚按官严禁属官参详节寿等。仪都察院覆,山西巡抚吕坤奏也。"④吕坤上奏的主要内容是,对拜寿之事,尽可能简单一些,这样可以节省开支。他尤其强调朝中相关的一些

---

① ③ 《神宗万历实录》卷271,万历二十二年三月己卯修,第1页。
② 《神宗万历实录》卷271,万历二十二年三月丁亥修,第5页。
④ 《神宗万历实录》卷255,万历二十年十二月庚寅修,第4页。

组织者，不允许命令各地抚按官参加，严格禁止下属官员参加。吕坤的建议被采纳，从客观上为国家节省了开支，减轻了百姓的负担，为朝中移风易俗开创了先例。但皇后为此事一定会有埋怨之意。因此，仪都察院强调"山西巡抚吕坤奏也"，因为该建议是吕坤提出的，自然而然吕坤会成为"挡箭的靶子"。

吕坤在巡抚山西期间，曾经上告一些不称职的官员，力图整顿官场秩序。据《明实录》记载："山西巡抚吕坤申严荐举连坐法，劾参议和震、副使陈九畴、平阳府知府任甲，第官多不肖，而止报一人，幽本当黜而注云可荐。参政李琦、佥事周应中不出巡而考政，致以循良为贪懦当罚。"①从该文献可知，吕坤在自己的职权范围内，对手下的官员严格管理，如有不服从者根据官职的大小分别对待。对于一些职位较小的官员，吕坤有权力做处理。类似文献中提到的一些职位较高的官员，吕坤只能向朝中上报，听候朝中裁决。

此次上奏，皇上感到满意，因而下旨责令相关部门对吕坤的建议讨论并实施。据文献记载："上以吕坤所奏，深得朝廷饬吏安民之意，和震等姑依拟降调。近来抚按衙门专寄耳目于进士、有司以致道府等官，畏徇成风，注考失实，吏治何由得清？尔部今后还严核抚按官，如吕坤任怨者不次推用，其有偏信非人论劾倒置，亦照新例一并连坐。该部院故容亦不得辞，责科道官识之。"②从皇上的回应可以得知，吕坤上告的官员都给了降职处分。皇上对当时官场上是非不分感到不满。可是，从吕坤的上奏中看到了吏治的希望。因此，所下的圣旨中，除了肯定吕坤的建议外，还包括了落实其内容的具体措施。比如，严格考核抚按官，反对新制度落实者要严加处治，对吕坤的建议要细致地研究讨论，以便更好地落实。由于这次上奏深得圣上的信任，因而他在皇上心中有了一定分量的地位。

万历二十一年（1593）四月，吕坤向朝中陈述他的吏治建议。据《明实录》记载："山西巡抚都御史吕坤条陈五款，裁冗员、蠲宿负、宽待征、别分数、严催科，下所司仪。"③他的建议非常具体，他谈到要裁减一些官员，想办法

---

①② 《神宗万历实录》卷264，万历二十一年九月壬子朔修，第2页。
③ 《神宗万历实录》卷259，万历二十一年四月壬寅修，第5页。

去掉一些不应该有的财政负担。在兵役和劳役方面尽量减轻百姓的负担。吏治的办法各地没有统一的标准,针对不同的地区和不同的对象,灵活地采取措施。在征粮和征税方面要严格按照规则办事等。吕坤能够提出这些建议,至少可以说明,在他管辖的区域,这些措施有的被实施了。而朝中对他的建议做整顿记录,说明朝中的相关的官员对其合理性持肯定态度。

万历二十二年(1594)正月,吕坤建议,在执法方面尽可能简化手续,提高办事效率。《明实录》记载:"从山西巡抚吕坤奏,凡巡按录囚,除未奉决单及曾经驳问情可矜疑者,照常送审,其情真罪当者,册报免解,以省烦琐。"① 吕坤谈到,对一些囚犯的处决,地方执法部门要给予一定的处决权。例如,对一些疑点较大的案件,对一些可能有冤枉的囚犯所涉及的案件要上报再审,对一些案情较为明了的案件,尽可能少上报,以减少烦琐程序,这样可以提高执法效率。

三、吕坤职务的接替者落实吕坤的建议

吕坤作为山西巡抚,任职不满三年。据《明实录》记载:"以巡抚山西都察院右佥都御史吕坤为左佥都御史协理院事。"② 另据记载:"以右通魏元贞为都察院右佥都御史巡抚山西。"③ 由以上文献得知,魏元贞是吕坤职务的接替者,因为政策的实施具有一定的惯性,因此,以下要从魏元贞执政事迹中寻找吕坤建议的落实情况。

山西巡抚魏元贞提出了加强边关贸易,使军需物资得到自给的办法。据《明实录》记载:"山西巡抚魏元贞题,为山西市马并派各营军士牵领。近因骑牧无成,又兼草料勿给,悉令估价变卖,上耗国储,下结众怨,失计殊甚。臣愚以为岁易夷马,通将本镇。自副、总、参、游以至守备、千总等官,酌营伍大小官员多寡,派领马若干匹,加意喂养,年终各道通查等第呈戒报以凭奖戒,其合用草料银两即于臣赎银或公费内动支。窃谓如此行之有成,则互市

---

① 《神宗万历实录》卷269,万历二十二年正月庚子修,第4页。
② 《神宗万历实录》卷260,万历二十一年五月甲寅修,第1页。
③ 《神宗万历实录》卷260,万历二十一年五月甲戌修,第6页

非虚名,其便一;边有马用,其便二;军不知领马之苦,其便三;因别各官之能否,其便四;银不加派而得宽马军,其便五。伏乞敕部查议,从之。"①从以上文献可知,魏元贞提出的办法具有可行性。

首先,同北方的游牧民族进行马匹交易,受牧民们欢迎,因为他们也想通过交易得到一些生活的必需品。将士喂养马匹,其草料公费支出,其马匹根据市场价格进行交易,这对将士们来说,也具有积极性。魏元贞的请求得到了皇上的批准,因为这样做,可以使边关的一部分军需物质得到自给,减少军费的开支。同时,可以同北方游牧民族处理好关系,对稳定边关起到积极的作用。

在《摘陈边计民艰疏》里,吕坤对加强北部边关的防御功能提出了很多具体建议。比如,北部边山一带植木;提出了森林管理的新措施——商人承包山林;在关口一带充分利用地形、土石修筑防御工事等。魏元贞提出的这些办法是吕坤提出的加强北部边关防御的延续性措施。或者可以说是在吕坤建议的基础上,提出了更新、更好、更符合当时实际的办法。因此,可以说魏元贞是吕坤合适的接替者。

吕坤设计的社会环境建设方案,是吕坤身居政坛二十多年精心设计而提出的,出台这些方案时,他的社会阅历已经很深,执政经验已经很丰富,因此,他的很多方案可行性比较强。据文献可知,他提出的"抗倭援朝"建议被实施了;"不要给福王分封太多的土地"的建议也被实施了;他强调的"富人济穷人"的主张不断地得到落实。他的多个建议具有可行性。可以这样理解,因为很多建议利用当时的条件就可以马上实施。比如,"调整赋税"建议,"减少不实用物品生产"的建议,"整顿食盐市场"的建议,"谨慎免粮免税"的建议,"精器械以求实用"的建议,"兴武教以养将才"的建议,"练乡兵"的建议,"贮粮备荒"的建议,"官员就近升迁"的建议,"禁山护林植木"的建议,等等。因为他的很多建议的提出,是深入实际调查研究的结果,因此,他的多个建议相对合理,可行性较强。

---

① 《神宗万历实录》卷267,万历二十一年闰十一月壬辰修,第5页。

但他的部分建议没有被采纳。比如,他提出的"慎抄没之举"的建议和"当地自我管理"等建议没有被实施,因为这些建议脱离了当时的实际情况。如果要实施以上建议,朱氏皇家的思想必须有大的转变,仅这一条件就不可能具备,因此,也谈不上实施这些建议。他之所以提出这些建议,其目的是,想建立一种理想的有秩序的社会,这在当时是远远超越现实的。还有,在当时,朝中的保守派的势力较大,这也是一些建议未能实施的原因。总体来讲,吕坤设计的社会环境建设方案可行性较强。

第三节 评价吕坤即评价"他构建的社会环境建设方案"

刚踏上政坛,吕坤便开始实施他的社会环境建设方案。从吕坤的内心来讲,他的心中没有"社会环境建设方案"这个概念。本书中提到这个概念,笔者是站在现代人这个角度,从多个方面来谈历史时期的吕坤。

吕坤从上任襄垣知县开始,他便一心为民做事,忠心效力朝廷,赢得了百姓的拥戴。若从"社会环境建设方案"这个角度分析,吕坤这个时候便开始实施他的方案了。从这一点得知,他设计的"社会环境建设方案"是从实践开始,一步一步上升到理论高度的。在之后的官场生涯中,他继续地完善这个方案,且不断地实践这个方案,使方案的内容更加丰富,更加成熟。吕坤退出官场后,在家著书讲学,还在继续完善他构建的社会环境建设方案,这一点从他辞官后所著书籍的内容即可得知。

一生精心致力于治学、为民做事、整顿社会的吕坤,其本人同他构建的社会环境建设方案融为一体。关于对他的多方面的评价,实质上,是对他构建的社会环境建设方案的评价。

一、吕坤的自我评价

万历二十年(1592),吕坤上疏《摘陈边计民艰疏》,该奏折前面有一简短的《自序》。

"臣闻振刷者安边之要图,节俭者恤民之至计。臣素无匡时远略,经世讦谟可为圣天子献。惟是臣滥叨督抚,职在安攘,所有一得唾余,请下诸司确议。中间有不便于士大夫者,极便于军民。有不便于一时者,极便于久远。惟愿破积习之故套,去公共之私情,无以明作为纷更,无以因循为安静,则天下幸甚。"①为了方便读者阅读,笔者依照吕坤的原意,直译如下:

作为一位寻求改革的官员,安定百姓、稳定边疆是应该做的事情,多提倡物资节俭,多多救济百姓,这是重要的行动。我没有挽救危难的雄才大略,但能发现一些社会问题,可告知皇上。今给陛下上疏,想利用巡抚职务之便,求做一些安定民心、稳定国家的一些事情。今上疏的全部内容,请求相关部门认真讨论。有的是为了普通军民利益,可对一些官员不利;有的是为了长远的利益,则对眼前的一些事情不利。现在应打破一些旧的、不合理的制度,在振兴王朝中,从上到下不能感情用事,不要因为出现一些反对声音而放弃一些好的整改措施,不要为了暂时的安稳而因循守旧。如果真能这样,百姓幸运,王朝幸运。

在《自序》中,吕坤对自己的想法以及上疏的目的做了陈述,但从《自序》侧面我们可以看到吕坤对自己的评价:作为官员的他常想的事是"振兴国家、安定百姓、稳定边疆";他吏治的行为"多有利于民而不利于官""多考虑长远而牺牲眼前的利益";他常做一些打破"旧规矩",去除"不合理制度"的事,从不因循守旧。

吕坤在自撰的墓志铭中表白:"将一寸丹心献之上帝,任其校勘平生。将两肩重任付之同人,赖其挽回世道。"吕坤对自己的评判较为客观,一颗诚心对君忠心耿耿,一切功过任凭天地良心评判,一生行为奉献于同胞百姓,一腔正义极力挽回世道公平。他建议丧葬从简,不得浪费一点百姓的血汗,正像他所言"一毫金珠不以入棺,一寸缣帛不以送葬"。

吕坤倡导移风易俗,遗弃传统文化的糟粕,他生前的遗嘱强调:"不动吹

---

① 吕坤:《摘陈边计民艰疏》,《明经世文编》卷416,第4504页。

鼓,不设宴饮,风水、阴阳、僧道家言,一切勿用。"①他认为,一些丧葬习俗越来越烦琐,对古人遗留文化不断地扭曲、变形,而且扰乱民众的正常生活秩序。从思想角度"强迫"民众做一些毫无意义且浪费物力、劳力的事。他深知,若改变不了整个社会的风俗,至少可以在他的家族首先弃掉一些不良的习俗。

吕坤牢记家父嘱托:尊"天理",这成为他一生自信的原因。墓志铭里自谓:"奉先君天理二字于膺堂,毕生不敢失坠,此君所自信者也。"他所谈的"天理",其内涵包罗万象,指天地宇宙的一切规则,当然包括人世间的一切规则。

吕坤自我评述:"君性峭直,不委婉,严毅,少温燠,居官持法而清凉,居家义盛恩薄。"②他确实为人正直,做事不耍"委婉"等花样。他为官断事果敢,刚强严厉,他执法严明,不讲情面,一律按条规执行。遇事临危不惧,沉着应对。他有一身正气,乐意助贫扶弱,助人不求回报。他做事以客观规律为准则,向一些伪科学发起挑战。

二、同时代人对吕坤的评价

吕坤作为万历年间的一位官员,他所担任过的官职论其职位在朝中来说是不大的,可他对当时的官场有较大的影响。

吕坤上任山西巡抚不久,一些诚心做事的朝廷官员们请求皇上重用他。《明实录》载:"万历二十年(1592)正月甲戌,工科都给事中杨其修言,河臣潘季驯勋茂劳久,呕血骨立,被言请告当允其归,且泗城会勘,议既柄凿工亦旁午,缙练老成如舒应龙,精心任事如吕坤,二臣用一可以集事,上命吏部知之。"③以上是工部官员在官员任用上对吕坤的推荐,而且对吕坤的评价是精心任事,皇上对推荐之事认可。可见,他那认真做事的态度得到了当时朝廷官员们的公认。

---

① 《吕坤墓志铭》,万历四十六年吕坤自撰。
② 《吕坤墓志铭》,万历四十六年吕坤自撰。
③ 《神宗万历实录》卷244,万历二十年正月甲戌修,第3页。

万历年间的湖广监察御史赵文炳是《吕公实政录》的编撰者,他同吕坤是同龄人,两人为同时代的朝廷官员,他对吕坤了解甚多。文炳先生也一直积极主张制度变革,为明王朝的社会进步助力。他对吕坤制订的多种吏治细则极为赞赏,于是他修订了《吕公实政录》。在序言中谈道:"吕先生天中大贤,得伊洛真传。所著《呻吟语》,发明六经孔孟之学,天德王道,渊源于中。居恒慨然以天下为己任,一念民物胞与,真可盟幽独而格鬼神者。"①

他对吕坤的评价极高。他认为,吕坤是一位天地间的贤人,是伊洛实学的合适继承人。《呻吟语》中的思想可与六经、孔孟之学媲美,其中的一些内容是继续深入探讨"天德王道"。吕坤一直认为,给天下的百姓做事是自己的责任,坚持认为要关爱民众,并且尊重天地间万事万物的合理存在。吕坤超越众人,高高在上,甚至感通天地鬼神。对学术的传承和思想发展做出了贡献,也显示了他为国效力,为民做事的理政风格。

关于吕坤的执政功绩,赵文炳总结得较为细致:"镇抚山西,朝夕焦劳,唯恐一民一物不得其所。故诸所措注,靡匪加意苍生者。"②吕坤执政,精心任事,他把主要精力投入到民生中去,他力求处理好百姓的每一件事。

吕坤关心百姓表现在多个方面。文炳说他:"惧民啼饥号寒也,教之垦荒田、兴水利、树农桑、养五孳。其所以殷殷恳恳,导众利而布之下者,必欲家给人足而心始慰。"他担心百姓受饥、受寒,从衣食源头抓起。引导人们开发未利用的土地,修水利工程以灌溉、排洪,保证作物稳产、增产,鼓励耕织,饲养牲畜。以赤诚之心为百姓谋利,期望达到户户衣食无忧,人人生活富足。"惧茕民无告也,为之岁给粟布,时加存问。即瞽目残肢,俾各专一艺以资其身。乞丐之流,亦冬有生房,房有布被,期穷民举无失所。"他关心社会的弱者,每年给他们送米布,他建议教残疾人一技之长,可让其自食其力,让乞丐们也有住所,期望流散的穷人也有暂时的安身处。"惧荒歉为民灾也,纸赎无碍尽巢余谷,贮预备仓。而又募民出粟,益以官廪,俾在皆立社仓,遇有水旱,不能为灾。"他建议百姓备荒储粮,以达到有备无患。在平常年份应

---

① ② (明)赵文炳:《吕公实政录》序言。

把多余的谷物储存,可在灾年自救。在较好年景要充实官仓,预备水旱灾年急用。

吕坤强调维持社会秩序的稳定。"惧盗贼戕吾民也,而申饬保甲之法。"为预防、反击盗贼,他建议设立保甲之法,引导全民习武。"惧淫邪荡吾民也,而讲明乡约之法。"为防止淫邪之风腐蚀民众,他制订了较为细致的乡约之法。"惧冤枉害吾民也,而设为平反之法。"执法中难免有冤假错案,这对民众是不公平的,于是他设立平反之法。"惧奢靡吾民也,而崇尚节俭之法。又惧有司之弗戡或至殃吾民也,指陈在公之事正色而告之。"①为杜绝奢侈浪费,他制订了节约之法。为防止官吏有意、无意欺压百姓,他严肃地告知官吏:坚决杜绝此类事情的发生。"盖先生爱民真如保赤,一猷念、一政事,设诚而力行之。"②吕坤关心百姓犹如善待自己的儿女,他怀有一种执着的关爱之情,他真心实意地为民做事。

由文炳先生所写的《序言》详文得知,他对吕坤制订的吏治方案做了细致的剖析,成为同时代人中对吕坤了解较深的官员。作为湖广要地的巡抚,他效忠朝廷、关心百姓的意愿,同吕坤的思想产生了共鸣,这一点从他对吕坤的评价中可感知。

万历朝中年过八旬的吏部重臣孙丕扬多次向皇上推荐吕坤。据《明史》载:"初,在朝与吏部尚书孙丕扬善。后丕扬复为吏部,屡推坤左都御使,未得命。言:'臣以八十老臣保坤,冀臣得亲见用坤之效,不效,甘坐失举之罪,死且无憾'已。又荐天下三大贤:沈鲤、郭正域;其一即坤。丕扬前后推荐,疏至二十余上,帝总不纳。"③这里先不说为何推荐的结果无效,单从孙丕扬对吕坤推荐的这个事实,足可得出以下结论。其一,孙丕扬了解吕坤有较高的执政能力,而且敢于向皇上推荐他,并且向皇上保证,若吕坤执政效果不佳,本人要承担罪过。这足可以说明当时政坛上的吕坤能力非凡,执政有方。其二,把吕坤推荐为万历年间的三大贤人之一,这确实不是孙丕扬一个人的评价,可能是当时民间和官场的很多人的评价。至于皇上不接受孙丕

---

① ② (明)赵文炳:《吕公实政录》序言。
③ (清)张廷玉等:《明史》卷 225,北京:中华书局,1998 年,第 5943 页。

扬先生的推荐,可能另有考虑。该事实可以同万历二十五年吕坤上疏《忧危疏》后皇上置之不理联系起来,两个事件是类似的。由此不难理解当时皇上不重用吕坤的原因,关于这一点这里不再细述。

明朝廷负责官员任命的吏部对吕坤评价高,其评价言辞如下:"耿介刚方,光明磊落,在在不避权豪,问司道之所不敢问。居乡能守淡泊,甘士民之所不能甘。友爱家庭,亲睦乡里,年华虽暮,人品极高。"① 正像上述评价所言,他确实刚强正直、胸怀坦荡、不畏权豪,从不追逐名利,其所作所为令士大夫们望尘莫及。他友爱家人,同邻里和睦,他的人品被广泛赞誉于民众中。从吏部官员们的这些评价得出结论,在明末这个时代的大部分官员们很难做到这一点。

三、后人对吕坤的评价

随着吕坤的著述和事迹不断被推出,对后世的影响越来越大,史书的执笔者对他有较高的评价。虽然不同史书执笔者对吕坤评价的角度有差异,侧重点也不同,但可从多名执笔者评价的综合能够得到对吕坤的整体评价。

(一)对吕坤执政风格进行评价

吕坤为官清正、执法严明。《明史》列传第一百十四载:"赞曰:海瑞秉刚劲之性,戆直自遂,盖可希风汉汲黯、宋包拯,苦节自厉,诚为人所难能。丘舜、吕坤,虽非瑞匹,而指陈时政,炳炳凿凿,鲠亮有足称者。"②

以上史书把吕坤同海瑞等人并列,说明吕坤是明代一位不平常的人物。海瑞是万历年间一位廉洁自律,勇于改革创新的官员,其知名度和影响都很大。吕坤同海瑞多方面的情况是不同的,他有自己的风格。他做事实实在在,为人正直。他善于指责时政的弊端,自己光明磊落。他执法公正、严明,不被私情所干扰,等等。

《山西通志》载:"坤正己率属,自藩臬及承差吏胥,皆有明职条约。馈遗

---

① 郑涵:《吕坤年谱》,郑州:中州古籍出版社,1985年。
② (清)张廷玉等:《明史》卷226,北京:中华书局,1998年,第5949页。

赎羡,尽杜绝之。"①由该文献得知,吕坤做人正直,家法严明,对家里和家族的人,以及手下的吏员都有严格的纪律要求。他深深地知道,只有身正才能避邪,只有身正才能除邪。他的这种所作所为,给当时的人们树立了高尚的楷模。《山东通志》载,吕坤"万历时为布政司右参政,洁己率属,铲除风弊,政称海内第一"②。吕坤在山东执政,人们同样对他的评价是"廉洁自律""革除陋习""严管下属""海内第一"。对地方官员如此评价,在史书上实属不多见。

(二)对吕坤重视农桑业的评价

学者郑涵著的《吕坤年谱》里引述了吕坤同时代人的回忆记录:"公恒念夫不树不桲,不畜不牲,不蚕不帛,不绩不衰,乃教我民及时莳种,栽几本榆、几树枣、几株桑、几畦麻。"③吕坤一直强调,他从没有参加过农业劳动,更不懂生产技术。但是,作为官员的他把农业生产时时记在心头,把督促生产作为自己的一种主要责任。他对当时社会以农耕为主的时代特征体会深刻。

(三)对吕坤治学及社会影响的评价

吕坤是一位积淀深厚且思想活跃的学者。《明史》载:"坤刚介峭直,留意正学。居家之日与后进讲习。所著述,多出新意。"④

由该文献得知,吕坤做事刚强正直,他治学严谨。他严谨治学的态度,同他做事严谨的习惯两者是相关的。在治学上善于帮助他人,这是好的助学品德。他的著述多出新意,这与他的治学严谨有关,还与他多年深入基层了解民情有关,更与他一直身居政坛了解当时的官场之风有关,等等。

清代学者沈佳的评价是,吕坤"家居四十年,自奉俭约,不置生业,惟日与门弟子讲论不辍"⑤。沈佳谈到了吕坤专心治学的态度,把精力、钱财主要用于培养弟子和创作上。

---

① 《山西通志》卷 14,北京:中华书局,1990 年,第 7342 页。
② 《山东通志》卷二十七,清雍正七年刻本。
③ 郑涵:《吕坤年谱》,郑州:中州古籍出版社,1985 年,第 44 页。
④ (清)张廷玉等:《明史》卷 225,北京:中华书局,1998 年,第 5943 页。
⑤ (清)沈佳:《明儒言行录》卷九,钦定四库全书。

清代学者尹会一言:"新吾先生,固昔日中州之弟子员也,体用兼备,卓尔有成。遗韵流风,至今犹在。"①吕坤作为中州弟子,既有高品质,又有善行为。他的道德及学问成就远超常人,他的诗赋及文风对后世文坛影响深刻。

梁启超对吕坤治学的评价:"新吾之学,持养绵密,而专向平实处致功。善察物情,而勇于任事,妙于因应。于当时王学末流之好高谈大言者异撰。然亦受时代影响,持论不如二程之迂。新吾之洛学,盖新洛学也。"②他认为,吕坤治学同社会关系紧密,其着力于一些实实在在的事情,其治学同精心任事相结合。吕坤反对高谈阔论,传承、发展了实学,创立了"新洛学"。

孙奇逢对吕坤治学的评价为"公之学曰:穷理尽性,以至于命"。吕坤的学术宗旨是探究事物之理,最大限度地发挥个性的天赋。其目标是改变天下民众的命运,使人们的行为与客观世界和谐平衡。③

(四)对吕坤多方面的评价

历史人物吕坤是一位具有丰富经历的官员,他的人生坐标应该在什么位置? 若从多角度、多领域思考,在多维空间的多个位置都有他的落脚处。

后人对他的评价往往从多方面入手。

《大清一统志》对吕坤评述:"万历中以右佥都御史巡抚山西,约将吏不得私馈遗,饬边防,恤民瘼,庶政毕举。"④以上文献记述的是吕坤巡抚山西期间实施社会治理的主要措施。他明确规定将军、官吏不得收取赠送的财物,地方官员要设法救济穷困百姓。他整顿社会的多个领域,达到了吏治有序。

清代学者沈佳言,吕坤"尤加意惠养孤茕,值天下将多事,更严边防,迄后有成法不废,升协理院事"。⑤他特别关照社会的弱势群体,强化边关力量。他吏治有方得到了朝廷的重用,他所制定的一些吏治条文后世仍然沿用。

清代学者汤斌言:"余居近先生之里,见其邑之城郭、井野、里甲、赋役之

---

① 《尹健余先生文集》卷三。
② 梁启超:《近代学风之地理分布》,《清华学报》1924 年第 1 期。
③ 孙奇逢:《理学宗传》卷二三,济南:山东友谊出版社,1989 年,第 1657 页。
④ 《大清一统志》卷九十五,乾隆五十五年刻本。
⑤ (清)沈佳:《明儒言行录》卷九。

法,与夫冠昏、丧祭、宴飨、丰约之仪,皆先生手定,数十年无敢改易者。儿童、妇女至今犹称吕夫子也。"①熟悉吕坤故里的汤斌通过调查得知,当地基层社会与民众直接相关的一些条文、法令大多为吕坤手定。这些管理措施在吕坤故里延续了数十年,家乡百姓给予他很高的赞誉。

汤斌言:"其子孙守其遗教,周旋步履具有常度,居官清白,能世其家。先生之学,真非可以声言笑貌为之者矣。"②汤斌对吕坤家族的家规、家风及治学做了评述。吕坤的家教严明,子孙们严守家规、家风。子孙们传承了他的学说、主张,他影响、提升了整个家族。他在治学方面的成就,用普通的言语难以表达。

清代学者颜元言:"先生大学术、大经济,益添叹服。"③他认为,吕坤治学是大手笔、大格局,其出发点是经世济民,目的是治国平天下。

以上众多史书执笔者对吕坤评价的共同特点是:所用文墨较少,言简意赅。学者们对他的执政风格、重视农桑、治学成就及多方面进行了评述。若综合这些评述,可以给读者展示一位"全方位"的吕坤。

四、"陷害风波"侧面看吕坤

吕坤弃官归乡以后,过去同他对立的官员趁机对他报复,由此引发了以下的风波。据《明史》载:"给事中戴士衡劾坤机深志险,谓石星大误东事,孙矿滥杀无辜,坤顾不言,曲为附会,无大臣节。"④戴士衡揭发吕坤有险恶的阴谋,因为他面对滥杀无辜的人,不但不揭露,反而不闻不问,他的行为迎合了触犯刑法的人,作为大臣是一种严重失职。为什么戴士衡要揭发吕坤,其原因,文献也做了记载:"给事中刘道亨言,往年孙丕扬劾张位,位疑疏出坤手,故使士衡劾坤。"④吕坤身居政坛以来,以伸张正义而出名,在他的多次上疏中,有时提出建设性的意见,有时揭露社会的黑暗面。在朝中孙丕扬同吕坤

---

① (清)汤斌:《治学编·吕新吾先生传》
② (清)汤斌:《治学编·吕新吾先生传》
③ (清)颜元:《习斋纪余》卷一。
④④ (清)张廷玉等:《明史》卷225,北京:中华书局,1998年,第5941页。

关系较好。因此，张位怀疑孙丕扬上疏的内容是吕坤所作，似乎张位的怀疑还有一定的道理，因为吕坤有这个能力，也善于这样做。文中对此事不再深入研究下去，单说戴士衡揭发吕坤这一事实，皇上给平息了。文献载："帝以坤既罢悉置不问。"①皇上觉得，既然吕坤的官职已罢免，再不用追究吕坤的事了。

这些官员们的报复行动自然不肯罢休，他们对吕坤的著述进行研究，想从中抓住一些把柄。吕坤在山西任按察使期间，曾撰《闺范图说》，这部著述被购入宫中，郑贵妃读了以后，对它兴趣很浓，于是派人给它作序，并且托付亲人再印刷多册。这一事实被戴士衡等人得知，于是他们利用此事再次揭发吕坤。据《明史》载："士衡遂劾坤因承恩进书，结纳宫掖，包藏祸心，坤持疏力辨。"②士衡等人说吕坤向郑贵妃献书，其目的是想结识宫中人物，可能还另有企图，可见，吕坤心怀叵测。对此吕坤对自己做了辩护，同戴士衡等人针锋相对。

又过了些日子，戴士衡等人又一次揭发吕坤。这一次他们对吕坤的《闺范图说》和《忧危疏》做了不合理的评述，企图加害他。据《明史》载："未几，有妄人为《闺范图说》跋，名曰忧危竑议，略曰：'坤撰闺范，独取汉明德后者，后由贵人进宫中，坤以媚郑贵妃也。坤疏陈天下忧危，无事不言，独不及建储，意自可见。'"③士衡等人专门指使一些文人，对《闺范图说》做评述，而且把题目定为"广义地谈忧危"，诬蔑吕坤撰写《闺范图说》，对其内容做有意的取舍，言其目的是讨好郑贵妃。他上疏的《忧危疏》谈到了很多事情，可对解决问题的办法提出的少，其目的不言而喻，分明是别有用心。对此事，《明史》中做了评价："其言绝狂诞，将以害坤。"④这些人确实太险恶了，为了达到其目的，无事生非。

其实，皇上对吕坤此人了解较多，他不相信这些人所言。至于皇上有时不听吕坤的建议，可能另有考虑，或者为了稳定现状，或者皇上本人也在苟

---

① （清）张廷玉等：《明史》卷 225，北京：中华书局，1998 年，第 5941 页。
②③ 同上，第 5942 页。
④ 同上，第 5943 页。

且度日。在这件事上,皇上最后还是为吕坤做了主,他对这些人们的无事生非做了回击。《明实录》对此事做了记载:"得旨,吕坤已去,不必又说。今后大臣被论科道建言,俱听朝廷公断,不得偏护争辩。"①风波终于平息了,仔细分析,其根本原因是什么呢?笔者认为,是吕坤执政严明,敢于同邪恶做斗争,因此,得罪了一些人,才导致了这些风波的产生。

弃官以后的风波显示了吕坤精心任事、公正执法、不畏险恶的执政风格。同时,也反映出当时官场秩序的紊乱。明神宗偏向吕坤的事实证实了皇上对他功绩的认可。天启初年,皇帝赐吕坤"刑部尚书"。吕坤已经去世,还给赐官,这一事实足可以说明,作为官员的吕坤在朝廷的影响力,以及表明当时的大明王朝想树立一位"精心执政者"的楷模的动机。从吕坤弃官以后出现的风波,足可以反映出朝中多数官员把更多的精力用于内斗,对朝廷、百姓来说,是很不作为的。由此可以看出,当时官场秩序的紊乱,也说明吕坤设计的社会环境建设方案具有必要性。

五、笔者总结及评述

吕坤是一位官员,一位学者,也是一位思想家。综合吕坤的求学经历、从政履历、著述讲学历程,追溯他的所作所为,分析他的典型事迹,了解当时百姓对他的拥戴,我们可以展开对他的评述。同时代人及后人对吕坤的品德、执政能力、卓越的事迹等,给予了很高的评价。史书多处对他的共同评述是,为人正直,执政公正,严惩豪强,关爱百姓。他严于律己,家法严明,对手下人管理严格,是一位清正廉洁的官员。《明史》中评价,他是万历年间三大贤臣之一,在人物《列传》中,把他同海瑞相提并论,足可以说明他对后世影响很大。

"农桑业"是官员吕坤一直最重视的事。大明王朝立足于农耕,官员吕坤深知农耕社会最重要的行业是什么,朝廷发展主要靠什么,百姓的生存条件主要是什么。从上任知县至朝中做官,他特别重视农桑业。基层做官时

---

① 《神宗万历实录》卷309,万历二十五年四月壬午修,第9页。

他常出现在田间地头,制订政令涉及农桑时更加细致。灾情出现时,他首先关照的是从事农桑业的百姓,农桑业一直是他最重视的事。

"强军抚军练乡兵"是山西巡抚吕坤推出的强化边关、稳定社会的措施。强军是明王朝稳定的基础。吕坤强烈地意识到强军对于朝廷稳定的重要性。作为山西巡抚,防守晋北三关地区是分内的职责。于是,他特别重视三关一带的军事训练。基于这项事务的实践,他提出了"强军抚军练乡兵"的具体办法。强调"抚军"是因为只有抚军到位,方可稳定军心,鼓舞士气。"全民习武,组建乡兵"是由于他深知冷兵器时代习武对于社会安定和培育边防后备军的重要性。吕坤提出的相关措施,源于他多次深入军营、乡村实地调查的总结。

吕坤精心吏治得到百姓、官员们的一致认可。吕坤作为一名官员,他精心任事的态度受到百姓的赞誉,也得到其他官员的认可,还受到朝中专管官员任免人员的好评,明神宗对他的执政持肯定态度。他在做官期间大创土豪、为民除害、救济穷人、安抚百姓,深受人们爱戴。他针对不同地域的具体情况,制定了多种有利于地方发展的制度,一些制度延续多年,其他地方官员也效仿、借鉴这些制度。一心为朝廷做事的一些官员向皇上推荐吕坤,如吏部官员孙丕扬冒死向皇上推荐吕坤,工部官员杨其修对他的评价是"精心任事",且直接向皇上推荐,并且得到了皇上的同意,"上命吏部知之"。可见,吕坤在政坛上多方面表现卓越,不仅百姓欢迎他,而且其他官员从心底深处对他认可。吕坤的设想是让各地官员带动百姓,使社会各行各业稳步发展,大明王朝则长治久安。

执法公平的吕坤被提升到刑部做官。他在基层做官期间,严于律己,对家人、手下官员管理严格,对一些案件的处理公正严明。他一直不畏权势的施压,秉公执法,不断地打击邪恶,维护公平正义。为官严惩恶霸,是他坚持正义、同情百姓的行动表现,在他内心深处非常憎恨欺压百姓的恶者。由于他执法公正、严明并且执法有方,后被提升到刑部做官。吕坤在执政期间频繁得到提拔,说明当时的朝廷重用贤才,更说明当时的社会像吕坤这样的执法公正的官员较少。朝廷奸臣陷害吕坤,说明吕坤执法不讲情面,得罪了多人,才使这些人伺机报复吕坤。在他著述的多处提到了执法公平、执法高效率等建议。他一心渴望社会公平、有序。

荒乱经历者吕坤利用职务便利带领民众备荒防乱。经历荒乱的人,方知荒乱时民众的痛苦。吕坤亲身经历了家乡的大旱灾、大涝灾,他目睹了灾荒期间民众苦不堪言的生活,亲身体验了灾荒年间百姓的生活艰难。他的长辈常常给他讲兵灾时强盗横行、百姓受冤甚至惨死的场景,使他对社会动乱给百姓带来的灾难印象深刻。灾难的记忆让他深深地反思:如何避免灾荒和动乱?他在为官期间做了大量备荒、防乱事宜。他亲临基层调查,他精心制订"备荒防乱"的相关条文。他利用职务便利在具体实施中做了许多前人未做的事,对未来可能发生的灾难提前做应对准备。后世官员们效仿吕坤做事者甚多。

"禁山护林植木"是稳固北部边关的一项措施。晋北三关一带属于明王朝北部边防线的重要地带。吕坤在巡抚山西期间多次亲临这一带,了解这里的山峰、谷地,目睹这一区域的森林分布。于是他提出了"禁山护林植木"的建议。他认为,应立法保护这一带现有的森林,并于地势险要处大量地植树,还要栽植一些利于防守的灌木。若干年以后,茂密的森林遍布,三关一带可成为不可逾越的"森林边墙",可阻挡北方游牧骑兵的长驱直入,对稳定北部边关所起的作用巨大。

上奏《忧危疏》奉劝皇上整顿王朝,皇上无视吕坤的建议。吕坤于万历二十五年(1597)上奏《忧危疏》,对当时明王朝的社会弊端从多方面进行了罗列,他诚心劝万历皇上痛下决心整顿王朝,得到的回应是置之不理。不采纳《忧危疏》的建议,可能是当时的万历皇上无可奈何的选择。若采取大的整顿措施,担心控制不了局面,为防止朝廷内乱,便采取了苟且偷生的办法。皇上苟且偷生是明王朝最大的隐患,这个隐患从那时起又持续了四十多年,明王朝终归覆灭。这一事实成为吕坤构建的社会环境建设方案的反面事例,可供后世借鉴。

关照社会的弱势群体,是吕坤关心百姓的重要行动体现。关照社会的弱势群体是兴盛王朝的社会特征。吕坤做事一贯以"百姓优先"为原则,对百姓关爱细致，特别关照老弱病残，更关心灾难中的百姓。官员吕坤对社会弱势群体的关照是突出的。每一地任职，他亲自制订"帮扶残疾者"的具体办法，令下属官员们严把执行关。吕坤关心弱势群体是他关心百姓"善心"的一种行为体现，这种"善心"同他的家事经历相关。吕坤的母亲失明，使他深深体会到残疾者生存的艰难。这一事成为他为官时特别关心弱势群体的直接动因。

创办社学，重视德育教育。为官时期的吕坤一直重视办学，在山西襄垣任知县时，已开始重视这一事宜，因为在他的内心强烈意识到，文化教育对于社会发展的重要性。吕坤辞官以后，在家乡宁陵办私学，亲自讲学，教授众多弟子。吕坤重视德育教育，最早是从父亲给他的启蒙教育开始的，小时候他协助父亲编写了关于德育教育的一些书籍，流传至今。做官期间，吕坤在德育教育方面一直以身作则，清廉做官，善事为先。他的德育教育思想对他的家族，对他的家乡人，对执政区域的百姓，对后世影响较大。

吕坤的家事经历及家庭教养成为他发奋读书、成才的动力。吕坤的父亲是一位文人，从他记事起开始接触的是家中的书籍、笔墨。父亲引导他创作，早早地打开了他的智慧之门，父亲的言传身教，使他得到了良好的家庭教育。他母亲患上眼疾失明，这个世界上最疼爱的人忍受着失明的痛苦，这对幼小吕坤的心灵是一种重重地撞击。孝子吕坤准备放弃学业伺候母亲，母亲大怒呵斥："你若考取进士，是对我最大的安慰！"带着母亲的期盼，吕坤终于成就了学业。可见，失明母亲的嘱托使他坚定了成才的信心。

终身治学，著述有新意。《明史》中评价，吕坤的著述多出新意。通过本书的研究得知，他的著述其内容客观、实在，很多观点具有独到的见解，对于一些社会弊端能击准要害，提出的措施可行性较强，等等。这与他长期投身社会调查以及他的理性思维分不开。在目前的学术界，不少学者研究他的哲学思想，这是因为吕坤留给后人较多的还是哲学方面的著述。在他弃官归乡之后的二十多年，他著述种类多。不过，本书研究的内容主要是他做官期间上疏的一些奏折，以及制订的一些吏治条文，挖掘的是他提出的如何治国安邦的策略和方法。对他辞官归乡之后整理的一些社会环境建设方案也做了一些整理。他的治学同做事一样严谨，而且善于助学。他善于观察研究，他体察基层、了解民情、知晓官场，因此，他的著述多出新意。比如，他的奏折中的多种正确的主张，是他多年的实践经验和理性思维相互撞击的产物。晚年的著述是学术积淀的凝聚，以及从政实践的总结，成熟的思想进一步升华，社会环境建设方案进一步成熟。

独树一帜的思想。吕坤的思想是自成体系的，这里只谈同本书相关的一个侧面。他认为"天人合一"，但"人可胜天"。天地创造了万物，也创造了人世间。人世间设立君王是为百姓做事的，君王设置官吏是辅助君王为民做事的，这便是吕坤所谈的上天旨意，他建议天下的人要遵守上天旨意。他的上天旨意其实是客观规律，既包括自然规律，也包括社会规律。

"天人合一"是当时人们的普遍观念。吕坤的观点既承认"天人合一"，但同大多数人有些不同。他认为，百姓的力量强大，其作用不可忽视。他们既可以顺应天意，也可以改变天意。若上天希望人间太平，但百姓衣食不能保障，官吏还要欺压百姓，此时，百姓可以使天下大乱，这就是吕坤的"人可胜天"的思想。若上天有乱的征兆，可以通过安抚百姓来稳定天下。在君王的明治下，不同社会层次的人们做好该做的事，民众合力可扭转乾坤，这也是"人可胜天"。吕坤得出结论，为百姓着想，也是孝尊皇上，更是尊重天意。作为朝中官员，尊君与爱民很好地结合，才能立足政坛，以便为民做事和为朝廷效力。由此，他进一步提出"君民一体论"。他认为，百姓富，君也富，百姓穷，君不能独富。君与民的命运是一致的。因此，君应爱民，民应爱君，与民同乐，以达国泰民安。

后记 情感、责任、使命：写吕坤的缘由

我以学者的身份大写吕坤,确实有发自内心的真情实感。同时觉得,这是我应尽的责任,仔细想来更觉得是历史赋予的一种使命。

以下我细致地予以阐释。

笔者初次"接触"吕坤是在2006年。当时,我正在陕西师范大学攻读历史学硕士学位。在一次学术会议上,一位学者只是间接地提到吕坤。打那以后,我开始关注、查阅有关吕坤的一些资料,我越来越感觉到同吕坤"相识恨晚"。我作为山西人,自觉地多关注山西的情况。吕坤中进士以后,首次做官在山西襄垣,后在山西大同任职。在山东、陕西短暂任职后,升山西巡抚。吕坤同山西的"缘分"增添了我更多关注吕坤的兴趣。

在阅读吕坤的两个奏折《停止砂锅潞绸疏》《摘陈边计民艰疏》过程中,发现奏折内容的地域背景主要是山西,之后研究吕坤的兴趣更浓了。我开始投入更多的精力阅读吕坤的著作,了解学界对吕坤的研究情况。经仔细研究,更觉得应该把吕坤多年精心积累的社会环境建设方法进行细致的总结,认真地整理,然后奉献给社会。我反复地思考,这一件事我有能力做吗?我开始考虑、分析自己多方面的情况:我的性格、职业、所学的专业、科研长处,同时我在思考我的出生、生活环境,以及社会阅历。越思考,我的责任感越来越强烈,历史需要我承担这个使命。

我与吕坤的出身背景和成长过程有部分相似之处。

我出生在晋西北偏僻的一个小山村,童年、少年一直待在农村。后来虽在学业上取得了一些成就,但经常回乡,我的很多亲戚是乡下人,这给了我更多了解乡下的机会。我和吕坤都出身于社会的底层,对基层百姓的生活有较多的了解,对百姓的苦衷和期望得知甚多。我是一名高校教师,经过多

年的研学经历,在中年时代拿到了硕士、博士学位。吕坤也是从小一直好学,三十八岁才中进士,此时的吕坤已有深厚的治学根基和丰富的社会经历。一经上任山西襄垣知县,就显示出超常的管理智慧和卓有成效的理政方式。我同他具有部分相似的人生经历,这一点触发我更多地想象当年吕坤的所思所想、所作所为,这更增加了我写吕坤的兴趣。

我大学本科的专业是地理学。硕士的专业是历史地理学,主要研究方向为历史环境。博士的专业是区域环境学,研究方向仍为历史环境。通过三个阶段的学习,相继拿到了地理学学士、历史学硕士、环境学博士学位。我在青年时期,一边在大学地理系任教,一边在中学教高中地理。从2005年起,我开始在陕西师范大学中国历史地理研究所学习。从那以后,我一直脚踏实地研究历史环境学。我从小喜欢文学,常写一些诗歌、散文之类的文学作品。从教学、科研经历,以及特长爱好等分析,我有足够的专业能力和语言组织能力完成这一课题。

吕坤是一位官员,又是一位积淀深厚的学者。在中国历史上,学业精湛的官员学者为数众多,但在这类人中关爱百姓的数量较少,吕坤是一位少有的忧国爱民的官员。笔者了解吕坤的事迹之后,一直在思考一个问题:从明万历年间到现在已经五百多年了,为何宣扬吕坤的人数较少?

其实,不论在何种社会制度下,真正具有传播效应的是社会的上层人物。古代为数众多的官员不愿意提及吕坤,因为多数官员的私利重于公利。愿意宣传吕坤的学者也较少,因为大多数学者多出生在书香门第,同广大民众相对隔离,他们对基层百姓的关注相对较少,因而同吕坤的思想相差甚远,也不多提及吕坤。笔者从事了多年的高校教育工作,发自内心地一直关心学生,在这一点同吕坤的爱民思想相吻合。由于思想的共鸣,激发我更多地关注吕坤的思想、行为。

又一个问题长时间萦绕在我的脑海里,研究吕坤有用吗?有意义吗?

经过多角度的思考,我终于下定了决心。

纵观中国历史,不少学者与社会处于相对隔离的状态,一些学者同社会实践相对脱节,他们习惯闭门造车,纸上谈兵。吕坤是历史上少有的关心社会、体贴百姓、深入民间的学者。在当今的社会背景下,笔者以吕坤为研究对象,复原他构建的社会环境建设方案,为社会、百姓做一些具体事情,把研究成果同社会实践相结合,以达到"研究成果社会效益"最大化的目的。

目前,中国的政府官员是关心百姓的,学者们也关注、关心百姓。但是,他们"关注""关心"的程度有很大的差异,其程度有待于继续加深,其方法需要讲究,也需要细化。吕坤以毕生的精力构建的社会环境建设方案在多个细节体现了爱民的特征,细致地剖析吕坤的"爱民之心"并展示于天下,以达到对大众的"感染"。

吕坤是明代实学的代表人物之一。实学其内容主要讲究"实用""实行""实政",主张实心任事,更多地关注与社会、百姓相关的事。诸如:农田治理、河道疏通、盐铁生产、手工作坊等。吕坤是一位实实在在的实学继承者和发展者,在吕坤的著作中,多谈及社会上的一些事情,这些事情同百姓的生产、生活息息相关。明代的实学需要传承和发展,吕坤提出的实实在在的措施需要整理和系统化。

"古为今用"是当今社会建设需要推崇的一种重要思路。改革开放以来,世界各地文化交流频繁,当我们积极学习外来文化时,回头冷静地思考:在中华历史长河中,有许多优秀的文化积淀在历史的地层中,成为永久的"化石",有待于我们去挖掘、思考和应用。我们历史学者有这一方面的职责。由于目前的社会环境是由历史社会环境演变发展而来的。因此,吕坤多年构建的社会环境建设方案值得借鉴。中华优秀传统文化其挖掘潜力巨大,中华优秀传统文化博大精深,弘扬其菁华任重道远。追寻、复原吕坤构建的社会环境建设方案是深挖中华优秀传统文化的具体举措,中华民族实现伟大复兴的"中国梦"需要加强社会环境多方面的建设。

目前中国的社会政策从微观的角度讲,很多地方需要补充完善,一些政策在基层落实方面缺乏制度性的约束。"现在中国,当前的任务则是,在高层机构和低层机构间敷设有制度性的联系。"[①]虽然,黄仁宇这个观点是在

---

① (美)黄仁宇:《万历十五年》,北京:中华书局,1982年。

20世纪80年代初提出来的,但一个国家制度、政策的建立和完善,经过三四十年是不可能完成的。所以,这个观点在目前仍具有现实指导意义。

要建立适合中国发展的一些制度、政策,笔者认为,除了学习国外的先进经验外,挖掘中国历史经验是非常重要的,因为这些经验是生长于中国的社会土壤中。

在中国传统农耕社会中,凡有作为、有建树的士大夫大多出生于县、镇以下的农村,他们对底层的社会治理有着深刻的感悟,吕坤就是其中一位代表。他的为学为政为官的底色就是亲农、亲民、亲为、济世,这既是他的命运与机缘的结合,更是他的抱负与担当的体现,至今仍有值得借鉴的地方。

习近平总书记在2020年抗疫表彰会上说:"没有从天而降的英雄,只有挺身而出的凡人。"这句话触动我一次又一次地思考,今日谈吕坤,又想到了这句话。其实,吕坤原本是芸芸众生中普通的一员,经过艰苦的磨炼之后,他挺身而出,敢于担当,在基层做官实践中铲除恶霸,整顿秩序,认真搞建设,一步一步树立了自己的形象。新时代的中国正以前所未有的速度阔步前进,新时代新气象,社会环境整治需要新方法。现在需要各行各业的"凡人"以不同的方式挺身而出,在自己的行业成为建功立业的"英雄"。

自从我与吕坤"相识",我不断地了解吕坤的事迹。我对吕坤的"研究兴趣"已经转变为对吕坤的一种"浓浓情感",自己多方面的条件让我自觉不自觉地感到一种责任。我总是在想,关于整理"明代官员吕坤构建的社会环境建设方案"这一事宜,我若推卸,谁来承担?沉思之后,历史的使命感和时代的责任感更强烈了。中国社会发展至今,社会环境建设面临多方面的挑战。我作为一名跨越历史、地理、环境的学者,需要肩负起这个职责,为中国目前的社会环境建设做力所能及的事。

明代官员吕坤的"经历""故事"需要向大众讲述,吕坤的所作所为在百姓心中的地位需要挖掘研究。吕坤在他的多个奏折和著述中,陈述了很多关于社会治理的具体内容,这些留给后人的治理方案需要细致地加以整理。吕坤构建的社会环境建设方案需要各行各业的人们学习、借鉴。

使命要担当,责任要肩负。笔者已下大功夫整理了这个方案,几年来,在茫茫书海中寻找梳理吕坤的言辞,了解学者、官员对他的评价;在浩瀚的史书中,追寻吕坤的事迹,以及对社会造成的影响;寻访吕坤故里,了解家乡人对吕坤的记忆、评价,等等。最后,我把自己多年来的所思所想结字以书的形式发表,献给各行各业的读者。我诚挚地期盼各位专家、学者、同行批评指正。

温震军
2022 年 8 月